KB189263

당신은
고민하며
사는가?

팔만대장경에서
찾은 삶의 지혜

국립중앙도서관 출판시도서목록(CIP)

당신은 고민하며 사는가? : 팔만대장경에서 찾은 삶의 지혜
/ 엮은이: 진현종. -- 파주 : 청아출판사, 2014
    p. ;   cm

권말부록 수록
ISBN 978-89-368-1063-4 03220 : ₩18000

인생훈[人生訓]
팔만 대장경[八萬大藏徑]

199.1-KDC5
179.9-DDC21   CIP2014028778

당신은 고민하며 사는가?

초판 1쇄 인쇄 · 2014. 10. 10.
초판 1쇄 발행 · 2014. 10. 25.

엮은이 · 진현종
발행인 · 이상용
발행처 · 청아출판사
출판등록 · 1979. 11. 13. 제9-84호
주소 · 경기도 파주시 광인사길 111
대표전화 · 031-955-6031 팩시밀리 · 031-955-6036
E-mail · chungabook@naver.com

ISBN 978-89-368-1063-4 03220

* 잘못된 책은 구입한 서점에서 바꾸어 드립니다.
* 본 도서에 대한 문의 사항은 이메일을 통해 주십시오.

당신은
고민하며 사는가?

팔만대장경에서 찾은 삶의 지혜

【진현종 엮음】

청아출판사

고민은 어리석음을 먹고 자란다

단 한 번밖에 주어지지 않은, 게다가 그리 길지도 않은 삶을 괴로워하고 애를 태우면서, 다시 말해 고민하며 살고 싶은 사람은 없을 것입니다. 우리는 누구나 즐겁고 편안한 마음으로, 즉 행복하게 살아가고자 힘쓰고 있습니다. 그럼에도 그런 소망과는 달리 고민하며 살아가는 사람들이 정작 더 많은 까닭은 무엇일까요? 본래 운명이란 선택받은 소수의 사람을 제외한 대다수에게 가혹한 것이기 때문일까요?

물론 아닙니다. 우리가 지금 행복하게 살아가지 못하고 있는 이유를 곰곰이 따져 보면 운명 탓이나 조상 탓을 하기에 부끄러운 일임을 어렵지 않게 느낄 수 있습니다. 스스로를 속이지 않는 사람이라면 그것은 바로 자기 탓임을 인정하지 않을 수 없을 테니까요. 중요한 선택의 기로에서 잘못된 판단을 하거나 어느 시점에서 반드시 해야 할 일을 제대로 하지 않은 결과 지금 고민하며 살아가게 된 것이라고 말입니다. 그러니까 결국 이런 상황에 처하게 된 근본 원인은 슬기로움, 즉 지혜의 결핍 때문이라고 할 수 있습니다. 다시 말해 어리석기 때문에 인과응보의 필연성을 무시하고 요행을 바란 결과 즐겁지 못한 대가를 치르고 있는 것입니다.

불교에서는 이 어리석음을 일러 무명無明이라고 합니다. 그리고 무명이야말로 우리가 영원토록 기쁨과 즐거움 속에서 살아가는 것을 막는 근본적인 장애물이라 여깁니다. 부처님의 가르침을 한마디로 요약하면 바로 이 무명을 제거하는 방법이라 해도 지나친 말이 아닐 것입니다. 그런데 무명을 제거하기란 결코 쉬운 일이 아닙니다. 오죽하면 석가모니 부처님마저 무명을 완전히 제거하고 완전한 깨달음을 얻어 마침내 성불成佛하기까지 무수한 삶을 거치며 셀 수 없을 만큼 많은 시행착오를 겪어야 했겠습니까? 그래서 시행착오를 통해 정립된 온갖 방법론과 갖가지 구체적인 사례들이 1,514종의 경전으로 이루어진 민족의 보물《고려 팔만대장경》속에 잔뜩 들어가게 된 것입니다.

엮은이는 팔만대장경 속에 들어 있는 수많은 이야기 가운데 고민하는 삶을 벗어나 행복한 삶을 누리는 데 도움이 될 만한 것들, 특히 재미와 감동 속에 무명을 제거하는 지혜를 듬뿍 선사할 수 있는 이야기들을 골라 모아 이렇게 한 권의 책으로 내놓게 되었습니다. 이 작업은 동국대학교 역경원의 한글대장경 완역이라는 민족사적 대과업 완수의 성과를 바탕으로 하고, 국내외 유관 연구와 자료의 도움을 빌려 종교와 나라를 떠나 한글을 아는 이라면 누구라도 쉽게 읽고 이해할 수 있도록 재해석과 윤문 그리고 재구성을 통해 이루어졌습니다. 그러나 본래 의도에 얼마만큼 충실한 책이 되었는지는 오로지 독자 여러분의 판단에 달려 있다고 하겠습니다. 아무튼 독자 여러분이 이 책에서 본 이야기를 통해 현실의 고민을 해결할 수 있는 힌트를 얻고, 다른 한편으로 민족의 보물인《고려 팔만대장경》의 보존과 활용에 좀 더 많은 관심을 기울이게 된다면 엮은이로서는 커다란 보람이 있다고 하겠습니다.

끝으로 엮은이의 불교 연구 작업에 오랜 세월에 걸쳐 물심양면의 도움을 주고 계신 한중불교문화교류협회 이사장 및 부천 석왕사 주지 영담 스님, 평생토록 법화신앙 선양에 온 힘을 기울이고 계신 묘현사 주지 묘각 스님, 부산 지역 노인 복지에 힘쓰고 계신 관음사 주지 지현 스님, 체계적인 기도법 교수를 통해 불자들의 고민을 해결해 주고 계신 안심정사 주지 법안 스님 그리고 세계에서 가장 많은 종류의 대장경을 소장하고 계신 전라북도 인재육성재단 이사장 이동호 박사님에게 감사드립니다.

불기 2558년 생전예수재生前豫修齋를 앞두고
양망재兩忘齋에서 보광거사普光居士 진현종 합장

2장 ✤ 마음먹은 대로 이룬다

3장 ✿ 스스로 짓고 스스로 받는다

4장 ✣ 때를 기다려야 한다

5장 ✦ 늘 좋은 마음으로

1장

후회해도
소용없다

엎지른 물을 다시 주위 담을 수 없듯이 이미 저지른 잘못 역시 마치 아무 일도 없었던 것처럼 되돌릴 수는 없는 노릇입니다. 잘못을 저지르면 반드시 그 대가로 나쁜 결과가 뒤따르게 되므로 사람들은 때늦은 후회를 합니다. 그러나 제아무리 후회를 한다 해도 나쁜 상황은 달라지지 않습니다. 그러므로 가만히 앉아서 후회의 눈물을 흘리지 말고, 잘못의 원인을 찾는 치열한 반성을 통해 다시는 똑같은 잘못을 되풀이하는 일이 없도록 해야 합니다. 한 번의 잘못은 관용의 대상이 될 수 있지만, 반복되는 잘못은 용서받기 어렵습니다. 결국 누구의 도움도 받을 수 없고 스스로도 이겨내기 힘든 절망의 나락으로 떨어질 수밖에 없기 때문입니다.

듣는 것과 보는 것

옛날 인도에 긴수緊獸라는 이름의 동물이 있었습니다. 그 동물의 생김새를 무척 궁금해하던 한 남자는 어느 날 긴수를 봤다고 하는 사람을 찾아가 물었어요.

"긴수를 아십니까?"

"알죠."

"대체 어떻게 생겼습니까?"

"화로의 받침 기둥처럼 생겼는데 온몸이 까만색이라오."

대답한 이가 처음으로 긴수를 보았을 때 그 동물은 까만색 몸을 지니고 있었습니다. 그러나 궁금증에 사로잡힌 남자는 그 대답에 만족할 수 없었답니다. 그는 긴수를 봤다고 하는 또 다른 사람을 찾아갔습니다.

"긴수를 본 적이 있습니까?"

"있죠."

"도대체 어떻게 생긴 동물입니까?"

"빨간색입니다. 그 모습은 마치 꽃이 활짝 피었을 때와 비슷하며, 고기를 자르는 데 쓰는 도마처럼 평평하게 생겼습니다."

이번에 대답한 사람도 거짓말을 한 것은 아니었습니다. 그가 긴수를 봤을 때는 말한 그대로 빨간색 도마 같은 모습이었으니까요. 그러나 아직도 궁금한 남자는 믿음이 가지 않아 긴수를 봤다고 하는 또 다른 사람을 찾아가 물었습니다.

"듣자 하니 긴수를 보셨다죠?"

"그렇습니다."

"긴수는 크기가 얼마나 됩니까?"

"자귀나무의 열매만 한 크기입니다."

"혹시 더 크지 않나요?"

"아니, 딱 고만합니다."

하지만 자신의 공상에 사로잡힌 남자는 이 대답에도 만족하지 못하고 계속해서 긴수를 봤다고 하는 사람들을 찾아다녔답니다. 그러나 그 대답은 모두 다른 것이었지요. 긴수가 도대체 어떻게 생긴 동물인지 그 남자는 끝내 명확히 알 수 없었습니다.

잡아함경

왕후가 된 원인

옛날 사위성舍衛城에 야야달耶若達이라는 바라문이 살고 있었습니다. 이 바라문은 수많은 금은보화와 여러 전원田園을 가진 부자였어요. 그의 전원 중에는 미라원未羅園이라는 곳이 있었는데, 그곳은 야야달의 계집종 황두黃頭가 관리하고 있었죠. 그녀는 별로 할 일이 없어 심심할 때면 언제나 멍한 표정을 짓고 이렇게 생각하곤 했어요.

'천한 계집종을 면하지 못하고 있는 내 신세, 언제나 이 처지를 면할 날이 올까?'

그러나 매일 그런 생각을 해도 막상 현실은 변하지 않았어요. 황두는 늘 이마를 찡그리고 한숨만 푹푹 쉬며 세월을 보냈습니다.

그러던 어느 날, 야야달은 사람을 시켜 그녀에게 아침밥을 보냈습니다. 그때 마침 부처님이 일반 비구승으로 변신하여 사위성에 탁발하러 왔는데, 그 모습이 멀리 있는 황두의 눈에 들어왔습니다. 평소 마음속에 생각했던 바가 있던 황두는 갑자기 영감이 떠올랐어요.

'이 아침밥을 저 비구승에게 보시한다면 혹시 계집종의 처지에서 벗어날 수 있는 일이 생길지도 몰라.'

그래서 그녀는 조금도 아까워하는 마음 없이 자신의 아침밥을 비구승에게 보시했습니다. 비구승은 그녀에게 인자한 미소를 짓고 합장하며 말했습니다.

"감사합니다."

그리고 몸을 돌려 비구승은 떠났어요. 황두는 그 후 미라원으로 돌아와 일을 했어요.

어느 날 국왕인 바사닉波斯匿왕이 시종들을 거느리고 사냥을 나왔습니다. 시종들은 사슴 떼를 쫓아 앞서 나갔고, 바사닉왕은 홀로 마차를 몰고 미라원으로 왔어요. 그날은 몹시 더웠는데, 바사닉왕은 미라원 안에 있는 잎이 무성한 커다란 종려나무를 보자 곧 마차를 세우고 그 안으로 들어갔습니다.

그때 황두는 미라원의 과일 나무들을 돌보고 있었는데, 갑자기 낯선 사람이 느긋하게 걸어 들어오는 모습을 보았지요. 그녀는 그 사람이 화려한 옷을 입고 용모도 비범했으므로 분명 보통 사람은 아닐 것이라 생각하고는 곧 다가가 친절하게 말했습니다.

"이곳에 오신 것을 환영합니다. 편히 자리를 잡고 앉아서 쉬도록 하십시오."

황두는 입고 있던 겉옷을 벗어 바사닉왕이 깔고 앉도록 해 주었어요. 왕이 자리에 앉자 황두가 다시 말했습니다.

"혹시 발을 씻어드려도 될까요?"

"그렇게 하라."

황두는 곧 시원한 물과 수건을 준비해 와선 바사닉왕의 발을 씻고 닦아 주었어요. 그러고 나서 또 물었답니다.

"세수도 하시겠습니까?"

바사닉왕이 고개를 끄덕이자 그녀는 다시 물을 길어 왔어요. 그리고 세수가 끝나기를 기다린 후에 말했습니다.

"혹시 목이 마르실지 모르니 마실 물을 갖다 드리겠습니다."

황두는 고운 목소리로 말하며 연못으로 가서 물을 떠다가 바사닉왕에게 바쳤습니다. 왕은 사냥하러 나온 지 오래되어 몹시 갈증을 느끼고 있던 차였지요. 그래서 얼른 그 물을 받아 마셨는데, 물맛이 달콤하기 그지없었어요. 황두는 물었습니다.

"피곤하실지도 모르니 잠시 누워서 쉬시는 게 어떻겠습니까?"

그러고는 또 옷을 하나 벗어 왕이 누울 자리를 마련해 주었어요. 바사닉왕이 자리에 눕자 황두는 그 옆에 무릎을 꿇고 앉아 안마를 해 주었습니다. 다리부터 시작해 몸 전체를 주물러서 왕의 피로를 풀어 주었죠. 이때 바사닉왕의 눈에 황두는 마치 하늘에서 내려온 선녀처럼 아름답게 보였어요. 그는 이런 생각을 했습니다.

'이렇게 영리하고 착한 여자는 생전 처음 본다. 해야 할 일을 이렇게 척척 알아서 하는 여자는 정말 얻기 어려우리라.'

생각이 여기에 이르자 왕은 그녀에게 물었어요.

"당신은 어느 집안의 아가씨요?"

"저는 야야달이란 바라문 집안의 계집종으로 이 미라원을 지키는 일을 맡고 있습니다."

그녀가 대답을 막 마치자 왕의 시종들이 미라원 밖에 마차를 멈추고 재빨리 안으로 들어와선 왕의 주위에 늘어섰습니다. 왕은 시종을 보내 야야달 바라문을 불러오게 했답니다. 바라문은 국왕이 부른다는 말을 듣고 황급히 뛰어왔어요. 국왕은 그에게 물었습니다.

"이 황두라는 아가씨가 당신의 계집종이 맞소?"

"그렇습니다, 대왕이시여. 무슨 분부를 내리시려 합니까?"

"난 이 아가씨를 처로 삼을 생각인데, 그대 생각은 어떻소?"

"아니! 대왕이시여, 황두는 계집종에 불과한데 어찌 왕후로 삼겠다는 것입니까?"

"그런 것은 상관없소. 내 마음은 이미 정해졌으니 값을 불러 보도록 하오."

야야달은 국왕의 마음이 확고부동함을 알자 한밑천 챙길 수 있다는 생각에 무슨 소리냐는 듯이 말했습니다.

"값을 말하자면 천 냥밖에 되지 않습니다. 그러나 어찌 감히 국왕과 흥정을 하겠습니까? 저는 조금도 아까워하는 마음 없이 기꺼이 국왕께 드리겠습니다."

그러나 바사닉왕은 손을 내저으며 말했어요.

"안 되오, 안 돼! 내가 이미 당신의 종을 왕후로 삼겠다고 했는데, 왜 돈을 내지 않는단 말이오?"

바사닉왕은 천 냥을 내어 야야달에게 주었습니다. 셈을 치른 후 왕은 기쁜 듯이 황두의 손을 잡고 마차에 올라 궁으로 돌아왔어요. 이렇게 해서 미라원을 지키던 계집종 황두는 하루아침에 출세하여 미라부인未羅夫人이 되었습니다. 국왕은 그녀를 무척 사랑해서 후에 정궁왕후正宮王后로 삼았어요.

황두는 화려한 궁전에서 기쁜 나날을 보내며 종종 이렇게 생각하곤 했습니다.

'마침내 종의 신분을 벗어나 왕족이 되었구나. 그때 비구승에게 아침밥을 보시布施했던 것이 오늘날 나의 인생을 이렇게 변화시킨 원인이 아닐까.'

사분율

공양의 인연

깊은 산속에서 소나무와 대나무를 벗 삼아 수도에 정진하는 한 보살이 있었습니다. 그는 대자대비심으로 일체중생의 생사 고뇌를 해결하고자 밤낮없이 깨달음을 추구했습니다. 그런데 이러한 보살의 수도를 방해하는 미물이 있었으니, 그것은 다름 아니라 한 마리 '이'였어요.

이는 보살의 옷 속에 보금자리를 마련했답니다. 이가 배고플 때마다 피를 빠는 통에 보살은 부동심不動心의 경지에 들어갈 수 없었지요. 그래서 보살은 그놈의 이를 잡기로 작정했어요.

옷을 한참 뒤져 결국 이를 붙잡은 보살은 그놈을 손바닥 위에 올려놓고 바라보았습니다. 아무리 미물이라 할지라도 생명의 소중함

23

을 알고 있는 보살은 차마 이를 죽이지 못하고 썩은 뼈다귀 위에 올려놓았어요.

이는 그 뼈다귀에 붙어 있는 살점에서 남은 피를 빨아 먹으며 칠일을 살았으나 더 이상 먹을 것이 없자 결국 죽고 말았습니다. 그리고 그 이는 오랜 세월 동안 생사의 바다를 전전하였죠.

보살은 뼈를 깎는 수도 끝에 마침내 깨달음을 얻어 석가모니 부처님이 되었답니다. 그러던 어느 날 폭설이 길을 덮어 버려 사람들이 나다닐 수 없을 정도가 되었어요. 이때 한 부자가 선근善根을 심고자 하는 뜻에서 부처님과 수천 명의 제자들을 초빙해 칠 일 동안 정성을 다해 공양을 베풀었습니다.

그런데 칠 일이 지나도 폭설이 그치지 않아 길은 여전히 사람들이 나다니기 쉽지 않은 상태였어요. 그때 부처님은 아난과 여러 제자들에게 말씀하셨지요.

"사원으로 돌아가는 것이 좋겠구나."

그러자 아난이 놀란 표정을 지으며 황급히 말했습니다.

"그 부자가 정성을 다해 칠 일 동안 부처님과 저희들에게 공양을 했으니, 며칠 더 공양을 베풀어 달라고 하면 좋지 않겠습니까? 눈이 갈수록 많이 오니, 이대로 사원으로 돌아간다면 당분간은 걸식할 곳도 없을 듯합니다."

"그 부자는 이제 더 이상의 호의를 베풀지 않을 것이다. 그는 다시는 우리에게 공양하지 않을 것이다."

말씀을 마친 부처님은 제자들을 거느리고 사원으로 돌아가셨어요.

다음 날 부처님은 아난을 불러 놓고 말씀하셨습니다.

"네가 그 부잣집에 가서 걸식을 해 보도록 하라."

아난은 부처님의 분부에 따라 그 부잣집 앞에 가서 발우를 들고 서 있었습니다. 그러나 문지기는 아난이 걸식하러 온 모습을 보고서도 주인에게 가서 알리지 않고, 아무 말도 건네지 않았어요. 아난은 잠시 기다렸다가 그 부자가 보시를 베풀 뜻이 없음을 알고 사원으로 돌아와 부처님에게 자초지종을 말씀드렸습니다.

"부처님, 어떻게 어제와 오늘의 태도가 그렇게 확연하게 다를 수 있는 것입니까?"

그러자 부처님은 먼 과거세에 자신이 보살로 수행하고 있을 때 한 마리 이와 있었던 인연을 상세하게 설명해 주었습니다. 그러고는 이렇게 덧붙였습니다.

"아난아, 나는 자비심에서 그 이의 목숨을 구해 주고 썩은 뼈다귀 위에 놓아 주었다. 그 이는 그 때문에 칠 일 동안 생명을 더 연장할 수 있었다. 그 이가 이번 세상에서 부자로 환생하여 그때의 인연으로 내게 칠 일 동안 각종 산해진미로써 공양해 갚은 것이다. 이제 칠 일이 지났으니 그 부자의 정성도 다했으리라. 그 이유를 알겠느냐?"

육도집경

은혜를 잊다

옛날에 보살이 공작 무리의 왕이 되었습니다. 그 공작왕은 자비로운 마음으로 중생을 구제하되, 그들의 곤란함과 고통을 가여워하는 것이 마치 인자한 어머니가 멀리 떠난 자식을 생각하는 것처럼 했습니다.

한번은 호랑이 한 마리가 짐승을 잡아먹다 그만 목에 뼈가 걸려 거의 죽게 되었어요. 그 모습을 본 공작왕은 호랑이가 무척 가엾다는 생각이 들었지요. 그리하여 위험을 무릅쓰고 호랑이 입 속에 고개를 들이밀고 뼈를 쪼았습니다. 날마다 그렇게 하자 어느덧 공작왕의 부리가 상해 피가 흘렀고, 몸은 초췌해져 갔지요. 이윽고 뼈가 부서져 나오자 호랑이는 금방 생기를 되찾았습니다. 공작왕은 얼른 근처에 있는 나무 위로 날아올라 부처님의 가르침을 전했습니다.

"살생은 흉악한 것으로 그보다 더 큰 악은 없다. 다른 이가 나를 죽이려 든다면 그 어찌 좋다고 할 수 있겠느냐? 흉악한 마음을 다스리지 못하고 중생을 해치면 마치 화가 그림자를 따르듯 반드시 찾아오고 마는 법이니, 너는 내 말을 항상 염두에 두도록 하라."

그러나 호랑이는 고맙다고 하기는커녕 도리어 화를 내며 큰소리를 쳤어요.

"흥, 이제 내 입에서 벗어났다고 해서 잘났다는 듯이 훈계하는 거냐?"

공작왕은 호랑이를 제도할 수 없음을 알고 딱하게 여기면서 날아가 버렸습니다.

육도집경

원숭이의 도움

옛날에 한 보살이 큰 나라의 왕이 되었습니다. 그가 인정仁政을 펼치자 사방에서 칭찬이 자자했어요. 마침 보살의 외삼촌 역시 다른 나라의 왕이 되었는데, 그는 성품이 포악하고 탐욕스러워 백성들을 못 살게 굴었답니다.

세상의 뜻있는 선비들이 모두 입을 모아 보살의 덕을 찬양하자, 시기심이 불같이 일어난 외삼촌은 곧 흉계를 꾸몄어요. 그는 조카를 비방하다 못해 급기야 군사를 일으켜 보살의 나라를 침략했습니다. 이에 보살은 여러 신하들을 모아 놓고 말했어요.

"하늘처럼 어질고 선할 수만 있다면 차라리 천한 이가 될지언정, 나는 결코 승냥이나 이리가 되어서 귀하게 살고 싶지는 않소."

이 말이 전해지자 백성들이 이구동성으로 외쳤지요.

"차라리 도덕을 조금이라도 아는 짐승이 될망정, 나라의 어려움을 아랑곳하지 않는 무도한 백성이 될 수는 없습니다."

보살은 곧 자발적으로 일어선 백성들을 이끌고 행군을 시작했습니다. 얼마 후 벌판에 이른 그들은 야영을 준비했어요. 백성들이 부산을 떨며 진영을 정비하고 있었는데, 망루 위에 서서 그 모습을 지켜보던 보살이 눈물을 흘리며 한탄했습니다.

"내 왕위를 지키고자 저 많은 백성들을 전쟁터에서 죽일 것인가? 나라를 한번 뺏기면 되찾기 어렵다지만, 사람의 몸으로 다시 태어나는 것은 더욱 어려운 일이다. 차라리 내가 나라를 버리면 양쪽 백성이 모두 편안할 테니, 그 누가 다치겠는가?"

보살은 왕후를 데리고 몰래 깊은 산속으로 도망가 버렸습니다. 그러자 외삼촌은 피 한 방울 흘리지 않고 보살의 나라를 차지하게 되었지요. 하지만 그는 곧 폭정을 일삼았어요. 옳은 말을 하는 이는 모두 잡아 죽이고, 오로지 자신에게 아첨하는 사람들만을 등용했답니다. 당연히 백성들의 원성이 하늘을 찔렀습니다. 백성들이 옛 임금을 그리며 눈물 흘리는 것은 마치 효자가 부모를 생각하는 것과도 같았지요.

한편 보살은 왕후와 함께 깊은 산속에서 조용히 지내고 있었습니다. 그런데 마침 근처 바다에 살고 있는 사악한 용이 왕후의 미모에 반해 엉뚱한 욕심을 품고 바라문으로 변신했어요. 그들을 찾아간 용은 능청을 떨며 마치 도사가 참선을 하듯이 합장을 하고 꿇어앉았습니다. 보살은 그 용의 본색을 알아차리지 못했어요. 그래서 자못 진지한 그 겉모습만 보고 매우 기뻐하며 날마다 신선한 과일을 따다가 바쳤습니다.

그러던 어느 날 용은 보살이 외출한 틈을 타서 강제로 왕후를 납치했습니다. 용은 바다로 돌아가다가 어느 협곡에 이르렀어요. 그 협곡에는 커다란 새 한 마리가 살고 있었는데, 마침 사악한 용이 천녀 같은 왕후를 납치하는 모습을 보았습니다. 새는 길을 막고 나섰어요. 그러자 용은 주저할 것도 없이 번개를 일으켰답니다. 커다란 새의 날갯죽지는 잘렸고, 용은 왕후를 데리고 바닷속으로 들어가 버렸어요.

한편 과일을 따서 집으로 돌아온 보살은 왕후가 보이지 않자 깜짝 놀라다 못해 슬피 울었습니다.

"내가 숙세에 무슨 죄를 지었기에 이런 일을 당한단 말인가?"

보살은 곧 활과 화살을 챙겨 들고 왕비를 찾아 나섰어요. 한참 강을 거슬러 올라가던 보살은 커다란 원숭이 한 마리를 만났습니다. 원숭이는 대성통곡을 하고 있었는데, 그 소리를 듣고 못내 궁금해진 보살이 다가가 물었어요.

"너는 무슨 일로 그리 슬피 우는 게냐?"

"나는 외삼촌과 함께 원숭이 무리를 둘로 나누어 각각 왕이 되었습니다. 그런데 그만 외삼촌에게 제 무리를 빼앗기고 말았답니다.

이 막막한 산중에 내 억울한 사연을 들어 줄 이 또한 없으니 그저 울고 있었을 따름입니다. 그런데 당신은 무슨 일로 이 깊은 산속까지 들어오신 것입니까?"

"네 얘기를 듣고 보니 우리는 똑같은 처지에 놓여 있구나. 나는 엎친 데 덮친 격으로 아내까지 잃어버리고 말았지. 아내의 행방을 찾아다니던 끝에 이곳에 이른 것이다."

"만약 당신이 제 무리를 다시 찾게 도와주신다면, 저 또한 당신이 아내 찾는 일을 도와드리겠습니다. 저희 원숭이 무리는 몸이 무척 날렵하니 순식간에 찾아낼 수 있을 것입니다."

보살은 그렇게 하기로 했습니다.

다음 날 원숭이가 막 외삼촌과 싸우려고 할 때였어요. 보살이 활을 겨누고는 금방이라도 화살을 날릴 자세를 잡았습니다. 그 모습을 본 외삼촌 원숭이는 화살에 맞아 죽을까 두려워 머뭇거리다가 도망가 버렸어요. 원숭이는 자신의 무리를 되찾자 곧 약속대로 그들에게 명했습니다.

"여기 인간왕의 왕후가 이 산속에서 길을 잃은 것 같으니, 너희들이 속히 찾아보도록 해라."

원숭이들은 제각기 다른 방향으로 인간의 왕후를 찾아 나섰어요. 그러던 중 한 원숭이가 날갯죽지가 잘려 나간 커다란 새를 발견했습니다. 궁금함을 참지 못한 원숭이는 다가가 보았어요. 그러자 그 새가 물었지요.

"너는 무엇을 찾고 있는 게냐?"

"인간의 왕이 왕후를 잃어버렸다고 해서 찾고 있는 중이지."

"그 왕후는 사악한 용이 바닷속에 있는 커다란 섬으로 납치해 갔다. 내가 막으려고 했으나 힘이 모자라 이 꼴이 되고 말았지."

새는 이 말을 간신히 마치자마자 죽고 말았습니다.

그 소식을 전해 들은 원숭이왕은 보살과 함께 자신의 무리를 이끌고 해변으로 갔어요. 그러나 넓은 바다를 건널 방법이 없어 전전긍긍했습니다. 그때 제석천이 원숭이로 변신해서 다가와 묘책을 알려 주었답니다.

"저희 무리가 바닷속의 모래알만큼이나 많은데 무엇을 걱정하십니까? 지금 모두 힘을 합해 돌을 날라 바다를 메우면 가히 산을 쌓을 수도 있을 텐데, 저 섬에 이르는 길 하나 만들지 못하겠습니까?"

원숭이왕은 곧 그를 장군으로 임명하여 공사를 감독하게 했어요. 잠시 후 장군 말대로 섬으로 이르는 돌다리가 만들어졌습니다. 곧이어 원숭이 무리가 섬을 몇 겹으로 포위하자 용은 독기 서린 안개를 뿜어 댔어요. 그 안개를 들이마신 원숭이들은 모두 그 자리에 쓰러지고 말았습니다. 원숭이왕과 보살이 놀라서 당황하자 장군 원숭이가 나서며 말했지요.

"제가 부하들을 낫게 하리니 두 분께서는 심려하지 마옵소서."

그러고는 원숭이들의 콧속에 묘약을 넣자, 원숭이들이 재채기를 하며 벌떡 일어났습니다. 그리고 그 묘약 덕분에 원숭이들의 힘은 평상시의 열 배가 넘게 되었답니다. 하지만 용은 포기하지 않고 먹구름을 뭉게뭉게 피워 해와 달을 가리고는 뇌성벽력을 일으켰지요. 그러자 장군 원숭이가 보살에게 말했습니다.

"인간의 왕은 활을 잘 쏘시니 저기 저쪽에 번쩍이는 번개를 향해 활을 쏘십시오. 그곳에 바로 사악한 용이 몸을 숨기고 있을 것입니다."

보살이 그 말대로 번개를 향해 시위를 당겼습니다. 화살은 용의 가슴을 정확하게 관통했고, 용은 그 자리에서 죽고 말았습니다. 이에 원숭이 무리들은 좋다고 환호성을 질러 댔어요. 곧이어 장군 원숭이가 용궁의 자물쇠를 따자 그 안에서 왕후가 걸어 나왔습니다. 왕후를 되찾은 보살은 다시 본산으로 돌아갔어요.

그때 외삼촌왕이 세상을 떠났는데 후사가 없자, 대신들은 옛 왕이었던 보살을 찾아갔습니다. 그들은 반가움에 서로 부둥켜안고 울었어요. 대신들이 간곡히 부탁하자 보살은 대신들과 함께 돌아가기로 결정을 내렸습니다. 또한 이제는 주인이 없어진 외삼촌의 나라도 함께 다스리게 되자, 만백성이 기뻐하며 만세를 불렀습니다. 보살은 예전처럼 인정을 펴서 백성들이 태평성대를 누리게 했어요. 그러던 어느 날 보살이 왕후에게 말했습니다.

"무릇 부인이 남편을 떠나 하룻밤만 외박해도 의심을 사거늘, 당신은 한 달씩이나 떠나 있었으니 어찌 할 말이 있겠소? 그대는 이제 그만 친정으로 돌아가는 것이 좋을 듯하오."

"제가 비록 저 사악한 용의 동굴에 있었지만, 마치 연꽃이 더러운 진흙탕 속에 피어나도 깨끗한 것과 같습니다. 하늘이시여, 제 말이 한 치도 틀림없는 사실이라면 땅이 갈라지게 하소서."

왕후가 말을 마치자마자 곧 땅이 갈라졌습니다.

"대왕이시여, 이것으로 저의 결백은 입증되었나이다."

"장하고 훌륭하오. 그대는 부덕婦德을 조금도 어기지 않았구려."

이 일이 있은 뒤로 장사하는 사람이 이익을 서로 양보하고, 관리는 높은 지위를 사양하며, 강한 자가 약한 이를 능멸하지 않고, 귀족이 능히 천한 것을 아낌은 모두 보살의 교화 때문이었답니다. 또한 음탕한 여인이 지조를 지키고, 목숨이 위태롭다 해도 끝까지 정조를 지키며, 사기꾼이 거짓을 버리고 진실을 지키게 된 것은 왕비에게 감화된 때문이었습니다.

육도집경

아내를 남에게
준 사람

부처님이 이 세상에 계실 때 욱가郁伽라는 사람이 살고 있었어요. 그는 매우 부자여서 천하절색의 처첩들을 여럿 거느리고 날이면 날마다 주색에 빠져 살았답니다. 어느 날 욱가는 처첩들을 데리고 비사리毗舍離 태자 소유의 숲에 가서 음주가무를 즐기다가 술을 많이 마신 탓에 나무 아래 누워 깜빡 잠이 들고 말았습니다.

그때 부처님이 길을 지나가다가 그 모습을 보고 욱가를 제도할 인연이 있음을 알고 그곳에서 멀지 않은 나무 아래로 가서 가부좌를 한 채 광명선정光明禪定에 들었습니다. 그러자 부처님의 몸에서 황금색의 찬란한 빛이 방출돼 욱가를 비추는 것이었어요. 그 순간 욱가는 마치 더없이 향기로운 감로수甘露水를 마신 것처럼 단번에 술이 깼습니다. 술이 깬 욱가는 그 빛을 따라 자기도 모르게 부처님에게 다가가 예배를 드렸습니다.

부처님은 광명선정에서 나와 욱가에게 미소를 지어 보이며 사성제四聖諦의 이치를 가르쳤습니다. 부처님의 설법을 들은 욱가는 매우 기뻐하며 합장재배하면서 말했습니다.

"위대하신 부처님에게 귀의歸依합니다. 저는 앞으로 오계五戒를 받아 지녀 진정한 거사居士가 되겠습니다."

부처님은 욱가의 서원에 만족한 표정을 지었습니다. 그 후 욱가 거사는 집으로 돌아와 여러 처첩들에게 말했어요.

"나는 이미 부처님 앞에서 계율을 지키기로 서원을 세웠고, 그분의 가르침을 받들기로 했다. 너희들 중에 원하는 사람이 있으면 나와 함께 수행과 보시에 힘써 복을 쌓도록 하자. 원하지 않는 사람은 강요하지 않을 테니 본가로 돌아가도록 하라."

그때 욱가 거사의 첫째 부인은 마음속에 두고 있는 남자가 있어 이렇게 말했습니다.

"그렇다면 제가 남의 부인이 되는 것도 허락하시겠습니까?"

욱가 거사는 그 사람을 오라고 한 후 말했어요.

"이제 내 부인을 당신이 데리고 가도록 하시오."

그 사람은 못 믿겠다는 듯이 도리어 겁을 먹은 채 말했습니다.

"욱가 거사, 지금은 이렇게 말해 놓고 혹시 나중에 나를 죽이려 하는 게 아니오?"

"그럴 리가 있겠소? 나는 이미 부처님의 가르침에 따라 수행을 하려고 결심했소. 부인과 당신은 이미 서로 좋아하는 사이니, 앞으로 좋은 부부의 연을 맺도록 하시오. 그리고 이 일에 대해 결코 후회하거나 번복하는 일이 없을 터이니 안심하시오."

중아함경

거문고 소리

옛날에 한 국왕이 국정을 돌보고 있는데 어디선가 우아한 거문고 소리가 들려왔습니다. 그 소리에 감동한 국왕은 좌우의 대신에게 물었어요.

"이게 도대체 무슨 소리기에 이렇게 아름다운가?"

"대왕이시여, 거문고 소리입니다."

"네가 가서 그 소리를 찾아와라."

국왕이 한 대신에게 명령했어요. 얼마 후 대신은 거문고 하나를 들고 와서 말했습니다.

"대왕이시여, 이것이 거문고입니다. 조금 전의 소리는 바로 이 악기에서 나온 것입니다."

국왕은 거문고를 받아들고 그것을 향해 조용히 말했습니다.

"방금 전의 그 소리는 정말 아름다웠다. 다시 한 번 나에게 그 소리를 들려다오."

그러나 거문고에서는 아무런 소리도 나지 않았어요. 그러자 국왕은 불같이 화를 냈습니다.

"나는 너에게 거문고를 가져오라고 하지 않았다. 내가 가져오라고 한 것은 방금 전의 그 아름다운 소리란 말이다."

거문고를 가져온 대신이 황급히 꿇어앉으면서 말했습니다.

"대왕이시여, 거문고는 여러 가지 부분이 합쳐져 만들어진 것입니다. 이것은 손잡이고, 저것은 몸통입니다. 그리고 이것은 줄입니다. 이러한 것들이 모두 어우러져 사람이 이것을 연주할 때 비로소 아름다운 소리가 나오는 법입니다. 거문고를 타지 않고서는 소리가 날 수 없습니다. 조금 전에 국왕께서 들은 아름다운 소리는 이미 사라져 버렸는데, 신이 어찌 그것을 가져올 수 있겠습니까?"

"그 소리의 허무함이 이와 같은데도 세상 사람들은 그 사실을 모르고 이것에 정신을 팔게 되는구나. 이건 사용해서는 안 될 거짓된 물건이로구나."

말을 마치자 국왕은 거문고를 던져 산산조각 내 버렸답니다.

잡아함경

39

하늘의 아들

옛날에 선시善施라는 장자가 살았는데, 평소 보시하기를 좋아하고 삼보三寶를 받들어 뭇사람들의 존경을 받았습니다. 선시는 매우 예쁘고 영리한 딸을 하나 두었는데, 나이는 찼지만 아직 시집을 가지 않고 있었어요.

어느 날 집에 불이 났습니다. 그런데 갑자기 따뜻한 기운이 딸아이 몸으로 들어가더니, 딸은 그만 임신을 하고 말았습니다.

장자 부부는 딸이 임신했다는 사실을 알자 깜짝 놀라 언성을 높여 딸을 추궁했습니다. 그녀는 자기도 어떻게 된 영문인지 모르겠다고 말했어요. 그러나 장자 부부는 딸이 거짓말을 하고 있다고 여겨 매를 휘두르면서 이실직고하라고 했습니다. 그녀는 아파 죽을 지경이었지만 끝까지 영문을 모르겠다고 말했어요.

장자 부부는 화가 머리끝까지 나서 국왕에게 이 사실을 알렸지요. 국왕은 장자의 딸을 불러, 불미스러운 일이 있지 않았느냐고 물었습니다. 그녀는 울먹이며 집에 불이 난 후 자신도 모르게 임신하게 된 이야기를 했지요.

그러나 어떻게 국왕이 그 말을 믿겠어요? 국왕 역시 그녀가 거짓말을 하고 있다고 생각한 나머지 화가 나서 사형을 언도했습니다. 그러자 그녀는 대성통곡하며 말했어요.

"결코 저는 불미스러운 일을 저지른 적이 없는데 죽이시겠다니, 이 억울함은 부처님만이 아실 것입니다."

그 말을 들은 국왕은 마음이 변해 그녀에게 어떤 억울한 사정이 있으리라 생각했습니다. 또 연약한 여자를 죽이고 싶은 마음도 없어서 국왕은 선시 장자에게 딸을 아내로 삼겠다고 했어요. 그녀가 아름다웠을 뿐만 아니라 그녀의 말이 사실이라면 배 속에 있는 아이는 분명 하늘이 내리신 아이라는 생각이 들었기 때문이지요. 이에 장자 부부는 매우 기뻐하면서 딸을 국왕에게 시집보냈습니다.

국왕의 부인이 된 장자의 딸은 어느덧 달이 차자 아들을 낳았는데, 그 모습이 단정하고 총명하기 그지없었습니다. 아들은 나이가 들어서도 천진하고 순박한 마음씨를 그대로 유지했습니다. 나중에 그는 출가해서 오래지 않아 아라한의 경지를 이루었어요. 그 후 그는 자신의 부모를 제도했는데, 어머니는 매우 기뻐하며 불법을 믿게 되었답니다. 그리고 국왕과 여러 대신들도 모두 삼보를 공경하며 선행을 쌓았습니다.

분별공덕론

쥐의 은혜

옛날 옛적 산속에 가란타迦蘭陀라는 이름의 쥐가 한 마리 살았습니다. 한번은 비사리毘舍離 왕이 궁녀들과 함께 산에 놀러 왔다가 피곤해서 잠시 나무 아래에서 낮잠을 청했습니다. 왕이 잠들자 궁녀들은 자기들끼리 꽃을 따러 가버렸지요.

그때 나무 아래 굴속에 살고 있던 커다란 독사가 왕이 마신 술 냄새를 맡고 기어 나와 왕을 물려고 했습니다. 나무 위에 있던 쥐가 그 모습을 보고 달려 내려와 찍찍거리며 왕을 깨우자 독사는 슬그머니 구멍 안으로 숨었습니다.

왕이 잠시 눈을 떴다가 다시 잠들자 독사가 또 고개를 내밀며 나왔습니다. 그러자 쥐가 또 쏜살같이 달려와 찍찍거리며 왕을 깨웠어요. 눈을 뜬 왕은 커다란 독사가 발치에 있는 걸 보고는 깜짝 놀라 보검을 꺼내 한칼에 독사를 두 동강 내 버렸습니다. 정신을 차린 왕이 주위를 둘러보자 궁녀들은 온데간데없고 조그만 쥐가 보이기에 속으로 생각했습니다.

'내가 목숨을 건질 수 있었던 것은 모두 이 쥐 덕분이리라.'

비사리왕은 쥐에게 보답하는 마음으로 그 산에 있는 조그만 마을의 이름을 가란타로 고치고, 그 마을에서 걷는 세금 중 일정한 액수를 쥐의 몫으로 주었답니다.

경률이상

두 아들

옛날에 한 어머니가 두 아들을 낳았습니다. 그런데 하루는 수영을 할 줄 모르는 아들이 친구들과 함께 근처에 있는 강에 물놀이를 나갔다가 그만 물에 빠져 죽고 말았답니다. 하지만 어머니는 별로 슬퍼하는 기색이 없었어요.

얼마 후 수영을 할 줄 아는 아들마저 강에 갔다가 빠져 죽었습니다. 이번에는 그 어머니가 대성통곡을 하자 동네 사람들이 이상히 여겨 물어보았지요.

"먼저 아들이 죽었을 때는 울지 않다가 이번에 아들이 죽자 대성통곡하는 이유가 무엇이오?"

어머니가 눈물을 훔치며 대답했습니다.

"먼저 죽은 아들은 수영을 할 줄 몰랐기 때문에 물에 빠져 죽었다 해도 그럴 수 있다 하지만, 이번에 죽은 아들은 수영을 잘했음에도 빠져 죽었으니 애통하기 짝이 없습니다."

경률이상

여우의 지혜

옛날 옛적 설산 아래에 한 사자가 오백 마리의 사자 무리를 거느리며 살고 있었습니다. 그런데 세월이 흘러 이제 늙고 병들어 눈까지 어두워진 사자왕이 무리의 선두에 서서 걷다가 그만 빈 우물 속으로 떨어지고 말았답니다. 그러자 사자 무리들은 사자왕을 구할 생각도 하지 않고 뿔뿔이 흩어졌지요. 그때 그 모습을 본 여우가 생각했어요.

'나는 그동안 사자왕 덕분에 맛있는 고기를 많이 얻어먹을 수 있었다. 지금 사자왕이 곤경에 처해 있는데 어찌 모르는 척할 수 있겠는가?'

여우는 이리저리 궁리하다 우물 옆으로 흐르는 시냇물을 보고는 곧 흙을 파서 우물 쪽으로 연결했습니다. 시냇물이 우물 안으로 흘러 들어가기 시작하자 여우가 사자왕을 내려다보며 소리쳤어요.

"대왕님, 물이 차면 올라오십시오."

이윽고 빈 우물에 물이 가득 차자 사자는 헤엄쳐서 우물 밖으로 올라올 수 있었습니다. 어려운 상황에서도 잘 생각하면 방법은 있답니다.

경률이상

못된 개

옛날에 재산이 한량없이 많은 어느 장자에게 성질이 몹시 못된 개가 있었답니다. 그 개는 사람 물기를 좋아했으므로 사람들은 그 집에 함부로 들어갈 수가 없었어요.

한번은 총명한 어느 비구가 그 집에 들어가 걸식을 청하게 되었습니다. 그때 못된 개는 잠을 자느라 비구가 집 안으로 들어가는 것을 알아채지 못했어요. 장자가 음식을 베풀고 있을 때, 그제야 눈을 뜬 개가 속으로 생각했습니다.

'아뿔싸, 잠을 자는 바람에 저 비구가 들어가는 것을 보지 못했구나. 이 일을 어쩐다? 그래, 저 음식을 나에게 나누어 주지 않고 혼자서만 먹으면 나갈 때 물어 죽여 그 배에 든 음식을 꺼내 먹을 것이고,

만약 음식을 나누어 주면 용서하리라.'

개의 생각을 꿰뚫어 본 비구는 음식을 들고 와 개에게 나누어 주었습니다. 그러자 못된 개는 매우 기뻐하면서 마음을 고쳐먹고는 비구의 발을 핥으며 배웅했어요. 그러고는 집 문 앞에 앉아 다시 잠을 청했지요.

그때 전에 그 개에게 물린 적이 있던 한 사내가 앙심을 품고 슬그머니 다가와 칼로 개의 목을 찔렀습니다. 목숨을 잃은 개는 곧 장자부인의 아들로 환생했는데 얼마 살지 못하고 죽었습니다. 그리고 다시 그 나라의 다른 장자의 아들로 태어났답니다. 그가 열 살쯤 되자 길을 가는 한 비구를 보더니 달려가 집으로 모시고 와서는 부모에게 말하는 것이었습니다.

"이분을 제 스승으로 모시고자 합니다."

부모는 흔쾌히 허락하며 공양을 베풀고 설법을 청해 집안의 모든 사람들이 부처님의 가르침을 따르게 되었습니다. 그 비구는 다름 아닌 옛날 개에게 음식을 나누어 주었던 비구였답니다.

경률이상

복 밭

옛날에 대월씨국大月氏國의 불가라성弗迦羅城에 천나千那라고 하는 화가가 있었습니다. 그는 동방에 있는 다찰시라국多刹施羅國에 십이 년 동안 머물면서 그림을 그려 주고 삼십 냥을 얻어 본국으로 돌아오는 길에 어느 절에 들러 스님들을 만나게 되었습니다.

그는 스님들을 보자 믿는 마음이 우러나 절의 주지에게 물었지요.

"이 절에 계시는 스님들의 하루 식대가 얼마나 듭니까?"

"한 삼십 냥쯤은 듭니다."

그러자 천나는 조금도 거리낌 없이 그림값으로 받은 삼십 냥을 내놓으며 말했습니다.

"이 돈으로 스님들이 드실 하루의 음식을 마련해 주십시오. 저는 내일 다시 오겠습니다."

천나가 집에 돌아가자 잔뜩 기대에 부풀어 있던 아내가 달려 나와 반갑게 맞으며 물었습니다.

"십이 년 동안 번 돈이 얼마나 됩니까?"

"삼십 냥을 벌었는데, 오는 길에 절에 보시를 했소."

그러자 아내는 바가지를 긁다가 남편의 옷깃을 잡아 관가로 끌고 가서 하소연했어요. 이에 관리가 천나에게 물었습니다.

"왜 고생해서 번 돈을 가족들을 위해 쓰지 않았느냐?"

"저는 전생에 복을 심지 않은 탓인지 금생에 늘 가난하게 살아야 했습니다. 스님들은 좋은 복 밭이므로 지금이라도 복을 심지 않으면 후세에도 가난을 면치 못하리라는 생각이 들어 조금도 아낌없이 스님들에게 몽땅 보시한 것입니다."

그 관리 역시 불교를 믿는 재가신자였기에 천나의 말을 듣고는 감동해서 자신이 타고 다니던 말과 각종 보배를 천나에게 보시하면서 말했습니다.

"당신이 보시한 돈으로 스님들은 아직 음식을 마련해 드시지도 않았을 것이오. 이것은 종자를 아직 심지도 않았는데 그 싹이 튼 것과 다름없소. 그리고 그 복 밭에 복을 심은 과보果報의 큰 열매는 나중에 있을 것이오."

경률이상

소의 가르침

옛날에 돈놀이를 하는 큰 부자가 있었어요. 어떤 두 사내가 그 부자에게 돈 일만 전을 빌리고 나서 갚을 때가 되자 이자를 붙여 돌려주었습니다. 얼마 후 두 사내가 모여 이야기했습니다.

"이제 신용도 쌓았으니 각기 십만 전씩 빌리고 도망가서 살도록 하자."

"그거 좋은 생각이군. 그 부자도 설마 우리가 돈을 떼어먹으리라고는 생각하지 못할 테니까."

그때 근처 외양간에 있던 소가 말했어요.

"나는 전생에 지금의 주인에게 돈 일천 전을 빚지고 갚지 않은 과보로 무려 세 번이나 소로 태어나 아직도 이 몸을 벗어나지 못하고 이렇게 고생하고 있는데, 당신들은 십만 전이나 떼어먹으려고 하니 어찌 그 뒷감당을 하려고 그러는 것이오?"

두 사내는 소의 말을 듣고 깜짝 놀라 그 주인을 찾아가 들은 대로 말했습니다. 그러자 소 주인 역시 기이한 일도 다 있다 하며 소를 들판에 풀어 주고는 하늘에 기원했답니다.

"저 소로 하여금 다시는 축생으로 태어나는 일이 없게 하시고, 만약 그가 아직도 빚을 갚지 못했다면 제가 보시한 것으로 하겠습니다."

소는 들판에서 자유롭게 살며 목숨을 마친 뒤 비로소 인간으로 환생하게 되었답니다.

경률이상

54

후회해도 소용없다

음란함을 좋아하는 사람은 부모나 자식이 죽어도 음란한 마음을 그치는 일이 없는 법입니다.

옛날 사위성 변두리에 살고 있던 한 여인이 아이를 업고 우물에 가서 항아리에 물을 담으려고 했습니다. 그때 얼굴이 무척 잘생긴 한 젊은 사내가 우물 근처에서 비파를 뜯으며 노래를 부르고 있었어요.

여인은 그 사내가 마음에 들어 자꾸 곁눈질을 했고, 사내 역시 여인에게 관심을 보였지요. 여인은 사내에게 정신이 팔려 우물 속으로 두레박을 집어넣는다는 것이 그만 자신의 아이를 집어 던지고 말았답니다.

한참 후 아이가 보이지 않자 이리저리 찾던 여인은 마침내 자신의 귀여운 아이가 우물 속에서 떠오른 것을 발견했지요. 그제야 대성통곡을 하고 후회했지만 죽은 아이가 살아날 수는 없었답니다.

한번은 부처님이 여러 비구들에게 말했습니다.

"음욕의 불이 활활 타오르면 능히 선근善根을 태우고야 마는 법이다. 주색에 빠진 사내는 선과 악을 분별하지 못하고 맑고 흰 것을 구별하지 못하여 속박과 해방을 알 수 없다. 이런 자들은 마침내 부끄러움마저 없어 친족이나 부모 형제를 죽인 나머지 왕에게 끌려가 처형당하고 죽은 후에도 지옥에 떨어지게 된다."

옛날에 주색을 무척 좋아하는 사내가 있었습니다. 그는 폭풍우가 불어 인적이 끊긴 어느 날 밤 칼과 화살을 챙기더니 기생이 있는 마을로 가려고 했습니다.

그때 어머니가 인기척을 느끼고 잠에서 깨어나 아들을 붙잡으며 말했습니다.

"이런 밤중에 어딜 간단 말이냐? 내가 전생에 쌓은 복이 없어서인지 아들은 너 하나밖에 없다. 혹시 강도라도 만나 무슨 일이라도 생기면 나는 누굴 의지해서 살아간단 말이냐?"

그러나 아들은 들은 척도 하지 않고 어머니를 물리치며 말했어요.

"그만하세요. 이제 다시는 내 일에 참견하지 마십시오."

어머니는 아들을 꽉 잡고 놓아주지 않았습니다. 그러자 아들은 칼을 뽑아 어머니를 찔러 죽이고 말았습니다.

잠시 후 그 사내는 기생 집 앞에 도착해 문을 두드렸어요. 그러자 안에서 소리가 들려왔어요.

"이 밤중에 도대체 누구요?"

사내는 게송으로 대답했습니다.

음욕과 성냄으로 정신이 혼미해져

잘못을 저지르고 말았소

해야 할 일을 생각하지 않고

어리석음과 어둠에 가리웠소

방금 나는 어머니를 죽였는데

마치 남을 죽이듯 했다오

나 이제 문 앞에 이렇게 서 있는데

손님을 하인 취급하는구려

기생 역시 게송으로 응답했습니다.

이런 못된 사람아, 은혜를 배반하고

어머니를 해쳤으니 죄와 재앙을 심었도다

어찌 그런 자의 얼굴을 보리오

어서 내 집 앞을 떠나가라

부모는 우릴 안고 기르면서

뭇 고통을 참아 오셨거늘

어머니를 해치고 땅 위를 걸으니

땅이 꺼져 너를 죽이고 말리라

사내가 다시 소리쳤습니다.

"당신이 보고 싶어 어머니를 죽이는 돌이킬 수 없는 죄를 지었으니, 잠시 나와 보시오. 잠깐이나마 이야기를 나눕시다. 그러면 조용히 돌아가겠소."

기생은 또 게송으로 대답했습니다.

차라리 불구덩이에 몸을 던지고

높디높은 절벽에서 뛰어내리며

산 채로 커다란 뱀에 먹힐지언정

어리석은 자는 절대 보지 않으리

사내는 결국 기생을 만나지 못하고 집으로 돌아가다 강도를 만나 죽임을 당하고 아비지옥에 떨어졌답니다.

경률이상

귀신의 후회

옛날 한 귀신이 사람으로 변해 어떤 시체를 부여잡고는 채찍으로 때리고 있었어요. 이를 본 이웃 사람이 그에게 물었습니다.

"이 사람은 이미 죽었는데, 당신은 무슨 원한을 졌기에 그렇게 몰인정하게 시체를 때리는 것이오?"

그러자 그는 한숨을 내쉬며 대꾸했어요.

"이 시체는 사실 나라오. 생전의 나는 항상 나쁜 짓을 일삼고 부처님의 정법을 믿지 않은 채 다른 사람의 물건을 훔치고, 사기를 치고, 부녀자를 겁탈했으며, 부모형제에게 불손하고, 재물에 인색해서 가난한 사람들을 돌보지 않았소. 그 결과 죽은 후 지옥에 떨어져 이루말할 수 없는 고통을 받게 되었단 말이오. 생전에 그렇게 악행을 많

이 저질렀던 내 몸이 너무도 원망스러워 이렇게 채찍으로 사정없이
두들겨 패고 있는 것이오."

경률이상

끈질긴 아내

먼 옛날 보살이 아직 범부로 있을 때의 일입니다. 그는 열여섯 살이 되자 배움에 뜻을 두고 경전을 두루 공부하더니 마침내 무릎을 치며 말했답니다.

"여러 가지 책을 읽어 보았으나 오직 부처님의 가르침을 담고 있는 경전만이 가장 훌륭하다. 나는 그 가르침을 따라 스스로 편안한 자리에 머물겠노라."

그때 부모가 장가들기를 권하자 그는 단호하게 말했어요.

"도를 닦음에 음욕보다 더한 장애는 없습니다. 한번 색色에 홀리면 하루아침에 모든 것이 무너지고 말 것입니다."

사내는 부모를 뒤로 하고 나오면서 생각했지요.

'어서 도망가지 않으면 이리에게 잡혀 먹히는 것과 똑같은 꼴을 당하리라.'

그는 그 길로 집을 떠나 이웃 나라로 가서 품을 팔아 간신히 먹고 살았답니다.

그때 그 나라의 자식이 없었던 한 촌로가 들에 풀을 베러 갔다가 한 계집아이를 주웠어요. 그는 계집아이의 얼굴이 마치 선녀처럼 예쁜 것을 보고선 무척 기뻐하며 집에 데려와 딸로 삼아 정성스럽게 길렀습니다. 딸아이가 장성해서 시집갈 나이가 되자 이리저리 신랑감을 구하던 촌로는 마침 그 사내를 만나자 이렇게 말했어요.

"여보게, 나는 먹고살 만큼 넉넉한 편이네. 내 딸을 자네에게 줄 테니 우리 집에 와서 살지 않겠나?"

사내는 촌로의 딸을 보자 곧 마음이 혹해 장가를 들었습니다. 그러다가 얼마 지나지 않아 정신을 차리고 이렇게 중얼거렸어요.

"부처님은 무릇 색色은 불이요, 사람은 불나방이므로 불을 가까이 하다가 몸을 태우고야 마는 법이라고 말씀하셨다. 그 촌로가 색이라는 불로 내 몸을 태우고, 재물이라는 미끼로 내 입을 낚고, 집이라는 잡초로 나의 모든 덕을 잃게 만들었도다."

사내는 밤이 되자 슬며시 집을 빠져나와 백 리를 쉬지 않고 달려가다가 주막이 보이자 들어갔습니다.

"손님, 어서 오십시오."

주막 주인은 반갑게 사내를 맞아들였지요.

"자고 갈 만한 빈방이 있으면 하나 주시오."

주인의 안내를 받아 방에 들어가니 침상 위에 이부자리가 말끔하게 마련되어 있었습니다. 그런데 그곳에 자기 부인과 똑같이 생긴 여자가 누워 있지 않겠어요? 사내는 또 정신이 혼미해져 그 여자와 함께 살았어요. 그로부터 오 년이 지난 어느 날 그는 문득 깨달은 듯 말했습니다.

"음욕의 독충毒蟲이 내 몸과 목숨을 갉아먹고 있구나."

그러고는 야밤을 틈타 도망갔는데 멀리 가지 않아 또 그전의 아내를 만나 다시 십 년을 같이 살았답니다. 그러다가 사내는 다시 깨달았어요.

"나의 죄업이 무척 무겁구나. 도망갈 때마다 이렇게 붙들리고 말다니……. 이제 무슨 일이 있어도 다시는 아내와 함께 살지 않으리라."

그는 다시 도망가다가 멀리 있는 큰 집을 보았습니다. 그는 예전의 주막이 생각나서 큰 집을 피하여 풀밭으로 가려고 했어요. 그러자 그 집의 문지기가 다가와 말했습니다.

"좋은 길을 두고 왜 풀밭으로 가는 것이오?"

사내는 적당히 둘러댔지요.

"이곳이 처음이라 길을 몰라서 그런 것이오."

"저 집 안에는 당신을 기다리는 사람이 있소."

문지기가 말을 마치기 무섭게 큰 집 안에서 아내가 달려 나오더니 소리쳤어요.

"한량없는 세월 전부터 당신의 아내 되기를 바랐는데, 당신은 늘 어디로 도망가시는 겁니까?"

이에 사내가 속으로 생각했습니다.

'음욕을 뿌리 뽑기가 이처럼 어렵구나. 세상이 무상하다는 생각을 일으켜 삼계의 모든 더러움을 없앴는데도 왜 이 모양이란 말인가?'

그러자 아내가 문득 사라지곤 부처님이 나타나 사문이 지켜야 할 계율을 주셨어요. 사내는 그 계율을 스승 삼아 수도하여 피안에 이르게 되었답니다.

경률이상

더 무서운 구덩이

옛날에 마투라국摩偸羅國의 한 남자가 우파급다 존자를 스승으로 모시고 출가를 했으나, 언제나 잠자기만을 좋아했습니다. 우파급다 존자가 설법을 할 때도 잠자느라 듣지 않았고, 나무 아래에서 참선을 하라고 해도 역시 잠만 잘 뿐이었답니다. 이에 우파급다는 신통력으로 그 나무 주위를 빙 둘러 천 길이 넘는 구덩이를 팠습니다. 잠시 후 잠에서 깬 그 비구는 주위를 둘러보다가 깜짝 놀라 두려움에 떨었어요. 존자는 다시 신통력을 써서 다리를 만들어 그 비구가 건너오게 했지요. 비구가 건너오자 존자는 다시 그를 보고 나무 아래로 가게 했어요. 그러자 비구가 말했습니다.

"나무 주위에 깊은 구덩이가 있어 너무 무섭습니다."

우파굽다 존자가 말했습니다.

"그 구덩이는 결코 깊다고 할 수 없다. 더 깊은 구덩이가 있으니, 이른바 생로병사와 근심하고 슬퍼하고 괴로워함이 그것이니라. 만약 사람이 사성제四聖諦를 모른다면, 반드시 그 속으로 떨어지고 마는 법이다."

비구는 스승의 말씀을 듣고 다시 그 나무 아래로 가서 가부좌를 틀고 앉아 잠을 자지 않고 열심히 수도했습니다. 왜냐하면 스승이 말한 깊은 구덩이에 빠질까봐 두려웠기 때문이지요.

그 비구는 두려움 때문에 사유하고 정진한 결과 모든 번뇌를 다 여의고 아라한의 과위를 얻었답니다.

경률이상

불이 물로 변하다

옛날에 재산이 한량없을 정도로 많은 거사居士가 있었습니다. 얼굴이 단정한 그의 아들은 어려서부터 부처님의 가르침을 좋아하여 마침내 출가해서는 스승을 따르며 열심히 경전을 공부했어요.

어느 날 걸식을 나간 그가 이리저리 돌아다니고 있는데, 어느 음탕한 부인이 그를 불러 집 안으로 들어오게 했습니다. 사문이 안으로 들어오자 그녀는 곧 문을 단단히 걸어 잠그고는 사문을 끌어안으려 했어요.

깜짝 놀란 사문이 따르지 않고 달아나려 하자, 부인은 덜컥 화를 내면서 계집종들을 불러 한 길이 넘는 구덩이를 파고 그 속에 불을 지피게 했습니다. 그러고는 여럿이 함께 사문을 붙잡아 불구덩이로

끌고 갔어요. 불구덩이에 이르자 사문은 더 이상 반항하지 않고 조용히 말했습니다.

"잠시만 기다려 주시오. 생각을 좀 해 보겠습니다."

이어 사문은 속으로 생각했지요.

'내가 이 불구덩이 속에 떨어지면 한번 죽을 뿐이다. 즉 계율을 지키다 죽으면 천상에 날 수 있다. 그러나 계율을 어기고 죽으면 장차 지옥에 떨어져 벗어날 기약이 없으리라.'

생각을 마친 사문은 눈을 감고 불구덩이 속으로 발을 내밀었습니다. 그 순간 맹렬히 타오르던 불은 곧 물로 변해 사문의 허리께까지 차올랐어요.

잠시 후 눈을 뜬 사문은 아무 일도 없었다는 듯이 구덩이 속에서 걸어 나왔습니다.

경률이상

사자와 비구

옛날에 한 비구가 산중에 홀로 살며 부지런히 도를 닦은 끝에 신통력을 얻게 되었습니다. 그곳에서 그리 멀지 않은 곳에 사자 한 마리가 새끼 두 마리를 기르며 살고 있었는데, 먹이를 구하러 갈 때면 반드시 비구에게 새끼들을 맡기곤 했답니다.

한번은 사냥을 나간 어미 사자가 달포가 지나도 돌아오지 않았어요. 그때 마침 비구가 일이 생겨 잠시 산을 내려갔는데, 그사이 사냥꾼이 새끼 사자 두 마리를 보고는 달려와 활을 쏘았습니다. 그러나 새끼 사자들이 숲 속으로 숨어 버리자 사냥꾼은 속으로 생각했습니다.

"저 새끼 사자들은 여기 사는 비구가 기르는 것이 틀림없다. 그렇다면 방법을 바꾸어야겠다."

사냥꾼은 곧 비구의 처소로 달려가 남아 있는 가사袈裟 한 벌을 두르고 숲 속으로 갔습니다. 새끼 사자들은 비구가 돌아왔다고 생각하고는 좋아라 하면서 달려왔어요. 그들이 가까이 이르자 사냥꾼은 곧 숨겨 두었던 칼을 꺼내 그들을 죽이고는 가죽을 벗긴 후 산을 내려갔습니다.

이윽고 처소로 돌아온 비구는 새끼 사자들이 보이지 않자 곧 선정禪定에 들어 살펴보고는 사냥꾼에게 죽임을 당한 것을 알았습니다. 비구는 신통력을 써서 날아가 사냥꾼에게 그 가죽을 돌려받아서 돌아왔어요. 비구는 그 가죽을 방석으로 삼아 깔고 앉아 죽은 새끼 사자들을 위해 기도했답니다.

얼마 후 비구가 다시 선정에 들어 살펴보자 그들은 어느 장자 부인의 태 속으로 들어가 있었습니다. 그런데 그 부인은 아직 임신한 사실을 모르고 있었어요. 비구는 곧 그 집으로 찾아가 걸식을 청하며 장자에게 물어보았습니다.

"시주여, 얼굴에 근심이 가득한데 무슨 일이라도 있습니까?"

장자는 한숨을 푹 쉬더니 대답했어요.

"스님, 우리 집은 보다시피 이렇게 큰 부자이나 안타깝게도 뒤를 이을 후사가 없답니다."

"제가 아들을 점지해 드리지요."

"그렇다면 반드시 은혜를 갚겠습니다."

"어떻게 은혜를 갚으실 작정입니까?"

"아들이 크면 스님께 드릴 테니 제자로 삼으십시오."

이에 비구는 축원을 하고 그 집을 떠났지요. 얼마 지나지 않아 장자의 부인은 태기를 느꼈고, 이윽고 달이 차서 귀여운 아들 쌍둥이를 낳았습니다.

그로부터 팔 년이 지난 어느 날, 비구는 다시 그 장자의 집을 찾았어요. 그때 마당에서 놀고 있던 아이들은 전생에 인연이 있었던 탓에 처음 보는 비구를 두려워하기는커녕 달려와 마치 친아버지에게 안기듯 했습니다. 비구는 장자를 만나 입을 열었지요.

"시주여, 옛날의 약속을 기억하고 계십니까?"

장자는 금쪽같은 아들들을 보내기 싫었지만, 차마 약속을 어길 수 없어 비구를 따라가게 했습니다. 비구를 따라나선 아이들은 제자가 되어 열심히 정진한 결과 도를 얻게 되었답니다. 그들은 항상 사자 가죽을 깔고 앉아 좌선을 했는데 한번은 선정을 통해 그 가죽의 내력을 살펴보고는 전생의 자기 몸이었다는 사실을 알게 되자 곧 스승 앞으로 달려가 예배드리며 말했습니다.

"스승님의 은혜는 이루 말로 다할 수 없나이다."

경률이상

생쥐에게
죽임을 당한 고양이

옛날에 며칠을 굶주린 고양이가 쥐구멍 앞에서 호시탐탐 기회를 노리고 있었어요. 마침내 생쥐가 달려 나오자 고양이는 냉큼 생쥐를 붙잡아 한입에 꿀꺽 삼켜 버렸지요. 생쥐는 산 채로 고양이 배 속에 들어갔고 곧 내장을 뜯어 먹기 시작했어요. 고양이는 미친 듯이 이리저리 뛰어다니다가 결국 목숨을 잃고 말았습니다.

　무릇 어리석은 수행자는 몸과 마음을 굳건히 하지 않고 여색을 보면 정신을 빼앗겨 그 욕심을 채우려 하다가 도리어 큰 화를 당하기 마련이지요.

경률이상

귀신의 송사

송宋나라 때 이룡李龍이라는 자는 도적 무리를 이끌고 밤에 노략질을 했습니다. 그때 단양丹陽 태수 도계지陶繼之는 병사들을 이끌고 나가 마침내 이룡을 비롯해서 그 무리 여럿을 사로잡았습니다.

태수가 문초하자 이룡은 어느 기생의 이름을 대면서 자기와 한패라고 했습니다. 그런데 그 기생은 이룡이 노략질을 하던 날 밤, 친구와 함께 한 집에 가서 음주가무를 했답니다. 그런데도 태수는 자세히 조사하지도 않고 그 기생을 연루시켜 서류를 꾸몄지요. 기생이 끌려가자 이웃 사람들이 나서서 그녀의 억울함을 호소하며 증언했습니다. 태수는 미심쩍다고 생각했으나 이미 상부에 서류를 올린 후라 일이 번거롭게 될 것을 걱정했습니다. 그리하여 시비를 분명히 가리지 않고 도적 십여 명과 기생을 성문 앞에서 처형해 버렸지요. 기생은 죽기 직전에 사형장에 온 친구와 지인들을 앞에 두고 한탄하듯 말했습니다.

"제가 비록 미천한 기생에 불과하지만, 어려서부터 착한 일을 했으면 했지 죄를 지은 적은 없습니다. 제가 오늘 억울하게 죽는다는 사실을 모르는 이는 없을 것입니다. 만일 귀신이 없다면 그만이겠지만, 그렇지 않다면 반드시 이 원한을 갚고야 말겠습니다."

말을 마친 기생의 목이 땅에 떨어지자 그 모습을 지켜본 수많은 사람들이 눈물을 흘렸답니다.

한 달쯤 지난 어느 날 밤 태수는 꿈을 꾸었어요. 꿈속에서 기생이 태수가 앉아 있는 책상 앞으로 다가오더니 노기 어린 목소리로 말하는 것이었습니다.

"나는 억울하게 죽으면서도 뭐가 뭔지 몰랐지만, 이제 하늘나라에서 소송을 벌여 승소했으므로 너를 잡아가려고 왔다."

그러더니 그녀는 곧 태수의 입을 통해 배 속으로 들어갔습니다. 깜짝 놀란 태수는 식은땀을 흘리며 잠에서 깨자 바로 일어서려 했지만 곧 고꾸라지고 말았어요. 한참 만에 정신을 차린 태수는 때때로 발작을 일으키고 펄쩍펄쩍 뛰며 배를 부여잡고 비명을 질러 댔습니다. 태수는 이렇게 나흘을 보내다 죽고 말았어요. 태수가 죽자 그 가문은 급속히 기울어 몹시 가난해졌고, 외아들도 요절했답니다.

법원주림

74

둔갑한 여우

진晉나라 해서공海西公 때 한 가난한 효자가 있었습니다. 그는 모친상을 당했으나 돈이 없어 다른 사람들을 불러 장례식을 치를 수가 없었어요. 그래서 스스로 모친의 관을 메고 깊은 산속으로 들어갔어요. 그는 상복을 입고 무덤을 판 다음 관을 묻고 밤낮을 가리지 않고 지키고 있었습니다.

어느 날 저녁 한 부인이 어린아이를 안고 지나가다가 하룻밤 묵고 가게 해 달라고 부탁했습니다. 자정이 지나도록 효자는 어머니 무덤 곁에서 꼼짝하지 않고 졸지도 않은 채 지키고 앉아 있었어요. 그 부인은 정말 피곤했던지 불 옆에서 잠이 들었지요. 그 바람에 원래의 모습이 드러났는데, 그 부인은 다름 아닌 여우였고, 안고 있는 아이는 까마귀였습니다. 효자는 즉시 그들을 때려 죽인 후 고랑에 내다 버렸어요.

다음 날 어떤 사내가 효자에게 와서 한 모자母子가 이 길을 지나가는 것을 보지 못했느냐고 물었습니다. 어제 저녁 분명히 이 길로 갔는데 아직도 돌아오지 않아 찾아 나선 것이라고 했지요. 효자가 대답했습니다.

"봤소. 그 모자는 사람이 아니었소. 바로 여우와 까마귀가 둔갑한 것이었단 말이오. 그래서 내가 때려 죽였소."

"미친 소리! 네가 내 아내와 자식을 죽여 놓고 도리어 허황된 말만 늘어놓는구나. 네 말대로 여우가 둔갑한 것이라면 어디 그 시체를 한번 보러 가자."

효자는 사내를 데리고 어제저녁 그 시체를 버린 고랑으로 갔습니다. 그런데 이게 웬일인가요? 여우는 사람의 모습을 한 채 죽어 있었지요. 순간 효자는 당황하지 않을 수 없었어요. 사내는 효자를 포박해서 관아로 끌고 가 처형할 것을 요구했습니다. 효자는 사내의 눈을 피해 현령에게 말했습니다.

"이 사내는 여우가 둔갑한 것입니다. 사냥개를 풀어 물어뜯게 하면 본모습을 드러낼 것입니다."

며칠 후 그 사내는 현령을 다시 찾아와 빨리 처형하라고 졸랐어요. 현령은 슬그머니 사내에게 사냥개에 대해 잘 아는 바가 있느냐고 물었지요. 그러자 사내가 대답했습니다.

"저는 어려서부터 개를 무서워했기 때문에 사냥개에 대해서는 잘 아는 바가 없습니다."

그 말을 듣고 현령은 매우 좋아하면서 당장 사냥개를 풀었습니다. 사내는 개를 보자 즉시 늙은 여우로 변해 사방으로 날뛰었어요. 현령은 활을 꺼내 그 여우를 쏘아 죽였습니다. 그리고 효자와 함께 그 고랑으로 가 보았더니 부인의 시체 역시 여우로 변해 있었습니다.

법원주림

77

장난의 끝

한 바라문이 광야에 우물을 파고 토기로 된 두레박을 걸어 두어 목동과 행인들이 사용하기 편리하게끔 만들어 놓았어요.

어느 날 저녁, 한 무리의 여우가 우물 근처에 나타나 땅바닥에 괴어 있는 물을 마셨지요. 그러나 여우왕만은 그 물을 마시지 않고 두레박 속에 있는 물을 마셨어요. 다 마신 여우왕이 두레박 속에서 고개를 이리저리 흔들자 두레박은 깨지고 말았답니다. 나머지 여우들은 여우왕이 저지른 일에 화를 내며 따졌어요.

"이 두레박은 행인들에게는 매우 중요한 것인데 그렇게 부수면 어떻게 합니까?"

그러자 여우왕이 대답했어요.

"재미로 그랬다, 왜? 나만 기분 좋으면 되지, 다른 일은 내 알 바 아니다."

다음 날 한 행인이 두레박이 깨져 있는 것을 보고 바라문에게 알렸습니다. 바라문은 곧 새 두레박을 달아 놓았어요. 그러나 얼마 가지 않아 또 여우왕이 그것을 깨 버렸습니다. 이러기를 십여 차례 계속하는 동안 여우들은 여우왕을 간곡히 말렸으나, 여우왕은 들은 척도 하지 않았지요.

두레박이 며칠 못 가서 자꾸 깨지자 바라문은 이상한 생각이 들었어요. 그래서 도대체 왜 그런 일이 생기는지 지켜보기로 했습니다. 하루 동안 숨어서 지켜본 결과 여우가 못된 장난을 치고 있다는 사실을 알게 되었어요.

'내가 우물을 파서 행인들에게 도움을 주려 했는데, 여우가 자꾸 못된 장난을 치다니……. 이번에는 아예 깨지지 않는 단단한 나무로 두레박을 만들어 놓자.'

바라문이 만든 나무 두레박은 단단할 뿐만 아니라 여우가 고개를 집어넣을 수는 있지만 빼기는 어려운 구조로 되어 있었습니다. 바라문은 여우를 혼내 주기 위해 나무 두레박을 우물 옆에 두고 그 근처에서 방망이를 든 채 숨어 있었어요.

행인들이 물을 마시고 난 후, 여우왕이 몰래 와서 나무 두레박에 고개를 들이밀고 또 그것을 부수려고 했습니다. 그러나 이번에는 두레박이 움직이지도 않고 고개도 빠지지 않았습니다. 이때 숨어 있던 바라문이 뛰어나와 방망이를 사정없이 휘두르자 여우왕은 그만 숨이 끊어지고 말았지요.

법원주림

생사의 굴레를
벗어나는 법

옛날에 가시굴산 뒤편에 바라문의 집이 칠십여 채 있었습니다. 부처님은 어느 날 그들을 찾아 신통력을 보였습니다. 부처님 몸에서 눈부신 광명이 뿜어 나오자 바라문들은 모두 놀라고 두려워하여 무릎을 꿇었습니다. 부처님은 나무 밑에 자리 잡고 앉은 다음 바라문에게 물었습니다.

"이곳에서 얼마나 살았으며 생업은 무엇인가?"

"여기서 삼십 대를 살았으며, 농사와 목축으로 생계를 꾸려 가고 있습니다."

"그대들은 어떤 행을 닦아 생사의 굴레를 벗어나려 하는가?"

"해와 달 그리고 물과 불을 섬기면서 때에 따라 제사를 드리고 있습니다. 만일 죽은 사람이 생기면 남녀노소가 모여 범천에 나기를 외치고 그로써 생사를 벗어나고자 합니다."

"그렇게 한다고 해서 생사의 굴레를 벗어날 수는 없다. 기껏해야 이십팔천二十八天을 벗어나지 못한다. 그것은 진정한 도가 아니기 때문에 다시 삼악도三惡道에 떨어지고 만다. 그러므로 출가하여 청정한 뜻을 닦고 고요한 이치를 행하여야만 열반을 얻을 수 있는 법이니라."

부처님은 이어서 게송으로 말했습니다.

이 세상에 죽음을 피할 수 있는 것은 없네

그러므로 삼계三界에 편안한 곳은 없다네

저 신들이 아무리 복락이 많다 해도

그것이 다하면 결국 죽고 만다네

모든 세상을 살펴보매

한번 나면 끝나지 않는 것이 없나니

생사의 굴레를 벗어나고자 하면

진실한 도를 행해야 하리

법구비유경

자린고비

사위성에 한 사람이 살았는데, 그는 재물이 무척 많았지만 사람됨이 인색하고 탐심이 많아 남에게 보시하는 법이 절대로 없었답니다. 그는 밥을 먹을 때면 늘 문을 굳게 닫아걸고 문지기에게 명하여 절대로 외부 사람이 들어오지 못하게 했습니다.

한번은 그가 맛있는 음식을 먹고 싶어 아내에게 요리를 만들게 했습니다. 아내는 곧 닭을 잡아 여러 가지 양념을 섞어 맛있는 요리를 만들어 상을 차렸지요. 그러자 그는 문지기에게 문을 굳게 닫아걸라고 하고 아들을 가운데 앉히고는 아내와 함께 닭고기를 먹었습니다. 그는 닭고기 살을 발라 연신 아들의 입에 넣어 주며 즐거워했어요.

그때 부처님은 그 사람을 제도할 인연이 있다고 생각하시고 한 사문으로 변해서 그들이 차려 놓은 상 앞에 나타났습니다.

"내게 조금만 보시하면 큰 부자가 될 수 있을 것이오."

그러자 정신없이 닭고기를 먹고 있던 남자는 고개를 들더니 사문을 꾸짖었습니다.

"너는 사문임에도 예의조차 모르는구나. 지금 가족끼리 앉아서 음식을 먹고 있는 모습이 보이지 않느냐? 당돌하게 이게 무슨 짓이냐? 부끄럽지도 않느냐?"

"그대야말로 어리석어 부끄러움을 모르는구나."

"가족끼리 음식을 먹는데 무엇이 부끄럽단 말이냐?"

"그대는 아버지를 죽이고 어머니를 아내로 삼아 원수를 공양하면서도 부끄러워할 줄은 모르고 도리어 걸식하는 사문을 꾸짖는구나."

남자는 그 소리를 듣자 깜짝 놀라며 목소리를 바꿔 물었습니다.

"사문께서는 도대체 무슨 까닭으로 그렇게 말씀하시는 것입니까?"

"그 상 위에 있는 닭은 전생의 그대 아버지요. 그는 늘 인색했기 때문에 닭으로 다시 태어나 당신에게 먹히는 것이오. 또 아들은 전생에 어부였던 당신을 잡아먹은 나찰羅刹이었소. 나찰은 목숨을 마치고는 당신의 아들로 태어났는데, 그 업보가 아직 끝나지 않았기 때문에 조만간 당신을 해치고 말 것이오. 그리고 지금의 아내는 전생에 그대 어머니로, 염려가 깊어 다시 돌아와 당신의 아내가 된 것이오. 그대는 어리석고 미혹하여 전생 일을 알지 못하기 때문에 아버지를 죽여 원수에게 먹이고 어머니를 아내로 삼으면서 끝없이 윤회를 하고 있는 것이오. 그러니 어찌 부끄러운 일이라고 하지 않을 수 있겠소?"

그 말씀에 남자는 입에 넣었던 닭고기를 뱉어 내고 사문 앞에 무릎을 꿇어 참회하고는 오계를 받아 지녔습니다.

법구비유경

똥주머니

옛날에 방탕하기 그지없는 두 사내가 있었는데, 그들은 단짝이 되어 늘 붙어 다녔답니다. 어느 날 그들은 서로 의논한 끝에 사문이 되기로 하고 부처님을 찾아가 합장하고는 말씀드렸어요.

"저희들은 출가사문이 되고자 하오니 허락하여 주십시오."

부처님은 그들을 받아들여 방을 하나 내주었습니다. 하지만 그들은 한 방에 있으면서 수도는 하지 않고, 세상의 쾌락만을 돌이켜 이야기하며 시간을 보냈어요. 그들은 틈만 나면 미인의 몸을 이야기하며 탐하던 끝에 병이 나고 말았답니다.

부처님은 그들을 그대로 놔두면 끝내 제도받지 못할 것이라 생각했어요. 그래서 그중 한 비구를 다른 곳으로 보낸 뒤 그 비구로 변신하여 방으로 들어가 말했습니다.

"우리는 늘 미인의 몸을 생각하여 마음에서 떨칠 수가 없었다. 차라리 직접 그것을 보고 어떤 것인지 알아보도록 하자. 맨날 방에 앉아 공상만 해 봐야 아무 소용도 없고 이렇게 몸만 아프지 않은가?"

잠시 후 두 사람은 마을로 내려가 한 음녀의 집으로 갔습니다. 그때 부처님이 신통력으로 이 음녀를 만들어 놓으셨지요. 두 사람은 방으로 들어가 음녀에게 말했어요.

"우리는 출가사문으로 부처님의 계율을 받들기 때문에 몸으로는 범하지 않고 다만 눈으로 여자의 몸을 보려고 한다. 옷만 벗어 준다면 적당한 값을 치르겠다."

그러자 음녀가 입고 있던 고운 옷을 벗고 알몸으로 섰습니다. 얼마 후 변신한 사문이 말했어요.

"여자의 아름다움은 다만 화장과 치장에 달려 있을 뿐이다. 저 몸뚱어리는 가죽 주머니에 온갖 똥과 피고름을 담은 것과 같다. 그런데 탐할 게 무엇이란 말이냐?"

변신한 사문은 계속해서 게송으로 말했습니다.

욕심아, 나는 너의 뿌리를 안다
욕심은 생각에서 일어나는 것이니
내가 너를 생각하지 않으면
너는 곧 존재하지 않으리

욕심이 없으면 두려울 것이 없고
마음은 편안하여 근심 걱정 없나니
욕심을 떨쳐 버리고 얽매임을 풀면
마침내 생사의 굴레를 벗어나리라

게송을 마치자 변신한 사문은 본래의 부처님 몸으로 돌아갔습니다. 그러자 곁에 있던 사문은 부끄러워 얼굴을 못 들더니 땅바닥에 몸을 던지며 참회했습니다. 부처님이 거듭 설법하시자 그는 곧 마음이 열려 아라한이 되었답니다.

잠시 후 밖에서 돌아온 친구는 그 비구의 안색이 평상시보다 편안해 보이자 이상한 생각이 들어 물었어요.

"아니, 맨날 여자 생각 때문에 답답한 나머지 안색이 초췌했는데, 이게 어찌 된 일이냐? 내가 나갔다 온 동안 무슨 좋은 일이라도 있었는가?"

그는 그간의 사정을 들려주고는 덧붙여 말했답니다.

"부처님께서 나를 가엾게 여기셔서 자비를 베풀어 주신 것이다. 부처님의 은혜로 나는 일체의 괴로움을 여의게 되었다."

그는 계속해서 게송을 읊었습니다.

밤낮으로 쾌락을 생각하며
마음과 뜻이 끝없이 헤매다가

여자 몸의 더러움을 보곤

잡념이 사라지고 근심이 없어졌네

　친구는 그 게송을 듣고 곰곰이 이치를 따져 보다가 곧 욕심을 여
의고 법안法眼을 얻게 되었답니다.

법구비유경

바라지 않았던 복

옛날에 어떤 사내가 어릴 때 가출하여 여러 지방을 떠돌면서 살았습니다. 그 사내는 어느덧 어른이 되었지만 궁핍한 날품팔이 생활을 면치 못하고 있었어요.

한편 아들을 잃은 아버지는 사방으로 그리운 아들을 찾아다녔으나 찾지 못했습니다. 그래서 어느 도시에 자리 잡고 장사를 시작했어요. 아버지는 열심히 일한 덕에 얼마 지나지 않아 그 도시에서 가장 큰 부자가 되었답니다. 부자가 된 아버지는 하루도 아들 생각을 하지 않는 날이 없었지요.

'나는 이제 늙어 죽을 날이 멀지 않았다. 남들은 내가 큰 부자라고 부러워하지만, 자손이 없으니 이 재보가 다 무슨 소용이란 말인가?

죽은 후에는 모두 남의 손에 들어가 흩어질 게 뻔하다. 수십 년 전에 잃어버린 아들을 찾을 수만 있다면 좋으련만.'

어느 날 아들은 이 도시 저 도시를 전전하다가 마침내 아버지가 살고 있는 도시에 오게 되었습니다. 그는 날품을 팔러 이곳저곳을 기웃거리다가 여러 하인들을 거느리고 있는 아버지를 보았어요. 그러나 워낙 어릴 때 아버지와 헤어졌기 때문에 아들은 아버지의 얼굴을 알아보지 못했답니다. 오히려 화려한 옷을 입고 휘황찬란한 가마를 탄 아버지의 모습에 기가 질릴 뿐이었지요.

'이크, 저이는 아마 왕족이나 귀족임이 틀림없다. 괜히 날품을 판답시고 얼씬거리다가는 나를 강제로 잡아다가 일을 시킬지도 모른다. 빨리 이곳을 벗어나서 다른 곳으로 가 일을 하고 옷과 양식을 구해야겠다.'

그는 자리를 뜨려고 했습니다. 그때 가마 속에 있던 아버지는 우연히 그를 보고 한눈에 아들임을 알아차렸어요. 이제 재산을 물려줄 아들을 찾았다고 생각한 아버지는 매우 기쁜 나머지 하인들을 시켜 그를 데려오라고 명했습니다. 하인들이 달려가 그를 붙들자 아들은 기겁하며 소리쳤어요.

"나는 잘못한 것이 하나도 없는데, 왜 나를 붙잡는 것이오?"

그러나 하인들은 주인이 시킨 일이라 이유도 얘기하지 않고 억지로 데려가려고만 했지요. 아들은 강제로 붙들려 가면 큰일을 당하리라는 생각에 힘껏 버티다가 그만 기절하고 말았습니다. 그 모습을 멀리서 본 아버지는 하인들에게 말했어요.

"저 사람을 강제로 데려올 필요는 없으니, 물을 뿌려 정신을 차리게 하고는 그냥 놔주어라."

부자는 아들이 아버지인 자기를 알아보지 못하고 자신의 막대한 부에 기가 질려 그러는 줄 알고 다른 방법을 강구하기로 했습니다.

아들은 정신을 차린 후 그 도시 이곳저곳에서 날품을 팔며 겨우 연명하고 있었어요. 어느 날 부자는 하인들에게 아들을 찾아가 이렇게 말하게 했습니다.

"우리가 일하고 있는 집에 가서 같이 일하면 삯을 두 배로 주겠소. 그렇게 어렵지 않소. 그저 거름을 치는 일이오."

아들은 하인들의 말을 듣고 부잣집에 와서 일을 하게 되었어요. 부자가 창문 틈으로 아들의 모습을 바라보니 남루한 옷에 초췌한 꼴을 하고 있어 마음이 무척 아팠습니다. 부자는 곧 허름한 옷을 골라 일꾼처럼 변장하고는 아들에게 다가갔습니다.

"젊은 사람이 참 안됐구먼. 무슨 고생을 그렇게 많이 했기에 행색이 그러한가? 여기는 부잣집이니 일만 열심히 하면 호의호식할 수 있을 걸세. 그러니 다른 곳으로 갈 생각은 하지 말게. 나는 나이로 봐도 자네 아버지뻘이니 앞으로 무슨 문제가 있으면 나를 아버지처럼 여기고 언제든지 의논하게. 나도 자네를 친아들처럼 돌봐 주겠네."

그렇게 해서 부자는 아들과 함께 일하며 차츰 친해졌어요. 그렇게 여러 해가 흐르자 아들은 부자를 진짜 친아버지처럼 대하게 되었답니다. 그러던 어느 날 부자는 국왕과 대신 그리고 친척들을 초청한 다음 아들을 불러 옆에 세우더니 이렇게 말했어요.

"여러분, 사실 이 사람은 내 아들이오. 나는 수십 년 전에 아들을 잃고 사방으로 찾아다녔지만 찾을 수가 없었소. 그러다가 몇 해 전에 우연히 아들을 바로 이 도시에서 찾게 되었소. 이제 이 아들에게 전 재산을 물려주어 가업을 잇게 할 참이오."

아들은 뜻밖의 선언을 듣고 깜짝 놀랐습니다.

'아, 원래 저 부자가 나의 친아버지였구나. 나는 원래 부자의 재산에는 아무런 욕심도 내지 않았는데, 이제 이 엄청난 재보가 다 내 것이 되었구나.'

묘법연화경

마음의 의술

옛날에 병을 잘 치료하기로 소문난 의사가 있었습니다. 그에게는 아들이 여러 명 있었어요. 한번은 그가 외국에서 볼일을 보고 집에 돌아오니 아들들이 약장에 있던 독약을 먹고 발작하며 방바닥에 뒹굴고 있었습니다.

의사는 그 모습을 보고 대경실색했어요. 중독된 아이들 중에서 그나마 제정신이 남아 있던 아들이 아버지에게 말했습니다.

"다녀오셨습니까? 아버지, 괴로워요. 저희들이 미련하여 독약을 먹는 바람에 이렇게 되었습니다."

의사는 곧 여러 가지 약재를 꺼내 와 해독제를 만들어 아들들에게 주면서 말했어요.

"이 약만 복용하면 아무런 문제가 없을 게다."

그런데 제정신이 조금이라도 남아 있던 아들은 곧 그 해독제를 먹고 완쾌되었으나, 심하게 중독된 아들들은 아버지도 몰라보며 해독제를 도통 먹으려 하지 않았습니다. 이에 의사는 한 가지 방법을 생각해 내서 아들들에게 말했어요.

"나는 이제 늙어 죽을 때가 가까워졌다. 여기 해독제를 두고 다시 볼일을 보러 갈 것이니, 너희가 이 해독제를 먹으면 반드시 완쾌될 것이다."

그리고 의사는 외국에 나가 다른 사람을 보내 자신이 객사했다는 말을 전하게 했습니다. 그 소식을 전해 들은 아들들은 비통해하면서 탄식했어요.

"아버지가 계시면 언제나 우리를 보살펴 주실 텐데, 이제 돌아가셨으니 우리는 누구를 의지하고 살아야 한단 말인가?"

실성할 정도로 상태가 나빴던 아들들도 아버지가 돌아가셨다는 소리에 정신이 번쩍 들었습니다. 그리고 아버지가 남기고 간 해독제를 먹고 모두 완쾌되었지요. 그제야 의사는 집으로 돌아와 아들들에게 인자하게 웃어 보였습니다.

묘법연화경

95

참된 믿음

옛날에 수복須福이라는 장자가 있었는데, 그에게는 용시龍施라는 딸이 하나 있었어요. 용시는 어려서부터 총명해서 온 집안 식구들의 사랑을 받았으며, 유복한 가정환경 속에서 아무 걱정 없이 자라났습니다.

용시가 열네 살이 되던 어느 날 저녁 그녀는 집에 있는 목욕탕에서 몸을 씻고 향을 바른 다음 옷을 입기 시작했어요. 그녀가 막 옷을 다 입었을 때 부처님과 제자들이 그녀의 집 대문 밖에 오셨습니다. 그때 부처님의 양미간에서는 눈부신 불광佛光이 뿜어져 수복 장자의 온 집 안을 대낮같이 환하게 비추었어요. 용시 역시 햇빛보다 강한 빛을 보고는 보통 빛이 아니라고 생각했습니다.

그녀는 흥분하고 긴장된 나머지 그 빛을 좀 더 확실히 보기 위해 칠 층으로 올라갔어요. 그곳에서 사방을 둘러본 용시는 부처님이 자기 집 앞에 서 계시는 것을 보고 매우 기뻐했습니다. 그녀는 부처님과 제자들이 배가 고플 것이라고 생각하며 혼잣말을 했어요.

"오늘 부처님과 제자들에게 공양을 해서 보살행을 닦아 마침내 성불成佛하고 말리라."

이때 용시가 성불하겠다는 서원을 세우고 있는 모습을 본 마왕은 심기가 불편해져 어떻게 해서든 저지하려고 마음먹었습니다. 그녀가 부처님과 제자들에게 공양하겠다는 생각을 버리게 할 작정으로 마왕은 수복 장자의 모습으로 변신해서 용시에게 말했어요.

"용시야, 내가 보건대 네 생각은 정말로 천진난만하구나. 네가 세운 서원은 현실적으로 이룰 수 없는 것이란다. 부처님의 경지는 실로 이루기 어려운 것이다. 그저 오늘 부처님을 본 것을 행운으로 여기고 아라한의 경지만 이루어도 충분할 것이다. 부처와 아라한의 최후 목적은 모두 열반 경계에 들어가는 것이므로 다를 것이 하나도 없단다."

그러나 용시는 도리어 더욱 굳게 말했어요.

"아버님이 하신 말씀은 옳지 않습니다. 부처님의 지혜는 광대무변廣大無邊하며 그 자비심 역시 무한한 것입니다. 부처님과 비교해 볼 때 아라한의 지혜는 태산의 먼지 정도밖에 되지 않습니다. 큰 지혜를 구하지 않고 작은 지혜에 만족해서 즐기려고 하는 사람이 누가 있겠습니까?"

용시의 굳은 결심에 마왕은 속이 뜨끔했지만 짐짓 아무렇지도 않은 체하며 다시 말했습니다.

"나는 아직까지 여자가 군주가 되었다는 말을 들어본 적이 없는데, 어찌 성불할 수 있겠느냐? 그것은 근본적으로 불가능한 일이다. 일찌감치 아라한의 경지를 구해 열반 경계에 들어가는 것만 못하다."

그러나 용시는 여전히 굳게 말하는 것이었어요.

"저도 아버님이 하신 말씀을 들은 적이 있습니다. 그러나 그것은 중요하지 않습니다. 게으르지 않고 열심히 노력해 선을 닦고 악을 끊으면 수행 과정을 통해 여인의 몸이 남자의 몸으로 변할 것입니다. 듣건대 보살행을 실천하는 사람이 영원히 게으르지 않고 수행할 자세가 되어 있다면 단 하루만에라도 성불할 수 있다고 합니다. 저는 이미 마음을 굳게 먹었으니 반드시 열심히 수행해서 성불하려고 합니다."

마왕은 용시의 마음을 돌려놓기 힘들다는 사실을 알자 이번에는 험악한 표정을 지으며 협박했어요.

"네가 진정 보살행을 하고자 하면 세속에 관한 일체의 탐심을 끊어야 하고 자기의 모든 것을 버려야 한다. 심지어 자신의 생명까지도 아까워하지 말아야 하는 법이다. 네가 그렇게 할 수 있겠니? 그렇다면 여기 칠 층에서 뛰어내려 보아라. 그러면 네가 한 결심이 그저 말뿐이 아닌 진심이라고 생각하마. 그리고 그럴 정도로 결심이 대단하면 아마도 성불할 수 있겠지."

이에 용시는 생각했습니다.

'오늘 다행히도 부처님을 만나 보살행을 하고자 결심했는데, 아버지께서는 또 어떻게 노력해야 하는지 가르쳐 주시는구나. 몸을 버려 성불할 수 있다면 이까짓 목숨을 무엇 때문에 아까워하리.'

생각을 마친 용시는 난간 위로 올라서서 부처님을 향해 외쳤어요.

"저는 기꺼이 목숨을 버려 보살행을 하고자 합니다. 이제 부처님께 이 몸을 바치리니, 마치 천녀가 뿌리는 꽃처럼 땅바닥에 떨어지려고 합니다."

용시는 말을 마치자마자 아래로 뛰어내렸어요. 그런데 그녀는 이상하게도 곧바로 땅에 떨어지지 않고, 공중에 있는 동안 남자의 모습으로 변하더니 사뿐히 땅바닥에 내려서는 것이었어요. 땅바닥에 내려선 용시는 남자로 변한 자기 몸을 보고 기쁨에 가득 찼습니다.

이에 부처님이 미소 지으니, 입속에서 눈부시게 아름다운 오색 빛이 뿜어 나왔습니다. 그 빛은 대천세계大天世界를 환하게 비춘 후 부처님의 몸을 세 바퀴 돌고 나서 부처님의 정수리를 통해 몸 안으로 들어갔습니다.

불설용시녀경

누구를 환영하는가

축차시라국쓰叉尸羅國의 박라우라 마을에 칭가발타라는 가난한 사람이 살았습니다. 칭가발타의 집은 아주 큰 부자였지만 서서히 가세가 기울어 거지꼴이 되고 말았어요. 친척들은 거지꼴이 된 칭가발타를 보지 않으려 했고, 혹 만나는 일이 있으면 교만을 떨며 사람 취급을 하지 않았답니다. 칭가발타는 너무나 괴로워 고향을 등지고 장사꾼들을 따라 먼 나라로 떠났어요. 그곳에서 그는 열심히 일해 돈을 많이 벌게 되었습니다.

이윽고 고향이 그리워진 칭가발타는 대상들과 함께 집으로 돌아가고자 했습니다. 그때 고향에 있던 친척들은 칭가발타가 부자가 되어 금의환향한다는 소식을 듣고 산해진미와 여러 기녀들을 데리고 마중 나갔어요.

칭가발타는 수수한 옷을 입고 대상의 선두 부분에 있었습니다. 칭가발타는 고향을 떠날 때 어린 나이였으므로, 십여 년이 지난 지금 그를 금방 알아보는 친척이 없었어요. 도리어 친척들은 앞쪽에 서 있는 칭가발타에게 이렇게 물었습니다.

"칭가발타는 어디에 있습니까?"

이에 칭가발타가 대답했지요.

"저쪽 뒷부분에 있습니다."

친척들은 대열의 뒷부분에 가서 물었어요.

"칭가발타는 어디에 있습니까?"

대상 중 한 사람이 대답했어요.

"저 앞쪽에 가고 있는 사람이 바로 칭가발타요."

친척들은 다시 앞쪽으로 달려와 칭가발타에게 물었습니다.

"자네가 바로 칭가발타이면서 왜 뒤쪽에 가서 찾으라고 한 것인가?"

칭가발타는 씁쓸해하면서 얘기했습니다.

"내가 가난했을 때 친척 여러분은 날 보려 하지도 않고 말조차 걸지도 않았소. 그런데 내가 부자가 되어 돌아온다니까 이제 이렇게 마중을 나온 것이군요."

"아니, 자네 무슨 말을 그리 섭섭하게 하는가?"

"옛날에는 상대도 하지 않다가 내가 부자가 된 걸 알고 이렇게 산해진미와 기녀들을 데리고 와서 환영하다니……. 결국 당신들이 환영하는 것은 내가 아니라 바로 나의 재물이지 뭐겠소?"

이렇게 얘기하자 친척들은 낯을 들지 못했습니다.

대장엄론경

꼭두각시

옛날에 불심이 돈독한 한 마술사가 스님들을 청했습니다. 공양을 마친 후 마술사는 통나무로 어여쁘게 생긴 여인을 만들어 재주를 부렸습니다. 마술사가 꼭두각시를 껴안고 입을 맞추자 그 모습을 지켜본 스님들이 깜짝 놀라며 말했어요.

"저렇게 파렴치한 사람이 다 있단 말인가? 감히 누구 앞이라고 더럽기 짝이 없는 짓을 한단 말이냐? 진작 이런 인간인 줄 알았더라면 공양을 받지 않았을 것이다."

그러나 마술사는 곧 칼을 꺼내더니 꼭두각시를 베어 나가기 시작했습니다. 그는 꼭두각시의 목을 베고 사지를 자르고 눈알을 뽑기까지 했어요. 스님들은 더욱 분개하며 소리쳤습니다.

"저렇게 악독한 자인 줄 알았더라면 차라리 독약을 마실지언정 공양을 받아서는 안 되었다."

그러자 마술사가 말했어요.

"제가 한낱 마술을 부렸을 뿐인데, 스님들이 그렇게 저를 책망하시니 어찌 제가 스님들을 존경하고 받들어 모시겠습니까?"

그래도 스님들이 계속 비난을 멈추지 않자 마술사는 곧 통나무를 내보이며 말했지요.

"저는 이 통나무로 꼭두각시를 만들었던 것입니다. 한낱 통나무와 무슨 음행을 한단 말입니까? 저는 스님들에게 공양을 한 후 잠시 쉬는 시간을 이용해 스님들을 즐겁게 해드리고자 마술을 부린 것뿐입니다. 일찍이 부처님께서는 이렇게 말씀하셨습니다. '모든 존재는 마술과 같고 허깨비와 같으니라.' 저는 부처님의 말씀을 입증해 보이기 위해 마술을 부린 것입니다. 이 꼭두각시는 생명도 없고 의식도 없지만 저의 손놀림에 따라 마치 살아 있는 것처럼 움직인 것일 따름입니다. 스님들은 우리의 몸 역시 이 꼭두각시와 같이 '무아無我' 임을 알아야 합니다."

대장엄론경

여러 가지 업

옛날에 한 나라의 왕이 임종에 이르렀는데 그 뒤를 이을 자가 없었습니다. 그러자 신하들은 선왕 때 산에 들어가 수도하고 있던 왕족을 억지로 모셔 와 왕위를 잇게 했습니다.

그런데 왕이 된 도인은 침구를 관리하는 시종에게 의복과 음식까지 책임지게 했어요.

시종이 말했습니다.

"대왕이시여, 시종마다 각자 맡은 일이 있으므로 모든 일을 제가 다 맡을 수는 없는 노릇입니다. 저는 다만 침구에 관한 일만 알 뿐이지 목욕이나 의식 같은 일은 담당할 바가 못 됩니다."

이 이야기는 모든 업이 같지 않음을 비유한 것입니다. 얼굴이 예쁘거나 병이 없거나 재물이 많거나 지혜가 출중한 것은 그것이 연유한 업이 제각기 다른 것이지요. 훌륭한 가문에 태어났다고 해서 반드시 재부를 갖출 수 없는 것은 한 가지 업으로 갖가지 과보를 얻는 것이 아님과 같답니다.

단정한 업을 지어서 단정한 얼굴을 얻을 수 있는 것처럼 재부를 얻고자 하면 마땅히 다른 업을 지어야 합니다. 그래서 슬기로운 이는 갖가지 청정한 업을 닦아 여러 가지 좋은 과보를 얻는 법입니다.

대장엄론경

2장

마음먹은 대로
이룬다

세상만사가 모두 마음먹은 대로 이루어진다면 아무런 걱정 없이 날마다 즐겁게 살 수 있을 것입니다. 그러나 세상일치고 자기 뜻대로 이루어지는 것은 좀처럼 보기 드뭅니다. 왜 그럴까요? 세상의 일이란 대개 나 혼자에게만 달린 것이 아니라 여러 사람 그리고 갖가지 상황과 관련되어 있기 때문입니다. 그러므로 어떤 일을 마음먹은 대로 이루려면 남을 비롯한 온갖 외부 요인의 협조가 필요합니다. 그것을 일러 '복'이라 하고 '복'은 바로 좋은 인연입니다. 세상 만물과 좋은 인연을 맺고 있어야 비로소 모든 일이 마음먹은 대로 이루어지게 된답니다.

부처님의 설법을
들으려던 기러기

옛날에 부처님이 바라나국에 계실 때, 숲 속에서 뭇 중생을 위해 설법을 하고 있었습니다. 그때 하늘을 날던 오백 마리의 기러기 떼가 부처님의 목소리를 듣고 매우 기뻐하며 그 주위를 빙빙 돌다가 부처님이 계신 곳 근처에 내려앉으려고 했습니다. 그런데 그때 한 사냥꾼이 기러기 떼가 내려오는 것을 보고 새 그물을 던졌지요. 새들은 모두 사냥꾼에게 잡혀 목숨을 잃고 말았답니다.

기러기들은 도리천에 태어나자마자 곧 여덟 살쯤 되는 아이로 자라났어요. 그들은 모두 몸이 금덩이처럼 빛났고 얼굴 역시 단정하기 그지없었습니다. 그들은 자기들의 모습에 스스로 놀라 속으로 생각했어요.

'우리가 천상에 태어나 이런 복을 받은 인연은 무엇인가?'

그들은 자신들의 전생을 살펴보고는 부처님의 설법을 들으려고 내려왔다가 떼죽음을 당한 사실을 알아냈습니다. 그들은 은혜를 갚아야겠다는 생각에 여러 가지 천화天花와 각종 향을 가지고 한밤중에 염부제의 바라나국에 내려와 부처님 처소로 갔습니다. 오백 명의 천인天人들이 동시에 나타나자 캄캄하던 하늘이 마치 대낮처럼 밝아졌어요. 그들은 모두 함께 부처님께 고개를 숙이고 합장하며 말씀드렸습니다.

"저희들은 부처님께서 설법하시는 소리를 들은 공덕으로 도리천에 태어나게 되었나이다. 부디 다시 한 번 저희를 가엽게 여기사 도의 요체를 가르쳐 주십시오."

그러자 부처님께서는 그들을 위해 사성제를 설법했습니다. 이에 천인들은 모두 수다원과須陀洹果를 얻어 다시는 삼악도에 떨어지지 않고 인연을 따라 일곱 번 환생한 후 모든 번뇌에서 해방을 얻었답니다.

그다음 날 아침 아난은 부처님께 여쭈었습니다.

"어젯밤에 일단의 천인들이 내려와 광명을 발하면서 부처님께 예배를 드렸는데, 그 인연을 알 수 없습니다. 부처님께서는 부디 가르쳐 주소서."

"너를 위해 설명하리니, 잘 명심하도록 하라. 내가 숲 속에서 중생을 위해 설법하고 있을 때, 오백 마리의 기러기 떼가 그 소리를 듣고 모두 함께 내 곁으로 날아오려 하다가 그만 사냥꾼의 그물에 붙들려 떼죽음을 당하고 말았다. 그들은 그 공덕으로 도리천에 났다가 전생의 일을 살펴보고는 은혜를 갚으려고 일부러 나를 찾아왔던 것이니라."

"부처님께서 이 세상에 출현하심은 참으로 기이하고 묘한 일입니다. 한번 법우法雨를 쏟으시면 그 은혜를 입지 않는 자가 없고, 심지어 새와 짐승들마저 부처님의 설법하는 음성을 듣고 그런 복을 얻었습니다. 그런데 어찌 사람으로서 신심을 내어 법을 받들어 공경하지 않을 수 있겠습니까? 그 과보를 생각해 보면 천인이 된 기러기들보다 백천만 곱이나 많아 비할 수가 없을 것입니다."

현우경

벌레의 마음

부처님께서 왕사성王舍城 기사굴산에 계실 때 일입니다. 그 당시 성 근처에는 더러운 오물을 버리는 연못이 있었는데, 그 안에는 몸이 마치 뱀처럼 기다랗고 사지가 달린 커다란 벌레가 살면서 갖은 고통을 당하고 있었지요. 어느 날 부처님은 제자들을 거느리시고 그 연못으로 가서 그들에게 물었습니다.

"너희들은 이 벌레가 전생에 어떤 업을 지었는지 아는가?"

제자들은 한참 생각하다가 입을 모아 대답했어요.

"알 수 없습니다."

"그렇다면 잘 듣도록 하라. 너희들을 위해 저 벌레의 과거 인연을 말하리라."

부처님의 이야기는 다음과 같았습니다.

옛날에 비파시불毘婆尸佛께서 이 세상에 출현하여 널리 교화를 펴신 뒤 열반에 드셨다. 그때 그 부처님의 법을 믿는 만 명의 비구는 청정한 행을 닦으면서 고요한 것을 즐겨 어느 산에 깃들어 살고 있었다. 그 산에는 훌륭한 숲이 있어 울창하기 그지없었고, 꽃과 열매도 지천에 깔려 있었다. 또 나무들 사이 여기저기에 샘물이 흘러 목욕할 수 있는 연못도 많아 참으로 여러 사람들이 살 만한 곳이었다. 비구들은 그곳에서 부지런히 정진한 결과 모두 갖가지 도를 얻게 되었다.

그 당시 오백 명의 상인들이 보물을 캐러 바다로 가던 중 그 산을 지나다가 여러 비구들이 열심히 수행하는 모습을 보고 감명받아 누가 먼저랄 것도 없이 달려가 공양하기를 청했다. 상인들은 여러 날을 보내면서 계속 청했으나 응하는 비구는 한 명도 없었다. 급기야 상인들은 비구들에게 이렇게 말하고 길을 떠났다.

"저희들이 무사히 돌아와서 공양을 베풀 테니 그때는 반드시 허락해 주십시오."

비구들은 그 청마저 저버릴 수 없어 묵묵히 받아들였다. 얼마 후 바다에서 무사히 돌아온 상인들은 수많은 보물을 가지고 비구들을 찾았다. 그들은 갖가지 보물 중에서 가장 값진 것을 비구들에게 주며 차후 양식이 끊어지는 일이 없도록 했다. 비구들은 그 많은 보물들을 마마제摩摩帝 비구에게 맡겨 관리하게 했다.

얼마 후 양식이 떨어질 때가 되자 비구들은 마마제에게 맡긴 보물을 팔아 양식을 구하고자 했다. 그런데 마마제는 갑자기 시치미를 뚝 떼며 말했다.

"무슨 소린가? 그 보물들은 전날 상인들이 나 쓰라고 준 것인데, 왜 너희들이 내게 손을 내미는 게냐?"

그러자 한 상좌 비구가 말했다.

"상인들이 우리 앞으로 그 보물을 주기에 당신에게 관리를 맡긴 것인데, 지금 양식이 거의 떨어져 가므로 마땅히 써야 하지 않겠는가?"

마마제는 얼굴을 붉히며 욕을 했다.

"내 보물을 왜 자꾸 달라고 떼를 쓰는 거냐? 너희들은 똥이나 처먹어라."

비구들은 마마제가 흑심을 품은 것을 알고는 모두 뿔뿔이 흩어져 버렸다.

마마제는 스님들을 속이고 욕을 한 과보로 목숨을 마친 후 아비지옥에 떨어져 끓는 똥물 속에서 구십이 겁을 보내야 했다. 그러다가 지옥을 벗어나자 다시 똥오줌이 가득한 이 연못에 흉측한 벌레로 태어나서 오랜 세월 뒹굴고 있는 것이다.

부처님의 이야기를 들은 제자들은 몹시 놀라 떨면서 서로 약속했습니다.

"앞으로 몸과 말과 생각을 삼가고 단속하도록 하자."

현우경

가난을 팔다

부처님이 아리제국阿梨提國에 계실 때 일입니다. 그 나라에 재물은 많았으나 성격이 탐욕스럽고 포악하여 인자한 마음이라고는 조금도 없는 한 장자가 있었습니다.

그 장자의 집에는 나이가 많은 여종이 하나 있었는데, 꼭두새벽부터 자정까지 일에 쫓겨 쉴 틈이라고는 전혀 없었답니다. 장자는 여종이 조금만 잘못해도 사정없이 매를 때렸습니다. 여종이 입은 옷은 남루하다 못해 몸조차 제대로 가릴 수 없었고, 밥 한 끼도 배불리 먹을 수 없었지요. 여종은 몸을 가누기조차 힘들어 죽고 싶은 생각이 굴뚝같았으나 차마 스스로 목숨을 버릴 수는 없었답니다.

어느 날 그녀는 항아리를 들고 강으로 가서 물을 긷다가 자신의 처량한 신세를 돌이켜 보고는 슬픔이 북받쳐 한량없이 눈물을 흘리며 통곡하고 있었습니다. 그 모습을 본 가전연迦栴延 존자가 다가와서 물었어요.

"할머니는 무슨 일로 그렇게 슬피 우시는 것입니까?"

"스님, 저는 늙어서까지 항상 힘든 일에 시달리고 게다가 가난하여 옷과 음식조차 넉넉하지 못합니다. 마음 같아서는 당장 죽고 싶지만 차마 그럴 수도 없고 해서 이렇게 울고 있는 것입니다."

"그렇게 가난하시면 왜 가난을 팔지 않으십니까?"

"스님, 가난을 어떻게 판단 말씀입니까? 또 누가 그 가난을 산단 말입니까?"

"가난을 파는 길이 정말 있습니다."

"그런 방법이 있다면 빨리 알려 주십시오. 귀 기울여서 듣겠습니다."

"정녕 가난을 팔고 싶으시면 제 말씀을 반드시 지키셔야 합니다."

"그렇게 하겠습니다."

"그럼 먼저 깨끗이 목욕을 하십시오."

여종은 시키는 대로 한적한 곳으로 가서 목욕을 하고는 돌아왔습니다. 그러자 가전연이 다시 말했습니다.

"이제 보시를 하셔야 합니다."

"저는 정말 가난하여 가진 것이라고 몸뚱이밖에 없는 사람입니다. 제대로 된 옷 한 벌조차 없답니다. 여기 있는 항아리도 주인댁 것이니, 보시하려고 해도 할 것이 없습니다."

가전연은 자신의 발우를 건네주면서 말했어요.

"이 발우에 깨끗한 물을 조금 떠 오십시오."

여종은 시키는 대로 물을 떠다가 가전연에게 바쳤습니다. 발우를 받아든 가전연은 그녀를 축원하고는 재계齋戒와 염불의 갖가지 공덕을 가르쳐 주었어요. 그리고 나서 물었습니다.

"따로 주무시는 방은 있습니까?"

"없습니다. 맷돌질을 할 때는 맷돌 밑에서 자다가 일어나 밥을 짓고 다시 그 아래 누워 자고, 맷돌질 할 일이 없으면 쓰레기 더미에 누워 잡니다."

"부디 마음을 잘 다스리고 부지런히 일하되 질투심이나 원한을 품어서는 안 될 것입니다. 그리고 주인집 사람들이 모두 잠들고 나면 조용히 문을 열고 그 모퉁이에 깨끗한 풀을 깔고 앉아 부처님을 생각하시되 결코 악심을 품어서는 안 됩니다."

여종은 집에 돌아와서 가전연 존자가 시키는 대로 했습니다. 그러던 어느 날 새벽녘에 목숨을 마쳤어요.

아침에 일찍 일어난 주인은 문 앞에 여종이 죽어 있는 모습을 보고는 대경실색하며 버럭 소리쳤습니다.

"집 안에는 종이 들어올 수 없는데, 어째서 지난밤에 여기서 죽었단 말인가?"

주인은 곧 다른 종들을 시켜 여종의 다리를 새끼로 묶게 한 다음 한림寒林에 갖다 버리게 했습니다.

그때 도리천에는 화려하기 그지없는 궁전에 오백 명의 권속을 거느린 천인天人이 살고 있었어요. 그 천인이 복이 다해 목숨을 마치게 되자, 여종이 그 자리에 대신 앉게 되었답니다.

대체로 근기가 예리한 사람은 스스로 자기가 하늘에 난 인연을 알 수 있지만, 근기가 둔한 사람은 그것도 모르고 그저 향락만 누릴 줄 압니다. 여종은 근기가 둔했던 탓인지 오백의 권속을 거느린 채 향락만 누릴 줄 알고 자기가 하늘나라에 태어나게 된 인연은 조금도 알지 못하고 있었어요.

마침 도리천에 있던 사리불 존자는 여종이 하늘나라에 태어나게 된 인연을 간파하고는 그녀를 찾아와서 물었습니다.

"할머니여, 당신은 어떤 복을 지었기에 하늘나라에 태어나게 된 것입니까?"

"존자시여, 저는 그 자초지종을 모르겠습니다."

이에 사리불은 자신의 도안道眼을 빌려 주어 그 인연을 살펴보게 했습니다. 가전연 존자 덕분에 하늘나라에 태어나게 되었다는 사실을 상기한 그녀는 곧 오백의 권속을 데리고 한림으로 내려와 꽃을 뿌리고 향을 살라 자신의 시체를 공양했습니다. 이때 여러 천인들이 내뿜는 광명에 온 마을과 숲이 대낮처럼 환했습니다.

멀리서 그 광명을 발견한 주인은 괴이한 일이 다 있다 하며 사람들을 불러 함께 한림으로 갔습니다. 그곳에서 천인들이 시체를 공양하는 모습을 본 주인은 고개를 설레설레 흔들며 천인들에게 다가가 말했습니다.

"그 여종은 더럽기 그지없습니다. 그녀가 살아 있을 때 사람들은 더럽다고 보기조차 싫어했는데, 더구나 지금은 죽은 시체이니 더 말할 것도 없습니다. 그런데 무슨 일로 천인들이 그 더러운 시체를 공양하는 것입니까?"

천인들은 주인에게 여종이 천상에 태어나게 된 인연을 자세히 설명해 주고 가전연 존자를 찾아갔습니다. 가전연 존자는 자신을 찾아온 천인들에게 부처님의 가르침을 설하면서, 계율을 지키고 보시를 행하면 천상에 태어날 수 있지만, 욕심은 더러운 것이므로 그것에서 벗어나는 것이야말로 진정한 즐거움이라고 말했습니다. 그러자 천인들은 모든 번뇌를 여의고 기뻐하며 천궁으로 돌아갔답니다.

현우경

새의 친구

먼 옛날 바라나국의 한 부유한 장자가 아들을 낳았는데, 그 인물이 무척 수려했어요. 그때 장자의 친척 중에 외국에 나가 장사를 하던 이가 장자에게 새알을 선물했습니다. 그런데 며칠이 지나자 그 알이 갈라지더니 조그마한 새가 나왔는데, 그 깃털이 휘황찬란했어요. 아들을 무척 사랑한 장자는 매우 기뻐하며 아들에게 새를 가지고 놀라고 주었답니다.

작은 새와 아들은 갈수록 친해졌고 둘 다 어느새 어른이 되었어요. 이제 그 작은 새는 사람보다 훨씬 커다란 새가 되었습니다. 장자의 아들은 그 큰 새의 등에 올라타고 여러 곳을 돌아다니며 놀다가 집으로 돌아오곤 했어요. 둘은 단짝이 되어 날마다 그렇게 재미있게 지냈지요.

그러던 중 장자의 아들은 어느 나라에서 연극을 공연한다는 소문을 들었습니다. 그래서 그는 큰 새를 타고 그 나라로 날아가 연극을 구경했어요. 큰 새는 그동안 나무에 앉아 쉬고 있었답니다.

그때 장자의 아들은 우연히 그 나라 공주를 보고는 한눈에 반했습니다. 그는 몰래 공주에게 편지를 보내 자신의 마음을 전했지요. 공주 역시 장자의 아들에게 마음이 있어 그들은 밤에 몰래 만나 사랑을 나누었습니다. 그러나 그들의 비밀스러운 만남은 오래 가지 않았어요. 곧 그 사실을 안 국왕은 병사들을 시켜 장자의 아들을 잡아 오도록 했습니다. 그리고 그를 없애라는 명령을 내렸어요. 붙잡힌 장자의 아들이 병사들에게 말했습니다.

"나를 죽이려고 여러 가지 준비를 할 게 뭐 있습니까? 어차피 죽을 목숨인데, 제가 저 나무 위로 올라가 스스로 떨어져 죽겠습니다."

병사들은 어차피 죽을 녀석이라고 생각해서 그의 청을 들어주었어요. 나무 위로 올라간 그는 큰 새를 타고 유유히 그 나라를 빠져나와 자신의 집으로 돌아갈 수 있었답니다.

현우경

한 배를 탄 사람들

아주 오랜 옛날 범마달梵摩達이라는 왕이 바라나국을 다스릴 때의 일이었습니다. 그 나라에는 마음씨 착한 늑나사야라는 사람이 살고 있었어요. 어느 날 그는 숲 속을 산책하다가 한 사내가 비통하게 울면서 나무에 목을 매는 광경을 보게 되었답니다. 늑나사야는 재빨리 달려가 그 사내를 말리며 물었습니다.

"도대체 왜 죽으려 드는 것이오? 사람의 몸으로 태어나기가 얼마나 어려운 일인데, 스스로 목숨을 끊으려 하다니⋯⋯."

늑나사야는 좋은 말로 그 사내를 달래며 새끼줄을 버리게 했습니다. 그러자 그 사내는 자신의 가련한 처지를 한탄했어요.

"내가 지지리도 복이 없어 가난하게 살다 보니, 어느덧 태산 같은 빚을 지게 되었다오. 쥐구멍에 볕 들 날이 있다고는 하지만 이 복 없는 놈에게는 해당되지 않는 말인가 보오. 빚쟁이들이 밤낮없이 찾아와 괴롭히니 잠시라도 편안한 날이 없다오. 세상이 넓다 해도 변변히 의지할 곳도 없으니 이 한 목숨 끊어 빚쟁이들이 없는 저세상으로 가려 하오. 당신이 날 말리는 것은 고마우나 나는 차라리 죽는 편이 낫소."

그 사내의 말을 듣고 동정심을 느낀 늑나사야는 착한 마음으로 이렇게 말하고 말았습니다.

"죽지 않겠다고 하면, 내가 당신이 진 빚을 대신 갚아 드리리다."

사내는 얼굴 가득 함박웃음을 띠고 좋아라 하면서 늑나사야를 따라 성안으로 들어갔어요. 그는 곧 빚쟁이들을 모두 오라 했고, 늑나사야는 가산을 털어 그 사내의 빚을 갚아 주었죠. 그러나 빚쟁이들이 끝없이 찾아오는 바람에 늑나사야는 눈 깜짝할 사이에 빈털터리가 되었답니다. 이런 늑나사야 때문에 그의 가족들은 하루아침에 거지가 되어 길바닥에 나앉고 말았어요.

그 소식을 들은 늑나사야의 친척들은 모두 입을 모아 말했습니다.

"늑나사야가 미쳤구먼. 자기와 상관없는 일로 가산을 탕진하다니……."

그때 늑나사야의 자애로움에 감동한 한 상인이 그에게 같이 배를 타고 외국으로 나가 장사를 하자고 권했습니다. 늑나사야가 말했어요.

"당신 말대로 하자면 장사 밑천이 있어야 하는데, 이제 난 한 푼도 없는 거지꼴이오. 그러니 어떻게 당신을 따라갈 수 있단 말이오?"

상인은 늑나사야의 처지를 딱하게 여겨 말했어요.

"이번에 장사하러 같이 갈 사람은 무려 오백 명이나 되오. 내가 그들에게 부탁해서 모은 돈을 당신에게 빌려 주도록 하겠소."

이렇게 해서 삼천 냥을 빌린 늑나사야는 천 냥은 가족들에게 생활비로 주고, 나머지 돈으로 외국에 가서 팔 물건을 구입했답니다. 그리고 늑나사야는 뱃사람 다섯 명을 모아 여러 상인들과 함께 커다란 상선에 올랐지요.

상선은 망망대해를 항해하다가 어느 날 폭풍우에 휘말렸습니다. 집채만 한 파도에 마치 장난감처럼 기우뚱거리던 상선은 암초에 걸려 부서지고 말았어요. 다행히 부낭浮囊을 챙겼던 사람들은 살아남았지만, 수많은 사람들이 허우적거리다가 물에 빠져 죽어 갔죠. 늑나사야 역시 부낭이 없어 허우적거리고 있는데, 그가 고용했던 뱃사람 다섯 명이 헤엄쳐 와 이렇게 말하는 것이었습니다.

"당신만 믿고 배를 탔는데 이렇게 죽게 되었으니 이를 어쩐단 말입니까?"

늑나사야는 뱃사람들의 말에 죄책감이 들어 어찌할 바를 몰랐답니다. 마음씨 착한 늑나사야는 이내 결심한 듯 말했어요.

"내가 들은 바에 의하면 바다는 시체를 좋아하지 않아서 해변으로 밀어낸다고 하오. 이제 여러분들은 내 몸을 꼭 잡고 있으시오. 내가 당신들을 구해 주리다."

말을 마친 늑나사야는 다른 사람들이 말릴 틈도 주지 않고 혀를 깨물어 자결하였습니다. 이 모습을 지켜본 해신海神은 늑나사야의 자비심에 감동하여 바람을 일으켜 시신을 해변으로 떠밀었답니다. 그 바람에 늑나사야의 시신을 꼭 잡고 있던 뱃사람들은 모두 목숨을 건질 수 있었다고 합니다.

현우경

보물섬의 여의주

부처님이 왕사성 기사굴산에서 여러 큰 비구들에게 설법하고 계실 때 일입니다. 그때 아난은 속으로 이렇게 생각했습니다.

'저 제바달다提婆達多는 늘 부처님을 시기하여 술 취한 코끼리를 몰아붙이고 바위를 굴리기도 하는 등 갖가지 방법으로 부처님을 해치려고 한다. 그러나 자비로우신 부처님은 그를 늘 가엾게 여겨서 당신의 아들 라후라와 조금도 차별하시지 않는다.'

아난은 제바달다가 밉기 그지없었지요. 자리에서 일어난 아난은 부처님께 합장하고는 방금 했던 생각을 말씀드렸습니다. 그러자 부처님이 말했습니다.

"제바달다는 비단 오늘날에만 내게 악심을 품었던 것이 아니다.

128

그는 전생에도 나를 죽이려 든 적이 있다. 그러나 나는 그를 늘 자비로운 마음으로 대했느니라."

"알 수 없는 일입니다. 전생에 있었던 그 일을 자세히 들려주십시오."

이에 부처님은 긴 이야기를 시작하였습니다.

한량없이 오랜 옛날 이 염부제에 늑나발미勒那跋彌라는 이름의 왕이 있었다. 그는 오백 개의 작은 나라, 오백 명의 왕비, 수천 명의 궁녀를 거느리고 있었지만 슬하에 아들이 없었다. 천지신명에게 여러 해 동안 지극정성으로 치성을 드렸지만, 역시 아들을 얻지 못한 왕은 걱정에 싸여 생각에 잠겼다.

'사람의 운명은 알 수 없어 언제 죽을지 모른다. 그런데 내가 죽고 왕위를 이을 아들이 없으면 세상은 곧 어지러워질 것이다. 신하들이 서로 왕이 되고자 싸운다면 죄 없는 백성들만 억울하게 죽어 나가지 않겠는가.'

생각이 여기에 미치자 왕은 더욱 마음이 아팠다. 그때 어떤 천신이 그 마음을 읽고는 가엾게 여겨 꿈속에 나타나 말했다.

"성 밖 숲 속에 두 선인仙人이 살고 있는데, 첫째 선인은 몸이 황금빛이고 복덕과 총명함을 따를 자가 없다. 네가 정말 아들을 얻고 싶거든 가서 간절히 부탁해 보라. 그러면 그는 반드시 네 청에 따라 왕가에 환생할 것이다."

왕은 기뻐하며 자리를 박차고 일어나 수행원 몇 사람을 데리고 궁을 빠져나갔다. 그러다 천신이 일러 준 선인을 만나자 통사정을 했다.

"제게는 왕위를 이을 아들이 없어 근심과 걱정이 떠날 날이 없습니다. 부디 선인께서는 왕가에 환생하시어 왕위를 이어받아 이 근심과 걱정을 덜어 주십시오."

왕이 간절하게 원하자 선인은 차마 거절할 수 없어 좋다고 했다. 그러자 둘째 선인이 앞으로 나서면서 왕에게 말했다.

"나도 그대의 왕가에 환생하리라."

왕은 매우 기뻐하며 허리를 굽혀 이별을 고하고 궁전으로 돌아왔다. 몇 시간 후 첫째 선인은 갑자기 숨을 마치고 왕의 큰 왕비 소마蘇摩 부인의 태로 들어갔다. 소마 부인은 매우 총명한 여자였기 때문에 자신의 태에 든 아이가 남자인지 여자인지 곧 알아차릴 수가 있었다.

"태 속의 아이는 분명 사내아이다."

이 소식을 들은 왕과 문무백관은 모두 만세를 부르며 기뻐했다. 왕은 궁녀들에게 명령을 내려 큰 왕비를 극진히 보살피게 했다. 침구와 음식은 최상품으로 하고 드나들 때는 늘 궁녀들의 부축을 받고 위험한 곳에는 얼씬도 못하게 엄명을 내렸다. 열 달이 지나자 소마 부인은 아들을 낳았다. 아이의 몸은 자금색이요, 머리털은 검푸르며 단정하기 그지없어 아무리 보아도 싫증이 나지 않았다.

왕은 매우 기뻐하며 관상쟁이를 불러 아이의 상을 보게 했다. 관상쟁이는 앞으로 나와 아이를 자세히 살펴보더니 매우 기뻐하면서 입을 열었다.

"태자님의 상호는 정말 보기 드문 것입니다. 태자님의 총명함과 복덕 은 세상에 따를 자가 없을 것입니다."

왕은 박수를 치며 웃다가 말했다.

"좋은 이름을 한번 지어 봐라."

"대왕이시여, 왕비님께서 태자님을 잉태하신 이후 무슨 이상한 징조 는 없었습니까?"

"그러고 보니 좀 이상한 일이 있었다. 원래 소마 부인은 질투와 시기 심이 많은 편이었는데 아이를 잉태하고 나서부터는 인자하고 착하 기 그지없는 사람이 되었다."

"그랬군요. 그것은 바로 이 태자님의 영향을 받아서 그렇게 된 것입 니다. 그러니까 태자님의 이름은 선사善事라 하심이 옳을 줄로 압니 다."

한편 둘째 선인도 목숨을 마치고는 불파弗巴라고 하는 작은 왕비에게 잉태되었다. 달이 차자 작은 왕비도 아들을 낳았는데 특별한 데라곤 조금도 없었다. 그래도 왕은 관상쟁이를 불러 상을 보게 했다. 관상 쟁이는 둘째 태자를 자세히 뜯어보고 나서 입을 열었다.

"둘째 태자님은 그저 평범한 상호를 가졌을 따름입니다. 그 복덕과 총명함은 자기 한 몸을 이끌어 가는 데 부족함이 없을 뿐입니다."

"여하튼 이름을 짓도록 해라."

"작은 왕비님이 잉태하고 나서 무슨 징조가 없었습니까?"

"작은 왕비는 본래 성품이 곱고 인자한 사람이었는데 이 아이를 잉태한 후로는 시기와 질투가 나날이 늘어만 갔다."

"그것은 바로 이 아이의 영향 때문입니다. 그러니까 이름을 악사惡事라고 지을 수밖에 없습니다."

왕은 선사 태자만을 특히 사랑하여 삼시전三時殿을 지어 겨울에는 따뜻한 궁전, 여름에는 시원한 궁전, 봄과 가을에는 중간 궁전에서 지내게 하였다. 태자는 자랄수록 총명함이 남달라 모든 공부에 능통하였다.

어느 날 태자는 왕의 허락을 받고 흰 코끼리에 탄 채 수레 천 대와 기병 만 명의 호위를 받으며 궁 밖으로 놀러 나갔다. 그러자 모든 백성이 일손을 멈추고 연도에 몰려나와 태자 일행을 구경하다 탄복했다.

"태자님은 마치 천상의 신처럼 뛰어난 상호를 가지셨다."

그때 헤진 옷을 입고 깨진 그릇을 든 거지들이 사람들을 쫓아다니면서 허리를 굽실거리며 동냥하는 모습을 본 태자가 곁에 있던 신하에게 물었다.

"저들은 왜 저렇게 하는가?"

"태자님, 저들은 거지라 하온데, 일찍 부모를 잃거나 집안이 가난하여 의지할 곳이 없어 당장 입에 풀칠하기조차 어려워 저렇게 구걸하는 것입니다."

태자는 그 말을 듣고는 가슴이 저려 왔다. 다시 길을 재촉하다가 태자는 백정들이 짐승을 잡아 칼로 그 살을 베어 저울에 달아 파는 모습을 보고는 깜짝 놀라 물었다.

"왜 그런 험악한 짓을 하느냐?"

이에 백정들이 대답했다.

"우리라고 이 일을 좋아서 하겠습니까? 하지만 할아버지 때부터 해온 가업이기도 하고, 이 짓을 하지 않으면 먹고살 수가 없어서 부득이 이렇게 하는 것입니다."

태자는 백정들의 하소연을 듣고는 깊이 한숨을 쉬며 자리를 떠났다. 잠시 후 태자는 들판에서 농부들이 밭을 가는 모습을 보았다. 농부가 밭을 가는 통에 벌레가 땅 위로 나오면 개구리가 그것을 잡아먹고, 뱀은 그 개구리를 잡아먹고, 마지막에는 공작새가 날아와 그 뱀을 쪼아 먹었다. 태자는 농부들을 불러 모아 물었다.

"너희들은 무슨 일을 하는 것이냐?"

"저희들은 농사를 짓고 있습니다. 밭에 씨를 부려야 가을에 추수를 해서 먹고살 수 있으며 나라에 세금도 바칠 수 있습니다."

그 말을 듣고 태자는 탄식했다.

"사람들은 의식주를 위해 중생을 죽이고 몸과 마음을 수고롭게 하는구나."

다시 길을 떠난 태자 일행은 이번에는 한 떼의 사냥꾼들을 만났다. 사냥꾼들은 활로 새를 쏘거나 그물을 치고 있었다. 그물에 걸린 짐승들은 비명을 지르며 발버둥 쳤지만 도저히 벗어날 방법이 없었다. 그 모습을 본 태자가 사냥꾼들에게 물었다.

"너희들은 무슨 일을 하고 있느냐?"

"저희들은 새와 짐승들을 잡아 시장에 내다 팔아 겨우 먹고 삽니다."

그 말을 들은 태자는 다시 한숨을 길게 내쉬며 길을 떠나 강가에 이르렀다. 태자는 어부들이 그물을 던졌다 끌어올리면 물고기들이 땅바닥에 쏟아져 숨을 헐떡이다 죽어 가는 것을 보았다. 태자가 또 물었다.

"너희들은 무슨 일을 하는 사람들이냐?"

"저희들은 이 물고기 덕분에 살아가는 어부들입니다."

태자는 한숨을 내쉬며 탄식했다.

"사람들은 먹고살고자 다른 중생들을 죽여 그 재앙과 죄가 날로 불어만 가는데, 나중에 받을 과보가 두렵구나."

태자는 근심 끝에 말머리를 돌려 궁중으로 돌아가서 부왕을 찾아가 말했다.

"아바마마, 소자의 한 가지 소원을 들어주소서."

"네 소원이라면 어디 한 가지뿐이겠느냐? 어서 말해 보거라."

"저는 궁 밖에 놀러 나갔다가 중생들이 먹고살자고 서로를 죽이는 죄를 짓는 모습을 보았습니다. 저는 그들을 가엾이 여겨 구제하려고 합니다. 부디 제가 아바마마의 창고에서 물건을 마음대로 꺼내 곤궁한 백성들에게 보시하도록 허락하여 주옵소서."

왕은 애지중지하는 선사 태자의 부탁을 차마 거절할 수 없어 허락하였다. 곧 온 나라에 방을 붙여 백성에게 알렸다.

"선사 태자가 보시를 하려고 하니 가난한 이들은 모두 와서 필요한 것을 구해 가라."

태자는 왕의 창고를 열고 온갖 보물을 끌어내다가 성문과 시장에 펼쳐 놓고 백성의 필요에 따라 나눠 주었다. 그러자 나라 안의 모든 가난한 자들이 몰려들었다. 그들이 모두 바라는 바를 얻었다는 소문이 퍼지자 급기야 온 염부제의 사람들이 구름처럼 몰려드는 바람에 왕의 보물 창고는 삽시간에 삼 분의 일로 줄게 되었다. 이를 걱정한 창고지기가 급히 왕을 찾아가 알렸다.

"폐하께서는 무려 오백의 속국을 거느리고 계십니다. 그들이 수시로 사신을 보내 조공을 바치면 답례로 줄 보물이 있어야 합니다. 그런데 태자님이 널리 보시를 행하시는 바람에 보물이 삼 분의 일로 줄었습니다. 폐하께서는 이 점을 깊이 생각해 보소서."

그 말을 듣고 왕은 잠시 생각에 잠겼다가 입을 열었다.

"태자는 한번 결심하면 반드시 하고야 마는 아이다. 그런 아이가 보시하는 것을 막는다면 몹시 근심하고 괴로워할 것이 분명한데 어찌하겠는가? 당분간 두고 보자."

태자가 계속해서 며칠 동안 보시를 하자 창고에 남은 물건 중 삼 분의 일이 또 줄어들었다. 창고지기는 도저히 보고만 있을 수 없다는 생각에 왕에게 달려가 알렸다.

"폐하, 이제 사신들에게 줄 보물마저 제대로 남아 있지 않습니다. 어

서 태자를 말리소서. 그렇지 않으면 조만간 폐하의 체면을 구기고야
마는 일이 생길 것입니다."

왕은 한숨을 쉬며 골똘히 생각에 잠겼다가 이내 입을 열었다.

"나는 선사 태자를 그 어떤 아들보다 사랑한다. 그래서 차마 드러내
놓고 태자가 하는 일을 막을 수는 없구나. 차후 태자가 와서 물건을
요구하면 너는 먼 곳으로 몸을 피하거라. 혹 만나면 조금씩만 내주면
서 날짜를 끌어 보거라."

그때부터 창고지기는 태자가 온다는 소리를 들으면 갖가지 핑계를
대고는 먼 곳에 다녀왔다. 그 바람에 태자는 물건을 얻는 때도 있었
고 얻지 못하는 때도 있었다. 그런 일이 몇 번 반복되자 태자는 속으
로 생각했다.

'저 창고지기가 무슨 힘이 있다고 나를 능멸하겠는가? 이것은 부왕
의 뜻이 분명하다. 그러나 부왕을 탓할 수만도 없구나. 사람의 자식
으로 어찌 부모님의 창고를 텅 비게 할 수 있겠는가? 이제 부왕의 창
고에는 보물도 얼마 남아 있지 않다. 하지만 일체중생에게 보시하는
일 역시 그만둘 수 없다. 어떻게 하면 많은 재물을 얻을 수 있을까?'

생각을 마친 태자는 여러 사람들을 찾아다니며 한량없는 재물을 구
할 수 있는 방법을 물었다. 그러자 사람들이 갖가지로 대답했다.

"곤란을 두려워하지 않고 먼 외국으로 나가 장사를 하면 됩니다."

"추위와 더위를 가리지 않고 열심히 농사를 지으면 부자가 될 수 있
습니다."

"가축을 잘 기르면 많은 돈을 벌 수 있습니다."

"목숨을 아끼지 않고 큰 바다로 나가 용궁에 있는 여의주를 구하십시오. 성공만 한다면 한량없는 재물을 얻을 수 있을 것입니다."

태자는 여러 가지 말을 듣고 속으로 생각해 보았다.

'장사나 농사 혹은 목축으로 얻을 수 있는 이익은 별로 크지 않을 것이다. 그렇다. 오직 용궁에 있다는 여의주를 구해야만 내 뜻을 이룰 수 있을 것이다.'

태자는 곧 자리에서 일어나 부왕을 찾아가서 말했다.

"아바마마, 저는 바다에 들어가 여의주를 구하여 일체중생을 이롭게 할 작정이니 허락하여 주옵소서."

왕이 깜짝 놀라 자리에서 일어나며 말했다.

"그게 무슨 소리냐? 바다에 들어가겠다니? 창고에 남은 물건을 몽땅 네게 주리니 그런 소리는 다시 입 밖에 내지 말거라. 듣자하니 바다처럼 위험한 곳은 없다고 하지 않느냐? 그곳에는 거대한 물고기와 야차 같은 귀신이 있고 또 때때로 태풍과 돌풍이 몰아쳐 백 사람이 들어가면 한 사람이나 돌아올까 말까 하지 않더냐? 너는 무슨 급한 일이 있기에 스스로 위험 속에 몸을 던지려고 하는 게냐? 네가 바다에 들어가면 나와 네 어미는 물론, 나라의 모든 신민들이 걱정할 것이다. 그러니 다시는 그런 생각을 품지도 마라."

그러나 태자의 결심은 조금도 흔들리지 않았다. 태자는 무릎을 꿇고 앉아 말했다.

"부디 이 아들의 소원을 들어주소서. 정녕 허락하시지 않는다면 저는 이 자리에서 다시는 일어나지 않겠습니다."

그러자 왕과 왕비를 비롯하여 궁 안의 모든 이들이 나서 태자에게 제발 일어나라고 타이르고 부탁했다. 그러나 태자는 전혀 못 들은 척 꿈쩍도 하지 않았다. 그렇게 엿새가 지나가자 왕과 왕비는 서로 의논했다.

"태자가 침식을 잊고 저렇게 마냥 꿇어앉아 있은 지도 이미 엿새가 지났소. 지금 말리지 않는다면 정녕 무슨 일이 일어나고야 말 것 같소. 저 아이는 한번 마음먹으면 반드시 하는 아이니 차라리 그 소원을 들어주는 게 좋겠소. 바다가 아무리 험하다지만 운이 좋으면 돌아올 수도 있지 않겠소? 하지만 계속 말리고만 있으면 종국에는 눈앞에서 자식이 죽어 가는 꼴을 보게 될 것 같으니, 일단 허락하고 걱정은 나중에 하십시다."

의논을 마친 왕과 왕비는 태자에게 다가가 각각 한쪽 팔을 붙잡고 눈물을 흘리면서 말했다.

"네 소원을 들어줄 테니 어서 자리에서 일어나거라."

"지금 떠난다 해도 그리 오래지 않아 돌아올 것이니 너무 심려하지 마십시오."

태자는 서둘러 밖으로 나가 방방곡곡에 방을 붙이게 했다.

"선사 태자가 바다에 들어가려고 하니 가고 싶은 이들은 모두 나서라."

이에 오백 명의 상인들이 삽시간에 몰려들었다.

그때 나라에는 바다에 여러 번 들어가 본 적이 있는 장님 길잡이가 있었다. 태자는 그 길잡이를 찾아가 도움을 청했다. 길잡이는 태자가 왕의 허락을 받았는지 확인한 후 자신이 길을 안내하겠다고 말했다. 태자는 길잡이와 상의하여 출발 일을 정하고는 궁궐로 돌아왔다. 그때 왕이 여러 신하들에게 말했다.

"너희 중 누가 선사 태자를 따라가서 과인의 걱정을 덜어 주겠느냐?"

그러자 악사 태자가 앞으로 나서면서 대답했다.

"제가 형님과 함께 떠나겠습니다."

왕은 속으로 생각했다.

'그래, 다른 사람도 아닌 아우가 같이 가면 그보다 좋은 일은 없을 것이다.'

왕은 악사 태자를 칭찬하며 선사 태자를 잘 보위하라고 했다.

선사 태자는 삼천 냥을 풀어 천 냥으로는 배를 준비하고 나머지 이천 냥으로는 여행에 필요한 양식과 각종 물건을 구입했다. 모든 준비가 끝나고 태자 일행이 길을 떠나려고 할 때 왕과 왕비를 비롯한 여러 신하들이 궁궐 밖까지 나와 울면서 배웅했다.

바닷가에 도착하자 태자는 배에 올라 일장연설을 했다.

"너희들은 잘 듣고 생각하라. 저 바다는 매우 위험한 곳이다. 지금까지 바다에 들어갔다가 무사히 돌아온 이는 손에 꼽을 만큼 적다. 누구라도 주저하는 자가 있다면 눈치 보지 말고 돌아가라. 다만 죽음이 두렵지 않은 용기 있는 자라면 남도록 하라. 다 같이 위험을 무릅쓰고 보물을 찾아 돌아오면 칠 대 손자까지 쓰고도 남을 것이다."

일행들은 모두 환호성을 질렀다. 그들은 모두 선사 태자를 하늘같이 믿고 의지했기 때문에 아무도 돌아가려는 이가 없었다. 태자는 곧 출항 명령을 내렸다.

그들이 탄 배는 바람을 등에 업고 쏜살같이 달려 며칠 만에 보물섬에 도착했다. 상인들은 지천에 깔려 있는 보물에 눈이 어두워 이것저것 가리지 않고 챙기려 했다. 그러자 태자는 일일이 값나가는 보물을 가려 주면서 말했다.

"너무 욕심 부리지 말고 적당히 실어야 한다. 배가 너무 무거우면 침몰할 우려가 있고, 너무 적게 실으면 이렇게 애쓴 보람이 없을 테니 말이다."

태자는 상인들에게 지시를 한 후 장님 길잡이와 함께 따로 작은 배를 타고 떠났다. 한참을 가다 보니 길잡이가 물었다.

"태자님, 저 앞쪽에 흰 산이 보이지 않습니까?"

"보이는구나."

"그 산은 은산銀山입니다."

다음으로 그들은 유리산琉璃山을 지나 금산金山 아래의 금모래밭에 배를 대고는 내렸다. 그때 갑자기 길잡이가 푹 주저앉았다. 깜짝 놀란 태자가 물었다.

"어디가 아픈가?"

"저는 늙고 쇠약하여 이제 죽을 때가 되었나 봅니다."

"그게 무슨 소린가? 내가 있으니 걱정 말게."

길잡이는 있는 힘을 다해 팔을 들어 방향을 가리키며 말했다.

"태자님, 이 길로 가시면 오백의 천녀가 사는 성이 나올 것입니다. 그들은 각각 보주寶珠 하나씩을 태자님께 바칠 것입니다. 그런데 그중에 가장 아름다운 천녀가 있을 것입니다. 그녀가 가진 보주는 보랏빛으로 전타마니라고 불립니다. 그것이 바로 여의주입니다. 그것을 얻거든 단단히 간수하시고 정신을 바짝 차리시되 그들과는 절대로 이야기를 나누어서는 안 됩니다."

길잡이는 간신히 말을 마치고 숨을 거두었다. 태자는 목 놓아 울면서 길잡이의 시신을 모래사장에 묻어 주고 길을 떠났다. 이윽고 길잡이가 말했던 성이 나왔다. 태자가 성문 앞에 이르러 문을 두드리자 오백의 천녀들이 각기 보주 하나씩을 들고 나왔다. 태자는 길잡이가 가르쳐 준 대로 정신을 바짝 차리고 입도 뻥긋하지 않고 그중에서 보랏빛 구슬만을 챙겨 옷섶에 넣은 뒤 곧장 발길을 돌렸다.

한편 태자를 기다리던 여러 상인들에게 악사 태자가 말했다.

"이렇게 보물섬을 만난 것은 결코 쉽지 않은 일이다. 그러니 될 수 있는 대로 많은 보물을 가져가야 한다."

그러자 상인들은 환호성을 지르며 그야말로 발 디딜 틈도 없이 보물을 실었다. 이윽고 선사 태자가 돌아오자 그들은 출항을 했으나 얼마 못 가 배가 가라앉고 말았다. 배에 탔던 사람들은 비명을 지르며 물에 떴다 잠겼다 했으나 여의주를 가진 선사 태자는 공중에 떠 있었다. 그 모습을 본 악사 태자가 멀리서 외쳐 댔다.

"형님, 이 아우를 버리지 마십시오."

선사는 곧 악사에게 다가가 손을 잡고 근처의 백사장으로 끌어올렸다. 그러자 악사가 눈물을 흘리며 말했다.

"형님, 부모님의 만류를 물리치고 바다에 들어와 보물을 얻었지만 뜻하지 않은 봉변을 당해 빈손으로 돌아가게 되었으니 어찌 부모님 얼굴을 볼 수 있겠습니까?"

이에 선사가 악사를 위로하며 말했다.

"걱정 말거라, 진짜 보물은 여기에 있다."

선사는 자초지종을 설명해 주었다. 그러자 악사가 눈빛을 번뜩이며 말했다.

"형님, 그 여의주라는 것을 제게도 한번 보여 주십시오."

선사가 옷섶에 숨겨 둔 여의주를 꺼내 보여 주자 악사는 속으로 생각했다.

'평소 아바마마는 형님만 아끼고 내게는 조금도 관심을 보이지 않았다. 그런데 형님은 진기한 보물을 가지고 돌아가는데 나는 빈손으로 돌아가면 더욱 천대할 것이 분명하다. 그래, 이렇게 하자.'

악사는 선사와 함께 길을 재촉하다가 넌지시 말했다.

"형님, 이제 사람 사는 마을이 가까워지고 있습니다. 여의주 같은 진기한 보물을 탐내지 않을 사람은 없을 것입니다. 그러니까 잠을 잘 때면 번갈아 가면서 불침번을 서는 게 좋을 성싶습니다."

이윽고 밤이 되자 악사가 먼저 잤다. 그는 일부러 오래 잤다. 선사는 아우가 피곤해서 그런 줄 알고 깨우지 않았다. 악사는 한참 후에 일어나서 수선을 떨며 선사에게 어서 눈을 붙이라고 했다. 너무도 피곤했던 선사는 눕자마자 이내 깊은 잠 속에 빠져들었다. 악사는 슬그머니 자리에서 일어나 숲 속으로 들어가 가시나무 가지를 꺾어 가지고 와서는 선사의 두 눈을 찔렀다. 선사가 고통을 이기지 못하고 나뒹구는 사이 악사는 여의주를 챙겨서 도망가 버렸다. 선사가 외쳐 댔다.

"아우야, 여기 강도가 있다. 내 눈을 찌르고 여의주를 훔친 것 같으니 어서 잡아라."

그러나 선사는 아무 대답도 들을 수 없었다. 그때 수신樹神이 선사를 가엾게 여겨 말했다.

"당신의 눈을 찌르고 여의주를 훔친 자는 강도가 아니라 바로 당신의 아우입니다."

선사는 기고 기어서 앞으로 나가 이사발타국梨師跋陀國의 어느 늪가에 이르렀다. 마침 그때 늪가에 있던 오백 마리의 소가 선사 곁으로 다가왔다. 그중에서 가장 큰 소가 앞으로 나서더니 선사의 눈을 핥아 주었다. 소가 몰려 있는 모습을 본 목동이 다가와서 선사를 보고는 눈에 박힌 가시를 뽑아 주다가 그 준수한 외모에 범인凡人이 아니라는 생각이 들어 자기 집으로 업고 갔다. 목동은 선사를 극진히 간호했다. 덕분에 선사는 비록 앞을 볼 수는 없었지만 더 이상 고통을 느끼지 않게 되었다. 선사는 목동이 자신을 구해 줬다는 사실을 알게 되자 더 이상 폐를 끼치지 않으려는 생각에 이렇게 말했다.

"정말 많은 신세를 졌습니다. 이제 저는 성안으로 들어가 구걸을 하며 살아갈까 합니다."

그러자 목동은 손을 휘휘 저어 말리면서 전혀 부담되는 바가 없으니 계속해서 자기 집에 머물기를 청하였다. 목동이 하도 간곡하게 말리자 선사는 며칠 더 그 집에서 묵었다. 그러던 어느 날 선사는 다시 목동에게 말했다.

"당신의 대접에 불만이 있어서가 아니라 저는 그저 스스로 성안을 돌아다니고 싶을 따름입니다. 다만 제가 앞을 못 보니 거기까지만 데려다 주십시오."

목동은 선사를 더 이상 잡아둘 수 없음을 알고 손수 선사를 데리고 성으로 갔다. 막 이별을 고하려고 할 때 선사가 목동에게 말했다.

"저를 정녕 가엾게 여기신다면 부탁 하나 들어주십시오. 제게 거문고를 하나 사주신다면 그것으로 스스로 즐기겠습니다."

선사 태자는 노래와 시에 능통했다. 그래서 그가 거문고를 퉁기며 구걸을 하면 성안의 사람들이 손에 음식을 들고 앞다투어 와서 듣곤 했다. 덕분에 그 성안에 있던 오백 명의 거지들은 선사 태자를 따라다니는 것만으로도 배불리 얻어먹을 수 있었다.

그때 그 나라에 왕의 과수원을 지키는 한 동산지기가 있었는데, 어느 날 앵무새가 와서 과일을 모조리 쪼아 먹어 버렸다. 그 사실을 알게 된 왕은 동산지기의 책임을 물어 벌을 주려고 했다. 그러자 동산지기는 손이 닳도록 빌며 용서를 구했다.

"대왕이시여, 사람 손이 모자라서 일이 이렇게 된 것입니다. 이번 한 번만 용서해 주신다면 제가 사람을 구해 다시는 이런 일이 벌어지지 않게 하겠습니다."

이에 왕은 동산지기를 용서해 주었다. 동산지기는 거리에 나가서 사람을 구하다 선사 태자를 보게 되었다. 선사의 사람됨이 착실한 것 같다는 생각이 든 동산지기는 다가가서 말을 붙였다.

"자네, 과수원 지키는 일을 하는 게 어떻겠나? 그러면 더 이상 구걸할 필요도 없을 것이네."

"앞도 못 보는 장님인데 어떻게 그 일을 할 수 있겠습니까?"

"하려고만 하면 다 방법이 있네."

선사가 하겠다고 하자 동산지기는 그를 과수원으로 데리고 가서는 방법을 일러 주었다.

"내가 모든 나무들을 밧줄로 연결하고 사이사이에 방울을 달아 두겠네. 자네는 밧줄 끝을 늘 손으로 잡고 있다가 무슨 소리라도 들리면 끌어당기게. 그러면 새들이 놀라서 달아날 것이네."

이렇게 해서 선사는 과수원을 지키며 살게 되었다.

한편 본국으로 돌아온 악사 태자는 부왕에게 말했다.

"아바마마, 그만 폭풍우를 만나 모두 바다에 빠져 죽고 저만 겨우 살아남았습니다."

그 말을 들은 왕과 왕비는 그 자리에서 기절하고 말았다. 잠시 후 정신을 차린 왕은 악사를 꾸짖으며 한탄했다.

"네 형은 죽게 놔두고 어찌 너만 살아왔단 말이더냐?"

그 소식을 들은 온 나라의 백성이 마치 친부모를 잃은 것처럼 땅을 치며 슬퍼했다.

그러던 어느 날 왕은 평소 선사 태자가 아끼던 기러기에게 하소연을 했다.

"너를 그토록 아끼던 태자가 죽었다는데 뭐하고 있는 게냐? 어서 가서 그 시체가 있는 곳이라도 알아봐라."

기러기는 곧 궁전을 떠나 세상을 두루 돌아다니다 어느 동산 위에서 선사 태자의 노랫소리를 듣게 되었다. 기러기는 그 소리를 따라가서 급기야 선사를 만나게 되었다. 선사는 기러기 울음소리를 알아듣고는 반가워 어쩔 줄을 몰랐다. 선사는 곧 종이와 붓을 구해 와 그간의 사정을 자세히 적은 편지를 써서 기러기 목에 맸다. 기러기는 곧 허공으로 날아올라 본국을 향했다.

한편 이사발타 국왕에게는 천녀에게 견줄 만큼 자태가 고운 공주가 하나 있었다. 왕은 그런 공주를 애지중지하였다. 어느 날 공주는 왕의 허락을 구하고는 과수원에 놀러 갔다가 선사 태자를 만나게 되었다. 선사는 비록 장님에 거지꼴이었지만 그에게 마음이 끌린 공주는 곁에 나란히 앉아 말을 걸었다. 점심때가 되자 왕은 시종을 보내 공주를 불렀다. 그러자 공주는 시종에게 말을 전하게 했다.

"아바마마, 밥을 이곳으로 보내 주세요. 여기서 먹고 싶습니다."

밥이 도착하자 공주는 선사에게 말했다.

"나는 당신과 함께 이 밥을 먹고 싶어요."

선사는 주춤했다.

"나는 거지이며 당신은 귀한 공주인데 어찌 그럴 수 있겠습니까? 만일 국왕이 이 사실을 알게 된다면 저는 죽은 목숨입니다."

"당신이 먹지 않겠다면 나도 안 먹을래요."

공주가 계속 고집을 피우는 바람에 선사는 같이 밥을 먹었다. 이야기를 나누면 나눌수록 공주는 선사에게 끌려 잠시도 눈길을 떼지 않았다. 그러다 해가 저물자 왕은 다시 시종을 보내 공주를 불렀다. 그러자 공주는 시종을 통해 이렇게 말했다.

"아바마마, 저는 과수원을 지키는 사내의 아내가 되고자 합니다. 그어떤 국왕이나 태자도 필요 없으니 제발 제 소원을 들어주시기 바랍니다."

이 말을 전해 들은 왕이 펄쩍 뛰며 말했다.

"그게 도대체 무슨 말이냐? 일찍이 늑나발미왕이 자신의 첫째 태자 선사를 위하여 혼인을 청해 왔다. 그런데 지금 바다에 들어간 선사 태자의 행방이 묘연해졌다고 해서 거지의 아내가 되겠다고 하니, 아무래도 공주가 제정신이 아닌 모양이다. 이것은 우리나라의 이름을 욕되게 하는 짓이다. 부끄러워 얼굴을 들 수가 없구나."

왕은 다시 시종을 불러 공주를 불렀으나 공주는 똑같은 말만 되뇔 뿐

꿈쩍도 하지 않았다. 왕은 공주의 뜻을 꺾으면 무슨 나쁜 일이 생길지도 모른다는 생각이 들자 눈물을 머금고 두 사람을 궁으로 불러들여 결혼을 시켰다. 그렇게 해서 며칠을 지냈는데, 공주는 늘 낮에 나가서 해가 지고 나서야 돌아왔다. 선사는 이상한 생각이 들어 공주에게 물었다.

"우리는 이제 부부인데, 당신은 늘 일찍 나가 밤이 되어야 들어오니 혹 다른 마음을 가진 게 아니오?"

"저는 당신을 위해 기도하러 간 것뿐입니다. 혹 다른 마음이 조금이라도 있다면 이 자리에서 당장 죽어도 여한이 없을 것입니다."

공주는 자신의 마음을 몰라주는 선사 때문에 눈물을 훔치면서 하늘을 향해 말했다.

"오, 하늘이시여. 그동안의 제 정성이 헛되지 않았다면 제 남편의 한쪽 눈이라도 성하게 하옵소서."

그러자 선사 태자의 한쪽 눈이 거짓말같이 회복되었다. 그 모습을 본 공주는 펄쩍 뛰며 기뻐하다가 진정하고는 선사에게 물었다.

"당신 부모님은 어느 나라에 계십니까?"

"당신은 혹 늑나발미왕을 알고 있소? 그분이 바로 내 아버지요. 그리고 나는 태자 선사라 하오."

태자는 그동안에 있었던 일을 자세하게 들려주었다. 그러자 공주가 치를 떨면서 말했다.

"세상에 어찌 그런 일이? 당신은 아우를 만나면 어찌할 작정입니

148

까?"

"아우가 비록 나를 해치긴 했지만 나는 그를 미워하지 않소."

"아우 때문에 죽을 고생을 하셨는데 가만히 계시겠다고요? 믿어지지
않습니다."

이에 태자는 하늘을 보고 맹세했다.

"제 말이 진실이라면 제 나머지 한쪽 눈마저 성하게 하옵소서."

말이 끝나가기 무섭게 태자의 다른 쪽 눈도 회복되었다. 태자가 두
눈으로 공주를 정겹게 쳐다보자 공주는 눈물을 펑펑 흘리며 좋아했
다. 공주는 기쁨을 이기지 못해 곧 부왕에게 달려가 말했다.

"아바마마, 늑나발미왕의 태자 선사를 아십니까?"

"알다마다."

"지금 선사 태자를 만나 보시겠습니까?"

"선사 태자는 바다에 들어갔다가 행방불명되었다고 하는데, 그게 무
슨 소리냐?"

"제 남편이 바로 선사 태자입니다."

그러자 왕이 걱정스러운 눈초리로 쳐다보며 말했다.

"급기야 이 아이가 정신마저 이상하게 되었구나. 거지 남편이 태자라
니?"

미심쩍어하던 왕은 공주의 말이 사실임을 확인하고는 기절할 듯 놀
라며 선사에게 말했다.

"과인이 그대를 몰라본 것을 용서하기 바라오."

왕은 사람을 시켜 태자를 국경 근처에 보낸 후 '늑나발미왕의 태자 선사가 바다에서 돌아왔다'라는 소문을 퍼뜨렸다. 그 나라 백성이 그 소문을 모두 알게 될 무렵, 왕은 코끼리와 말을 장식하고 여러 신하를 대동한 채 국경으로 가서 태자를 맞이하여 궁궐로 돌아왔다. 그러고는 여러 손님을 청한 자리에서 이렇게 선언했다.

"내 딸을 선사 태자의 아내로 주리라."

한편 기러기를 통해 선사 태자의 편지를 보게 된 늑나발미왕은 당장 악사 태자를 붙잡아 옥에 가두고는 이사발타 국왕에게 사신을 보내 알렸다.

"우리 태자가 그대의 나라에서 고생하고 있는데, 어찌 금방 알리지 않았는가? 사신이 도착하는 즉시 코끼리와 말로 호위하여 태자를 보내라. 만일 조금이라도 내 말을 어기면 그대 나라를 쑥밭으로 만들고 말리라."

이사발타 국왕은 사신에게 그간의 사정을 상세히 전하게 했다.

"태자님이 우리나라에 계신 줄은 미처 몰랐습니다. 그동안의 불찰을 용서하여 주십시오. 태자님은 지금 눈을 다시 회복하셨고 제 딸을 아내로 삼으셨습니다. 곧 차비를 갖춰 신이 직접 호위하여 가겠습니다."

모든 차비가 갖추어지자 국왕은 직접 수천 대의 수레를 이끌고 선사 태자를 호위한 채 늑나발미왕의 나라로 갔다.

한편 사신을 통해 이사발타 국왕의 말을 전해 들은 늑나발미왕 역시

150

모든 차비를 갖추고 국경으로 마중을 나갔다. 국경에서 태자와 태자비를 만난 늑나발미왕은 뛸 듯이 기뻐하며 이사발타 국왕을 치하하고는 돌려보냈다. 늑나발미왕은 태자와 태자비를 가장 좋은 코끼리에 태운 채 성으로 돌아왔다. 성문 앞에 이르자 태자가 부왕에게 물었다.

"제 아우 악사는 어디 있습니까?"

그러자 부왕이 얼굴을 붉히며 입을 열었다.

"그런 악당이 무슨 아우란 말이더냐? 결코 용서할 수 없다. 그래서 감옥에 가두었다."

"아바마마, 부디 아우를 풀어 주소서."

"아니, 가둬 두는 것도 시원찮은데 풀어 주라니 그게 무슨 소리냐? 자식만 아니었으면 당장 목을 베어 버렸을 것이다."

"만일 악사를 풀어 주시지 않으신다면 저는 결코 성으로 들어가지 않겠습니다."

왕은 선사 태자의 뜻을 어기지 않으려고 곧 풀어 주었다. 감옥에서 나온 악사는 선사를 찾아왔다. 선사는 도리어 그를 껴안고 위로의 말을 했다. 그러고 나서 함께 성안으로 들어갔다. 그때 왕을 비롯한 만백성은 태자가 원수 보기를 갓난아기 보듯 한다는 사실에 감동해서 만세를 불러 대며 외쳤다.

"세상에 보기 드문 일이다. 자기 눈을 찌른 이에게 털끝만 한 원한도 없다니. 역시 우리 태자님이시다."

이윽고 궁전에 들자 선사는 부드러운 목소리로 악사에게 말했다.

"여의주는 지금 어디에 있는가?"

"저만 아는 장소에 숨겨 두었습니다."

선사는 악사와 함께 손을 잡고 가서 여의주를 찾아왔다. 그리고 여의주를 손에 쥐고 외쳤다.

"이 구슬이 정말 여의주라면 내가 보시하는 바람에 텅 빈 부왕의 창고는 온갖 보물들로 당장 가득 차게 될 것이다."

말이 떨어지자마자 왕의 모든 창고는 보물로 가득 찼다. 다시 태자는 영을 내려 온 천하에 알리게 했다.

"지금부터 칠 일 뒤에 온 세상에 칠보가 쏟아지게 하리라."

태자는 그날로부터 목욕재계를 한 후 약속한 날이 되자 깨끗한 옷으로 갈아입고 여의주를 들고는 사방을 향해 돌면서 외쳤다.

"이 구슬이 정말 여의주라면 이 세상 모든 사람들이 필요로 하는 물건들이 당장 하늘에서 쏟아지게 될 것이다."

말이 끝나기가 무섭게 하늘에서는 온갖 보물과 옷 그리고 음식들이 쏟아지기 시작했다. 길거리마다 집집마다 보물이 눈 쌓이듯 쌓이자 백성들은 한량없이 기뻐하다가 마침내 보물 보기를 기왓장 보듯 욕심마저 사라져 버렸다. 이에 태자가 영을 내려 말했다.

"나는 이제 너희 중생들이 사는 데 필요한 모든 것을 얻게 해 주었다. 만일 이 은혜를 안다면 몸과 말과 생각을 단속하여 열 가지 선善을 행해야 할 것이다."

그때 염부제 안의 모든 사람들은 태자의 영을 듣고 마음을 가다듬어 열 가지 선을 앞다투어 행하고 어떤 악업도 짓지 않아 목숨을 마친 뒤에는 모두 천상에 태어났다.

긴 이야기를 마친 부처님이 아난에게 말했습니다.

"아난아, 알고 싶으냐? 그때의 선사 태자는 바로 지금의 이내 몸이요, 악사는 바로 제바달다이니라. 나는 그때도 제바달다 때문에 말로 다할 수 없는 고통을 받았지만, 나는 도리어 사랑하는 마음으로 그를 대했다. 일개 범부로 있을 때도 그러했거늘, 이제 부처가 되어 모든 번뇌를 여의고 자비를 널리 펴는데 오늘날 그에게 조그만 해를 입었다고 해서 어찌 그를 미워할 수 있겠는가?"

현우경

기수급고독원 이야기

부처님이 왕사성의 죽원竹園에 계실 때 사위성 바사닉왕 휘하에 수
달須達이라는 대신이 있었답니다. 그는 한량없는 재물을 가진 큰 부
자로, 평소 보시하기를 좋아해 가난한 이와 의지할 데 없는 노인들
을 수없이 많이 구제하였기 때문에 사람들로부터 급고독給孤獨 장
자라는 별명을 얻게 되었습니다. 장자에게는 아들 일곱이 있었는
데, 그중 가장 잘생기고 총명한 막내를 특히 애지중지했습니다. 위
의 여섯을 장가보낸 장자는 총애하는 막내아들을 위해 이 세상에
서 가장 훌륭한 며느리를 구하고자 하여 여러 바라문에게 부탁했
답니다.

"내 아들을 위해 좋은 신붓감을 구해 주시오."

한 바라문이 신붓감을 구하고자 여러 나라를 돌아다니다가 왕사성에 이르렀는데, 왕사성에는 호미護彌라는 이름의 갑부가 살고 있었습니다. 바라문은 그 집을 찾아서 걸식을 청했지요. 그런데 그 나라 법에, 보시는 반드시 동녀童女를 시키도록 되어 있었습니다.

호미 장자에게는 천녀라고 해도 손색이 없을 만큼 자색이 뛰어난 딸이 있었어요. 그녀는 손수 음식을 들고 나와 바라문에게 보시했습니다. 바라문은 뛰어난 자색과 재기가 발랄해 보이는 그녀를 보고 기뻐하며 말했어요.

"오늘에서야 내가 그토록 찾던 처녀를 만나게 되었구나."

바라문은 배고픔도 잊고 물었지요.

"아가씨, 혹 혼처가 정해져 있습니까?"

그녀는 부끄러운 듯 조용한 목소리로 대답했어요.

"아직 없습니다."

"그러면 그대의 아버님은 댁에 계십니까?"

"그렇습니다."

"제가 긴히 드릴 말씀이 있다고 전해 주십시오."

처녀는 곧 안으로 들어가 아버지에게 말했습니다.

"한 바라문이 찾아와 드릴 말씀이 있다고 합니다."

호미 장자가 궁금해하며 문 밖으로 나오자 바라문이 말했습니다.

"장자께서는 혹 사위성의 대신 수달을 알고 계십니까?"

"만난 적은 없으나 그 이름은 들어 익히 알고 있습니다."

"수달 장자는 사위성에서 제일가는 부자입니다. 그리고 당신은 이 왕사성에서 제일가는 갑부라고 들었습니다. 수달 장자에게는 얼굴이 단정하고 총명하기 그지없는 아들이 있는데 당신 딸을 신붓감으로 하면 어떻겠습니까?"

"그거 듣던 중 반가운 소리요, 영광입니다."

바라문은 사위성으로 가는 상인 편에 수달 장자에게 편지를 보내 빠른 시일 내에 왕사성으로 오라고 했습니다. 편지를 받은 수달 장자는 매우 기뻐하며 바사닉왕에게 며느리를 맞이하고자 며칠 동안 왕궁에 나올 수 없음을 알리고는 보물을 가득 실은 여러 수레를 이끌고 왕사성으로 떠났답니다.

그는 가는 길에 만난 가난한 이들에게 평소와 다름없이 재물을 나누어 주며 구제하고는 호미 장자 집에 이르러 혼인을 청했습니다. 호미 장자는 몹시 기뻐하며 수달 장자를 반갑게 맞이하고는 숙식할 방을 마련해 주었지요.

방에서 편안히 쉬고 있던 수달 장자는 음식을 장만하느라 모두가 분주하게 움직이고 있는 것을 보고는 속으로 생각했습니다.

'얼마나 성대한 연회를 준비하기에 저렇게 온 권속이 소란을 피우는 것일까?'

이리저리 생각하던 수달 장자는 궁금증을 참지 못하고 호미 장자를 찾아가 물어보았습니다.

"국왕과 여러 대신들을 청하시려는 모양이죠?"

그러자 호미 장자가 대답했어요.

"아닙니다."

"그렇다면 이렇게 많은 음식을 준비하시는 이유가 무엇입니까?"

"부처님과 여러 스님들을 청하려고 준비하는 것입니다."

"부처님이라뇨?"

"아직 부처님의 명성을 들어 보지 못하셨습니까? 정반왕의 아들로 이름은 싯다르타라고 하는데, 그분이 태어나던 날 하늘은 서른두 가지의 상서로운 징조를 보였다고 합니다. 그분은 태어나자마자 일곱 걸음을 걸은 후 '이 우주에서 내가 제일 존귀하다'라고 선언했습니다. 황금색으로 빛나는 몸에 서른두 가지의 거룩한 상호와 팔십 가지의 뛰어난 모습을 갖춘 태자는, 만일 출가하지 않고 왕위를 이어받았더라면 온 천하를 다스렸을 것이라고 합니다. 그러나 태자는 생로병사의 괴로움을 보고 출가하여 육 년 동안 고행하며 도를 닦았습니다. 그 결과 모든 번뇌망상을 끊고 일체의 지혜를 얻어 부처가 되어서는 팔십억 악마 무리들의 항복을 받고 호를 능인能仁이라 했습니다."

"그러면 스님은 또 무엇입니까?"

"부처님이 성도하시자 범천梵天이 나타나 가르침을 펴 달라고 부탁했습니다. 그래서 부처님은 녹야원鹿野苑으로 가셔서 구린拘隣을 비롯한 다섯 사람들에게 사성제四聖諦를 설하셨습니다. 그러자 그들은 곧 모든 번뇌망상을 여의고 사문沙門이 되었습니다. 다음으로 부처님은 가섭 형제를 위시하여 그들을 따르는 천 명의 무리를 제도하여 제자로 받아들이셨습니다. 또 사리불과 목건련을 비롯한 오백 명을 제도하여 모두 아라한이 되게 하셨답니다. 이들 모두는 신통력을 갖추고 중생들의 좋은 복전福田이 되기 때문에 스님이라고 부르는 것입니다."

수달 장자는 호미 장자의 설명을 듣고는 궁금증이 일어 속으로 생각했습니다.

'장자의 말대로라면 부처님은 얼마나 훌륭한 분이실까? 내일 새벽에는 반드시 부처님을 찾아가 만나 보리라.'

수달 장자가 부처님을 뵙겠다는 마음을 일으키자 천신이 감동하여 광명을 내뿜었습니다. 장자는 그 광명 때문에 새벽이 온 줄 알고는 서둘러 왕사성의 성문을 향해 걸음을 옮겼습니다. 그는 성문을 막 나서다가 어느 신이 모셔진 사당을 보고는 기원을 하다 그만 부처님 생각을 잊고 말았습니다. 그러자 광명은 곧 사라졌어요. 그때 장자는 두려운 생각이 들었지요.

'아직은 어두운 밤이다. 지금 계속 길을 가다가는 악귀나 맹수에게 해를 입을지도 모른다. 다시 돌아갔다가 새벽을 기다리자.'

그때 장자의 친구로서 네 번째 하늘에 태어난 이가 하늘에서 내려와 말했습니다.

"거사여, 후회하지 마라. 지금 가서 부처님을 뵙게 되면 이루 말로 다할 수 없는 이익을 얻으리라. 한 걸음 옮겨 부처님을 향하면 그 이

익은 수레 백 대를 가득 채운 보물보다 많으리라. 거사여, 머뭇거리지 마라. 비록 당장 코끼리 백 마리가 옮길 수 있는 보물을 얻는다 해도 한 걸음 옮겨 부처님께 나아가는 것만 못하리. 거사여, 주저하지 말고 가라. 비록 지금 염부제를 가득 채운 보물을 얻는다 할지라도 한 걸음 옮겨 부처님께 나아가는 것에 비하면 보잘것없으리."

수달 장자는 이 말을 듣고 부처님을 믿는 마음이 다시 굳건해졌습니다. 그러자 이내 주변이 밝아 오기 시작했어요. 장자는 다시 부처님을 향해 나아갔습니다.

그때 부처님은 수달 장자가 올 것을 미리 아시고 밖에 나와 거닐고 계셨어요. 장자가 멀리서 부처님 모습을 보매, 그 상호와 위용은 호미 장자가 묘사했던 것보다 만 배나 더 훌륭했습니다. 장자는 너무 기쁜 마음에 들떠 예법을 생각조차 못하고 부처님께 인사를 드렸어요.

"고타마시여, 안녕하십니까?"

부처님은 환한 미소를 띤 채 장자를 자리에 앉게 했습니다. 그때 수타회首陀會라고 하는 천신은 수달 장자가 예법을 모르는 것을 안타깝게 여겨 곧 네 사람으로 변신하여 부처님께 나아가 그 발에 예배하고 문안을 여쭌 후 오른쪽으로 세 번 돌고는 한쪽에 물러나 앉았습니다. 그 모습을 본 수달 장자는 자신의 무례함을 반성하고는 곧 자리에서 일어나 방금 본 그대로 따라 행했어요. 이에 부처님께서 장자를 위해 사성제와 모든 존재의 공空함과 무상無常함에 관해 설했습니다. 장자는 설법을 듣자 곧 깨끗한 흰 천이 쉽게 염색되는 것처럼 금방 수다원의 지위에 오르게 되었답니다. 장자는 꿇어앉은 채 합장을 하고 부처님께 말씀드렸습니다.

"저 사위성에 저와 같이 법을 금방 알아들을 사람이 있겠습니까?"

"너와 같은 사람은 둘도 없으리라. 사위성 사람들은 삿된 것을 믿기 때문에 거룩한 가르침을 받아들이기 어려울 것이니라."

"부디 부처님께서는 저희 사위성에 왕림하셔서 그곳 중생들로 하여금 삿된 믿음을 버리고 바른 길로 나아가게 하소서."

"출가자의 법은 속인들과 다르므로 거처하는 처소도 달라야 하느니라. 사위성에는 아직 절이 없는데 어떻게 갈 수 있겠는가?"

"제가 절을 세우겠습니다. 허락하여 주십시오."

부처님은 묵묵히 허락했습니다. 그러자 장자가 말했지요.

"아들의 혼사를 마치고 본국으로 돌아가서 절을 세우겠습니다. 하지만 그 방법을 알지 못하니 부처님의 제자 한 분을 저와 동행하도록 해 주십시오."

이에 부처님은 속으로 생각했습니다.

'사위성에는 삿된 믿음을 가진 바라문들이 많으므로 아무나 보내서는 안 될 것이다. 사리불은 바라문 출신이자 어려서부터 총명하고 신통력마저 갖추었으니 그가 가면 잘 해내리라.'

부처님은 사리불을 불러 수달 장자와 함께 가도록 했습니다. 장자가 사리불 존자에게 물었습니다.

"부처님께서는 하루에 몇 리를 가십니까?"

"하루에 반 유순由旬을 가십니다."

그러자 장자는 사위성으로 통하는 길목 이십 리마다 객사를 하나씩 세우고자 인부들을 사서 공사를 하게 했습니다. 또한 객사에는 관리인을 두어 음식과 좌구坐具를 비치하게 했지요.

수달 장자는 혼례를 마치고 사리불 존자와 함께 사위성으로 돌아와 여러 곳을 둘러보면서 절을 세울 만한 땅을 물색했습니다. 그러나 아무리 찾아보아도 마음에 드는 곳이 없었어요. 있다고 하면 기타祇陀 태자의 소유로 되어 있는 숲이 우거진 정원뿐이었습니다. 그 정원은 성에서 너무 멀지도 않고 너무 가깝지도 않았어요. 그때 사리불이 말했습니다.

"이 정원은 절을 세우기에 참으로 안성맞춤입니다. 성에서 너무 멀리 떨어져 있으면 걸식하기가 곤란하고, 너무 가까우면 소란스러워 도를 닦는 데 방해가 됩니다."

그러자 장자는 매우 기뻐하며 기타 태자를 찾아가 말했습니다.

"저는 지금 부처님을 위해 절을 짓고자 태자님의 정원을 사려고 합니다."

이에 태자는 웃으면서 느긋하게 말했어요.

"나는 모자란 것이 없는 사람이오. 이 정원은 수목이 울창해서 내가 늘 산책하며 한시름 놓는 곳인데 무엇 때문에 굳이 팔겠소?"

장자가 계속해서 간절히 청하자 태자는 귀찮은 생각이 들어 턱없이 높은 값을 불렀습니다.

"당신이 그 정원에 황금을 빈틈없이 깔면 팔겠소."

"좋습니다. 그대로 하면 반드시 팔아야 합니다."

"알겠소. 어디 한번 그렇게 해 보시오."

장자는 곧 사람을 보내 코끼리에 금을 가득 싣고 오게 하여 그 넓은 정원을 채우기 시작했습니다. 한참을 금으로 땅을 덮다 보니 땅이 조금 남았어요. 이에 장자는 속으로 생각했지요.

'나머지 땅을 채우는 데 적당한 금이 어느 창고에 있을까?'

그 모습을 본 태자가 말했어요.

"금이 아깝거든 그만두시오."

"그게 아닙니다. 어느 창고에 나머지 땅을 채울 만큼 금이 있나 생각하고 있던 중입니다."

그 말을 듣고 기타 태자가 생각했지요.

'도대체 부처님이 어떤 사람이기에 이 많은 금을 쏟아부어도 아까워하지 않는 것일까?'

생각을 마친 태자가 말했어요.

"금은 더 이상 필요 없소. 이제 이 정원은 당신 것이오. 하지만 나무는 내 것이오. 나는 이 나무들을 부처님께 바칠 작정이오. 우리 함께 힘을 모아 절을 세워 봅시다."

장자는 기뻐하며 집으로 돌아가 공사 계획을 세웠습니다. 이 소식을 들은 육사외도六師外道가 바사닉왕을 찾아가 말했답니다.

"수달 장자가 기타 태자님의 정원을 사서 사문 고타마를 위해 절을 세우려 한다고 들었습니다. 청컨대 우리들이 고타마의 제자와 한 번 겨뤄 보게 해 주십시오. 해서 그가 이긴다면 절을 지어도 무방하지만, 우리가 이기면 절을 짓지 못하게 하십시오."

국왕은 곧 수달 장자를 불러 사정을 설명했습니다. 그러자 장자는 집에 돌아가 옷도 갈아입지 않은 채 근심에 잠겼어요. 그 모습을 본 사리불이 물었습니다.

"무슨 일로 근심하십니까?"

장자는 상황을 설명하고 나서 덧붙였습니다.

"저 여섯 스승들은 오랫동안 수도하여 도력이 꽤 높습니다. 존자님이 과연 저들을 이길 수 있을까요?"

이에 사리불이 자신 있게 대답했어요.

"그들의 숫자가 이 세상을 가득 채울 만큼 많다 해도 내 발 위의 터럭 하나 움직이지 못할 것입니다. 어서 가서 그들의 청을 받아들이겠다고 하십시오."

장자는 기뻐하며 곧 옷을 갈아입고 왕에게 달려가 말했지요.

"대왕이시여, 부처님의 제자가 저 여섯 스승과 겨루겠다고 합니다."

이에 왕이 여섯 스승에게 말했습니다.

"과인은 여러분들이 왕사성에서 온 사문과 겨루는 것을 허락하는 바이오."

그러자 여섯 스승들은 곧 온 나라 사람들에게 알렸어요.

"지금부터 칠 일 후에 성 밖 넓은 공터에서 왕사성에서 온 사문과 도력을 겨룰 테니 사위성 백성들은 모두 와서 구경하라."

칠 일 후 왕이 약속 장소에 나가 금북을 울리자 나라 안의 모든 백성이 구름같이 몰려들었어요. 여섯 스승을 따르는 자들은 왕과 여섯 스승을 위해 높은 자리를 마련했습니다. 수달 장자도 사리불을 위해 높은 자리를 만들었어요. 그때 사리불은 어느 나무 밑에 앉아 고요히 생각에 잠겨 있었습니다.

'오늘 회장에 모인 대중들은 오랫동안 삿된 것을 믿어 교만하기 그지없다. 어떤 방법으로 저들을 교화할 수 있을까? 그렇다! 만일 내가 한량없는 겁 동안 부모님께 효도하고 사문과 바라문을 공경해 왔다면, 내가 회장에 들어갈 때 저들이 모두 일어나 내게 절을 하게 될 것이다.'

그때 여섯 스승은 회장에 사리불이 아직 오지 않은 것을 알고 왕에게 말했습니다.

"고타마의 제자는 겁이 나서 꽁무니를 뺀 것 같습니다."

그러자 왕이 수달 장자에게 말했어요.

"어서 가서 당신 스승의 제자를 데리고 오시오."

장자는 사리불이 있는 곳으로 달려가 무릎을 꿇고 말했습니다.

"대덕大德이시여, 대중들이 다 모였으니 어서 회장으로 가십시다."

사리불은 천천히 자리에서 일어나 가사를 바르게 하고 마치 큰 사

164

자처럼 위풍당당하게 회장 안으로 들어갔어요. 그러자 회장에 모여 있던 모든 사람들은 갑자기 자리에서 일어나 바람에 풀이 휩쓸리듯 저도 모르게 절을 했습니다. 사리불은 수달 장자가 마련해 둔 자리에 가서 앉았어요.

여섯 스승을 따르는 무리 중에는 환술幻術에 능통한 노도차勞度差라는 자가 있었습니다. 그가 나서서 작은 나무 앞에서 주문을 외우자 나무는 눈 깜짝할 사이에 커다랗게 자라 넓은 회장을 그늘로 덮고 갖가지 신기한 꽃을 피우고 열매를 맺었답니다. 그 모습을 본 대중들이 놀라며 외쳤어요.

"역시 노도차의 환술은 이 세상에 이길 자가 없다."

이를 본 사리불은 신통력으로 돌풍을 일으켜 그 나무를 쓰러뜨리고는 산산조각 냈답니다. 사람들이 외쳤어요.

"와아, 사리불이 이기고 노도차가 졌다."

화가 난 노도차는 다시 주문을 외워 사면이 모두 보배로 되어 있고 한가운데에 말로 다할 수 없이 아름다운 꽃들이 피어난 연못을 만들었습니다.

"노도차의 환술은 정말 기가 막히군."

대중들이 감탄하자 사리불은 신통력으로 여섯 개의 상아를 가진 흰 코끼리를 만들어서 노도차가 만든 연못의 물을 마시게 했습니다. 그러자 연못 물은 삽시간에 바닥을 드러냈어요.

"이번에도 사리불이 이기고 노도차가 졌다."

노도차는 분개하여 최후의 방법을 쓰기로 했습니다. 그는 주문을 외워 스스로 야차로 변신했어요. 산만 한 몸집, 피처럼 시뻘건 두 눈, 커다랗고 날카로운 네 개의 이빨, 머리 위로 불길이 타오르는 야차의 모습에 사람들은 오금이 저릴 정도였답니다. 야차는 입으로 불을 내뿜으면서 사리불을 향해 돌진했어요. 그러나 사리불은 조금도 겁내지 않고 침착하게 신통력을 써서 비사문왕毘沙門王으로 변했습니다. 그 모습을 본 야차는 갑자기 몸을 사시나무 떨 듯하며 도망치려 했으나 사방에서 불길이 치솟아 꼼짝달싹할 수 없었지요. 야차는 사리불 존자 앞에 무릎을 꿇고 살려 달라고 애원을 했답니다. 야차가 참회하는 마음을 일으키자 사리불은 신통력을 거두었습니다. 이에 모든 대중들이 자리에서 일어나 박수를 치며 외쳤어요.

"사리불이 이기고 노도차가 졌다."

잠시 후 대중들이 잠잠해지자 사리불은 그들을 위해 설법했습니다. 그러자 듣던 이들은 본래의 행行과 숙세에 심은 복의 인연에 따라 제각기 다른 도를 얻게 되었답니다. 수다원이 되는 자도 있었고, 사다함斯陀含, 아나함阿那含 그리고 아라한이 되는 자도 있었습니다. 그리고 여섯 스승을 따르던 셀 수 없이 많은 사람들은 출가하여 제자 되기를 간청했어요.

도력 시합이 끝나자 대중들은 모두 흩어져 제각기 집으로 돌아갔지요. 수달 장자도 사리불과 함께 기타 태자의 정원으로 돌아와 절을 짓기 시작했습니다. 그때 사리불이 하늘을 쳐다보며 빙그레 웃었어요. 장자가 궁금해서 물었습니다.

"존자께서는 갑자기 왜 웃으십니까?"

"당신이 처음 이 땅을 골랐을 때 저 욕계欲界의 육천六天에는 앞으로 당신이 살게 될 궁전이 이미 마련되어 있었소."

사리불은 도안道眼을 빌려 줘 수달 장자가 볼 수 있게 했지요. 장엄하고 화려하기 그지없는 궁전들을 구경하던 장자가 물었어요.

"저 여섯 하늘 중에 어느 곳이 가장 즐겁습니까?"

"아래의 세 하늘은 색욕色欲이 두껍고 깊으며, 위의 두 하늘은 교만하고 방자합니다. 다만 중간의 네 번째 하늘은 욕심이 적고 만족함을 아는 곳이며, 보처보살補處菩薩이 사시는 덕분에 가르침이 끊어지지 않습니다."

"저는 나중에 네 번째 하늘에 태어나길 바랍니다."

장자가 말을 마치자 네 번째 하늘의 궁전을 제외한 나머지 궁전들이 일시에 사라졌습니다.

장자가 다시 일을 시작하려 하자 사리불이 슬퍼하는 기색을 보였습니다. 이에 장자가 걱정되어 물었어요.

"존자님, 무슨 잘못된 일이라도 있습니까?"

"당신은 지금 이 땅에 있는 개미가 보입니까?"

장자가 발아래를 내려다보자 사리불이 말했지요.

"당신은 과거 비바시불毘婆尸佛을 위해 이 땅에 절을 세웠고, 이 개미도 그때 이곳에 살고 있었습니다. 그 후 구류진불拘留秦佛, 구나함

모니불拘那含车尼佛, 가섭불迦葉佛 때도 마찬가지였습니다. 그런데 오늘날까지 구십일 겁 동안 이 개미는 끝내 개미로만 태어나고 해탈을 얻지 못해 수없이 나고 죽었습니다. 따라서 오직 복이 소중한 것이니, 어찌 복을 심지 않을 수 있겠소?"

장자 또한 그 말을 듣고 개미를 가엾게 여겨 땅을 평평하게 골라 절을 세웠습니다.

공사를 다 마친 장자는 부처님을 초청하려다 가만히 생각해 보았습니다.

'왕에게 먼저 알려야겠다. 그렇지 않았다가는 왕이 나중에 화를 낼지도 모른다.'

장자는 왕을 찾아가 말했어요.

"대왕이시여, 비로소 절이 완성되었으니 사람을 보내 부처님을 청하소서."

왕은 사신을 왕사성으로 보내 부처님과 스님들을 청했습니다. 부처님은 여러 제자들을 대동하시고 이십 리마다 마련된 객사에서 쉬시면서 한량없는 중생들을 제도하며 사위성으로 왔습니다. 백성들은 각기 갖가지 공양거리를 마련해서 모여들었어요.

부처님이 사위성 안의 커다란 광장에 이르자 땅이 진동하고 성중에 있던 악기들이 저절로 소리를 냈습니다. 그때 장님은 눈을 뜨고, 귀머거리는 소리를 듣고, 벙어리는 말을 하고, 꼽추는 등을 펴는 등 병자들의 병이 씻은 듯이 나았답니다. 남녀노소 가릴 것 없이 모든 백성이 그 모습을 보고 뛸 듯이 기뻐하며 부처님을 환영했습니다.

부처님은 병에 따라 약을 주듯이 백성을 위해 설법을 했습니다. 그러자 그들은 제각기 전생에 지은 인연에 따라 도를 얻게 되고는 모두 기뻐하며 받들어 행했습니다. 잠시 후 부처님은 아난에게 말했습니다.

"이 정원은 수달 장자가 산 것이요, 이 숲과 꽃과 열매는 기타 태자의 것으로, 두 사람의 마음과 힘이 합해져 절을 세우게 됐으니 그이름을 기수급고독원祇樹給孤獨園이라 하고, 널리 후세에 전하도록 하라."

현우경

귀신을 감동시키다

부처님이 왕사성 죽림정사竹林精舍에서 셀 수 없이 많은 제자들과 함께 계실 때의 일입니다. 그때 그 나라에는 돈이 없고 먹을 양식마저 거의 없이 곤궁하게 지내는 한 바라문이 있었습니다. 그는 찢어지는 듯한 가난을 벗어나고자 열심히 노력했지만, 가난은 더욱 심해질 뿐이었지요. 그는 고민 끝에 한 이웃에게 물어보았습니다.

"아무리 열심히 노력해도 가난을 벗어날 수 없으니, 내 죄업이 정말 두터운가 보네. 지금 세상에서 어떤 일을 해야 현세에 그 복을 받을 수 있겠는가?"

"자네, 아직도 모르고 있었는가? 지금 부처님이 세상에 나오셔서 일체중생을 복으로 제도하시고 돕고 계신다네. 그 부처님에게는 대

제자가 네 분 계시는데, 마하가섭, 대목건련, 사리불 그리고 아나율이라고 하지. 이분들은 늘 가난한 이들을 가여워하고 고통받는 중생들을 복되게 하신다네. 자네가 지금 믿고 공경하는 마음으로 음식을 마련하여 그분들을 공양하면 분명 소원을 성취할 수 있을 것이네."

바라문은 이웃의 말을 듣고 매우 기뻐하며 품을 팔아 돈을 조금 벌어 집에 돌아와 음식을 준비했습니다. 그리고 부처님의 대제자들을 청하여 하루 동안 공양하고는 현세에 과보를 얻기 바랐습니다. 그 바라문의 아내는 안은安隱이라는 이름을 가졌는데, 남편의 뜻을 받들어 여러 존자들에게 정성껏 공양을 올렸습니다. 대제자들은 안은에게 팔관재八關齋를 가르쳐 주고는 모두 죽림정사로 돌아갔습니다.

한편 그때 왕사성의 왕인 병사왕甁沙王이 숲으로 소풍을 나갔다 돌아오는 길에 국법을 어긴 죄로 나무에 묶여 있는 사람을 보게 되었습니다. 그 죄인은 왕을 보자 눈물을 뚝뚝 흘리며 먹을 것을 조금 달라고 했어요. 왕은 죄인을 가엾게 여겨 먹을 것을 보내 주겠다고 약속하고서는 왕궁으로 돌아왔습니다.

이윽고 밤이 되자 병사왕은 낮에 죄인에게 했던 약속이 떠올랐답니다.

'이크, 낮에 죄인에게 먹을 것을 보내겠다고 하고 깜빡 잊고 말았구나.'

왕은 곧 사람을 시켜 먹을 것을 보내려 하였으나 아무도 나서는 이가 없이 다만 이렇게 말할 뿐이었습니다.

"지금은 캄캄한 한밤중이라 길에는 사나운 짐승과 귀신, 나찰들이 득실거리고 있을 게 분명합니다. 저희가 미우면 차라리 이 자리에서 죽여 주십시오. 귀신의 밥이 되기는 정말 싫습니다."

병사왕은 굶주림에 시달릴 죄인을 생각하니 마음이 아팠습니다. 그래서 곧 성안에 영을 내렸습니다.

"지금 당장 죄인에게 밥을 갖다 주는 이에게 상금 천 냥을 주리라."

그러나 아무리 상금이 많다 해도 선뜻 나서는 이가 없었어요. 그때 안은은 평소 사람들이 하던 말을 기억해 냈습니다.

"팔관재를 받들어 지키는 사람은 어떤 사악한 귀신과 모진 짐승이라도 감히 해치지 못한다."

안은은 그 말을 되씹으며 속으로 생각했지요.

'우리 집은 가난하기 그지없다. 그런데 나는 스님들이 권한 대로 팔관재를 받들어 지켜왔다. 지금의 왕이 상금을 내건 것은 바로 나를 위한 것이다.'

안은은 왕궁으로 달려가 왕을 알현했습니다. 병사왕은 남정네들도 마다하는 일을 아녀자가 나서자 놀라지 않을 수 없었지만 한번 맡겨 보기로 했습니다.

"네가 그 죄인에게 밥을 가져다주고 무사히 돌아오면 금 천 냥을 주리라."

안은은 밥을 받아들고 지극한 마음으로 부처님을 생각하며 성을 나섰어요. 이윽고 성의 불빛이 보이지 않는 곳에 이르자 안은은 람바藍婆라는 나찰을 만났습니다. 그 귀신은 막 오백 명의 새끼를 낳고는 굶주림에 시달린 끝에 안은을 보자 잡아먹으려고 달려들었습니다. 그러나 안은은 평소 팔관재를 빠짐없이 지켜 왔기 때문에 귀신은 손끝 하나 대지 못하고 도리어 두려워하면서 물러났습니다. 귀신은 안은이 가지고 있는 밥을 보고는 간절하게 빌었습니다.

"제게 먹을 것을 조금만 나눠 주십시오."

안은은 귀신을 가엾게 여겨 조금 나눠 주었어요. 귀신은 허겁지겁 밥을 받아먹고 기운을 차리고서 물었습니다.

"당신의 이름은 무엇입니까?"

"내 이름은 안은입니다."

그 말을 들은 귀신이 기뻐하면서 말했어요.

"나는 지금 아들을 낳아 안은하게 되었고, 당신 때문에 목숨도 구할 수 있게 되었습니다. 이게 다 당신의 이름대로 된 것 같습니다. 여기 금 한 가마가 있으니 돌아가는 길에 가지고 가십시오. 제가 은혜를 갚을 길은 이것밖에 없습니다. 그런데 지금 어디로 가시는 길입니까?"

"나는 지금 이 음식을 가지고 죄인에게 가는 길입니다."

"저 앞쪽에 제 동생 아람바阿藍婆가 살고 있습니다. 그를 만나거든 저를 위해 안부를 전해 주십시오. 아들 오백 명을 낳아 몸이 안은하다고 말입니다."

173

계속해서 길을 가다 아람바를 만난 안은은 람바의 소식을 자세히 알려 주었어요. 그러자 아람바는 매우 기뻐하면서 물었습니다.

"당신의 이름은 무엇입니까?"

"내 이름은 안은입니다."

"제 언니가 해산하여 안은하다 하고 또 당신 이름이 좋으니 이 얼마나 좋은 일입니까? 소식을 알려 주셔서 감사합니다. 여기 금 한 가마가 있으니 돌아가는 길에 가지고 가십시오. 그런데 지금 어디로 가십니까?"

"왕의 영을 받고 죄인에게 음식을 가져다주는 길입니다."

"아, 그렇군요. 제 남동생 분나기分那奇가 저 앞쪽에 살고 있으니 저와 언니 소식을 전해 주십시오."

안은은 그렇게 하기로 약속하고 계속해서 밤길을 헤쳐 나가다 분나기를 만났습니다. 안은은 분나기에게 두 누이에 관한 소식을 자세히 알려 주었어요. 분나기는 큰누나가 오백 명의 아들을 낳고 편안하게 있다는 말을 듣더니 매우 기뻐하며 물었습니다.

"당신의 이름은 무엇입니까?"

"제 이름은 안은입니다."

"당신 이름대로 내 누이들이 편안하다고 하니 즐겁기 그지없습니다. 여기 금 한 가마가 있으니 돌아갈 때 가지고 가십시오. 제 조그만 성의로 생각해 주십시오."

안은은 마침내 죄인이 있는 곳에 도착해서 밥을 주고는 돌아오는 길에 금 세 가마를 챙겨 집에 쌓아 두었습니다. 이튿날 왕궁에 들어가자 병사왕은 깜짝 놀라며 약속대로 금 천 냥을 주었어요. 그렇게 해서 안은은 하루아침에 갑부가 되었답니다.

사람들은 안은의 집에 보물이 넘치는 것을 보고 하인이 되고자 줄을 섰어요. 병사왕은 안은이 커다란 복을 누리게 되었다는 소식을 듣고는 궁중으로 불러 대신으로 임명했답니다. 이렇게 된 것이 모두 부처님 덕이라는 생각이 든 안은은 더 큰 복을 쌓고자 부처님과 여러 스님들을 청하여 성대하게 공양을 올렸습니다. 부처님은 공양을 마친 후 안은을 위해 설법했습니다. 그러자 안은은 마음이 열려 그 자리에서 수다원이 되었답니다.

현우경

175

거지들이 도를 닦다

부처님이 사위성 기수급고독원에 천이백오십 인의 제자와 함께 계실 때 그 나라에 살고 있던 오백 명의 거지 아이들이 늘 부처님과 스님들을 따라다니면서 걸식을 했습니다. 그렇게 여러 해를 보내던 거지 아이들이 어느 날 함께 모여 이런저런 얘기를 하던 중 한 아이가 나서서 이야기를 했습니다.

"부처님과 스님들의 복덕으로 간신히 목숨을 이어 가고는 있지만 여전히 괴로운 일이 많다. 차라리 출가하는 것이 좋지 않을까?"

의견을 모은 거지 아이들은 부처님이 계시는 곳으로 우르르 몰려가 말씀드렸습니다.

"부처님께서 이 세상에 나오시는 일은 정말 드뭅니다. 또한 저희들은 비록 천한 집안에 태어나 거지가 되었지만, 부처님의 은혜로 지금까지 입에 풀칠이나마 할 수 있었습니다. 그래서 모여 의논한 끝에 모두 함께 출가하고자 결정했습니다. 부처님께서는 저희들도 받아 주실 수 있으신지요?"

부처님이 미소를 지으시며 말했습니다.

"불법佛法은 청정하여 따로 귀천을 두지 않는 법이니, 그것은 마치 깨끗한 물이 온갖 더러운 때를 씻어내되, 귀하거나 천하거나 남자거나 여자거나를 가리지 않는 것과도 같다. 또한 불이 만물을 가리지 않고 태우는 것과도 같다. 불법은 마치 저 허공과도 같아 남녀노소와 빈부귀천을 가리지 않고 모든 사람을 품에 안아 주느니라."

거지 아이들은 부처님 말씀을 듣고 더욱 믿는 마음이 솟구쳐 간절하게 출가를 요청했습니다.

부처님이 말했습니다.

"잘 왔도다. 비구들이여."

부처님이 말을 마치자 아이들의 머리칼은 저절로 떨어지고 몸에는 가사가 둘러져 사문의 모습을 취하게 되었어요. 부처님이 그들을 위해 계속 설법하자 그들은 곧 온갖 번뇌망상을 여의고 아라한이 되었답니다.

부처님이 거지 아이들의 출가를 허락했다는 소문을 들은 귀족과 장자들, 심지어 백성조차 모이기만 하면 수군댔어요.

"세상에 그런 천한 거지들이 스님이 되다니! 부처님은 무슨 생각으로 허락하셨을까? 앞으로 부처님과 그 제자들을 초청하여 복업을 쌓고자 할 때 그 거지 아이들도 스님이랍시고 같이 따라와 우리 집의 밥그릇을 잡을 게 아닌가? 아, 생각만 해도 끔찍하다."

어느 날 기타 태자는 부처님과 스님들을 청하여 공양을 베풀고자 신하를 보내 알렸습니다.

"부디 부처님께서는 제자들과 함께 왕림하셔서 제 공양을 받아 주소서. 그러나 얼마 전 비구가 된 거지 아이들은 청하지 않나니 제발 데려오지 마십시오."

부처님은 말없이 고개를 끄덕였습니다.

다음 날 부처님은 여러 제자들을 거느리고 나가시며 거지 비구들에게 말했습니다.

"기타 태자가 우리를 청했으나 너희들은 부르지 않았다. 너희들은 지금 곧 북구로주北俱盧洲로 가 저절로 자란 멥쌀을 따서 태자의 집으로 다시 오너라."

거지 비구들은 아라한의 신통력을 이용해 북구로주로 가서 멥쌀을 따다 발우에 가득 담고는, 위의를 바로 하고 마치 기러기 떼가 이동하듯 하늘을 날아 태자의 집으로 돌아왔습니다.

그 모습을 본 기타 태자는 입이 딱 벌어진 채 다물지 못하고 탄복하다가 부처님께 말씀드렸어요.

"알 수 없는 일입니다, 부처님. 이 성스러운 스님들은 어디서 온 분들입니까? 부디 저를 위해 그 내력을 알려 주십시오."

그러자 부처님이 말했습니다.

"태자여, 이들이 바로 그대가 청하지 않았던 거지 비구들이오."

태자는 부끄러워 얼굴을 들지 못한 채 자책했지요.

"아, 아무리 어리석기 그지없기로 어찌 밝고 어두움조차 구별하지 못했단 말인가?"

태자는 다시 부처님께 말씀드렸어요.

"부처님의 공덕은 참으로 불가사의합니다. 이들은 우리나라에서 가장 천한 자들이었는데, 부처님의 교화를 입어 현세에서는 안락하게 사는 복을 얻고 또한 영원한 열반의 즐거움을 얻게 되었습니다. 부처님이시여, 정말 알 수 없는 일입니다. 이들은 전생에 어떤 공덕을 쌓았기에 부처님을 만나 특별한 은혜를 입었으며, 또 무슨 악행을 저질렀기에 거지로 살면서 그토록 천대를 받았던 것입니까? 부디 저를 가엾게 여겨 설명해 주십시오."

"그렇다면 내력을 말하리니 잘 듣도록 하라."

부처님은 다음과 같은 이야기를 들려주었습니다.

먼 옛날 한량없는 아승지겁 전, 염부제에 바라나波羅奈라는 큰 나라가 있었는데, 그 나라에 선산仙山이라는 산이 있었다. 과거 여러 부처님이 그 산에 계셨고, 부처님이 계시지 않을 때는 벽지불들이 있었으며, 벽지불마저 없을 때는 오신통을 배우는 신선 무리들이 그곳에 살

179

아 한번도 빈 때가 없었다.

벽지불 이천 명이 그 산에 살고 있을 때의 일이다. 그때 하늘에 화성
이 나타났는데 그 후 십이 년 동안 심한 가뭄이 들어 바라나국은 거
의 망하기 일보직전이었다.

그때 그 나라에 한량없는 재물과 양식을 가진 산단녕散陀寧이라는 장
자가 있었는데, 자주 공양을 베풀어 여러 수행자들을 뒷바라지했다.
그러던 어느 날 천 명의 수행자가 그의 집을 찾아와 말했다.

"우리는 선산에 살고 있는 수행자들입니다. 마침 이 나라에 큰 가뭄
이 들어 걸식을 하기조차 어렵게 되었습니다. 만일 장자께서 우리에
게 공양해 주신다면 선산에 그대로 머물며 수행할 수 있지만, 그렇게
할 수 없으시다면 떠날 수밖에 없습니다."

그러자 장자는 창고지기에게 물었다.

"우리 집 양식으로 저 수행자들에게 늘 공양을 베풀 수 있겠느냐?"

"그렇게 할 수 있습니다."

장자는 곧 천 명의 수행자들에게 공양을 베풀었다. 얼마 후 나머지
천 명의 수행자들도 장자의 집을 찾아와 공양을 요청했다. 장자는 다
시 창고지기에게 물었다.

"천 사람에게 공양을 베풀려고 하는데, 양식은 넉넉한가?"

"넉넉합니다. 얼마든지 청해 공양하십시오."

장자는 오백 명의 하인들에게 음식을 준비하게 해서 수행자들을 공
양했다. 그렇게 여러 해를 보내자 하인들은 그만 싫증이 나서 저희들

끼리 말했다.

"우리가 이렇게 고생하는 것은 다 저 거지들 때문이다."

그때 장자는 늘 한 명의 하인을 수행자들에게 보내 공양 때를 알리게 하였다. 그 하인은 개 한 마리를 기르고 있었는데, 개도 매일같이 주인을 따라나서서는 수행자들이 있는 곳에 이르면 컹컹 짖어 댔다. 개 짖는 소리를 듣고, 수행자들은 공양 시간이로구나 하며 장자의 집으로 내려가 공양을 받았다.

그러던 어느 날 공양을 마친 후 수행자 중의 한 사람이 장자에게 나지막하게 말했다.

"이제 곧 비가 내릴 테니 빨리 곡식을 심도록 하십시오."

장자는 기뻐하며 모든 하인들을 동원해서 밭을 갈고 씨를 뿌리게 했다. 그런데 몇 시간이 지나지 않아 밭에 뿌렸던 씨마다 싹이 돋더니 표주박만 한 열매를 맺었다. 그 모습을 본 장자는 괴이하다는 생각에 수행자에게 그 이유를 물었다. 그러자 수행자가 대답했다.

"아무런 걱정 마시고, 그저 거름이나 잘 주도록 하십시오."

이윽고 하늘이 뚫린 듯 큰 비가 내렸다. 표주박만 한 열매가 더욱 커져 집채만 해졌을 때, 장자는 하인들과 함께 셀 수 없이 많은 박을 켰다. 그러자 박 속에서 보리와 밀을 비롯한 여러 곡식들이 넘쳐 나왔다. 장자는 기뻐하며 그 곡식들을 집에 차곡차곡 쌓아 두었다. 박 속에서 나온 곡식이 얼마나 많았던지 큰 집을 다 채우고도 남아서 장자는 나머지 곡식들을 친척과 여러 백성에게 골고루 나누어 주었다. 그렇게 해서 그 나라 사람들은 극심했던 가뭄을 무사히 견뎌 낼 수 있었다. 그때 음식 만들기를 맡은 오백 명의 하인들은 '이런 일이 생긴 것은 다 저 수행자들의 덕분이다. 그런데 우리들은 그들을 거지라고 욕하지 않았던가?' 하며 앞다투어 수행자들을 찾아가 용서를 구하며 참회했다. 그들은 간곡하게 참회하고 나서 서원을 세워 말했다.

"우리들이 내세에는 부디 성현을 만나 해탈할 수 있게 하옵소서."

부처님은 이야기를 마치곤 덧붙였습니다.

"그 하인들은 수행자들을 욕한 업보로 그 후 오백 세 동안 늘 거지가 되었으나, 그때 참회하고 서원을 세웠기 때문에 이 세상에서 나를 만나 마침내 제도받게 되었던 것이다. 태자여, 알아 두라. 그때의 거부 장자 산단녕은 바로 지금의 이내 몸이요, 창고지기는 수달 장자이며, 공양 때를 알리러 가는 일을 맡았던 하인은 지금의 우전왕優塡王이다. 또 매일같이 주인을 따라가서 컹컹 짖어 공양 때를 알린 개는 태어날 때마다 고운 목소리를 가졌으니, 바로 지금의 미음美音 비구이며, 음식 만드는 일을 했던 하인들이 오늘날의 저 오백 아라한이니라."

부처님이 말을 마치자, 기타 태자를 비롯한 모든 사람들이 감격하여 기뻐하고는 받들어 행했습니다.

현우경

왕비와 왕자들

부처님이 사위성 기수급고독원에 계실 때 수달 장자에게 소만蘇曼이라는 이름의 딸이 하나 있었습니다. 여러 자식 중에서 가장 예쁘고 사랑스럽게 생긴 소만을 소중하게 여긴 아버지 수달 장자는 밖에 나갈 때면 언제나 소만을 데리고 다녔지요.

한번은 수달이 딸을 데리고 부처님이 계시는 곳으로 갔습니다. 소만은 부처님을 뵙고는 환희심이 일어 좋은 향을 구해 부처님께서 거처하시는 방에 바르고자 하는 생각을 하게 되었지요. 마침 소만은 손에 빈바賓婆 열매를 가지고 있었는데, 부처님은 소만에게 그것을 달라고 청했습니다. 소만이 공손하게 열매를 건네 드리자, 부처님은 열매 위에 '향종직香種稷'이라는 말을 쓰시고는 다시 돌려주었습니다.

아버지와 함께 성으로 돌아온 소만은 그 뒤에도 여러 가지 좋은 향을 사서 부처님 방에 가서 바르되 하루도 쉬지 않고 열심히 했답니다.

그때 지차시리국持叉尸利國의 왕자가 사위성에서 와서 두루 구경을 다니다가 기수급고독원에 들렀어요. 왕자는 소만이 절 안에서 향을 가는 모습을 보고 그 아름다움에 한눈에 반하여 아내로 삼고자 하는 생각을 품게 되었답니다.

왕자는 곧 발길을 돌려 사위성의 바사닉왕을 알현하고는 말했습니다.

"제 마음에 드는 사위성 여자가 한 명 있으니, 부디 제게 주십시오."

바사닉왕이 물었지요.

"누구 집 처녀를 보고 그러시는 것이오?"

"수달 장자의 딸로 알고 있습니다."

"그러면 그대가 직접 청하도록 하시오."

"그래도 대왕의 허락을 먼저 받는 것이 도리가 아니겠습니까? 허락만 하신다면 제가 직접 찾아가 보겠습니다."

왕자는 코끼리 한 마리만 남겨 놓고 자신의 일행을 서둘러 본국으로 돌려보냈습니다. 그러고는 기수급고독원으로 가서 소만을 코끼리에 태우고는 서둘러 떠났지요.

소만이 납치되었다는 소식을 들은 수달은 사람들을 데리고 쫓아갔지만, 코끼리의 걸음이 너무 빨라 도저히 따라잡을 수가 없었습니다.

본국으로 돌아온 왕자는 소만을 아내로 삼았어요. 십여 개월이 흐른 후 소만은 알 열 개를 낳았는데, 그 알이 스스로 갈라지더니 안에서 사내아이가 각각 한 명씩 나왔습니다. 아이들은 모두 얼굴이 곱고 단정해서 마치 천인天人을 보는 것과도 같았어요.

열 명의 아들들이 점차 자라나자 용맹하고 건장하기 이를 데 없었습니다. 그들은 사냥을 무엇보다 좋아하여 짐승을 닥치는 대로 잡아 죽였어요. 소만은 그 짐승들을 가엾게 여겨 아들들에게 그러지 말라고 타일렀으나 아들들은 곧이듣지 않았습니다.

"어머님, 사냥처럼 재미있는 일이 어디 있다고 말리십니까? 이러시다간 나중에 저희들의 미움을 사시겠습니다."

"나는 너희들을 진정으로 사랑하기 때문에 말리는 것이다. 만일 너희들을 미워한다면 이런 말을 할 필요도 없을 것이다. 산 짐승을 죽이면 지옥에 떨어져 온갖 고통을 당하거나, 수천만 년 동안 짐승으로 태어나 사냥꾼들의 활을 피하지 못하게 될 것이다. 그래서 내가 이렇게 말리는 것이다."

어머니의 훈계를 들은 아들들은 서로 물끄러미 쳐다보다가 말했어요.

"지금 어머님께서 하신 말씀은 혼자 생각해 내신 것입니까, 아니면 다른 사람에게서 들은 말입니까?"

"시집오기 전에 부처님께 들었던 말씀이다."

"그 부처님이란 사람은 어떤 사람입니까? 자세히 말씀해 주십시오."

"너희들은 들어 본 적이 없더냐? 그분은 석가족 정반왕淨飯王의 아들로 태어나 성왕聖王이 되실 몸이었지만, 생로병사를 싫어하여 출가하셔서 마침내 깨달음을 얻어 부처님이 되신 분이란다. 부처님은 키가 육 장丈에 이 세상에서 가장 훌륭한 상호를 갖추셨다. 또 부처님은 이 세상 모든 일을 마치 손바닥 위의 구슬을 보시는 것처럼 분명하게 알고 계신단다."

"어머님, 그렇게 훌륭한 부처님은 지금 어디에 계십니까?"

"지금은 사위성에 계신다."

"어머님, 저희들은 당장 그곳으로 가서 부처님을 뵙고자 합니다."

하직 인사를 한 아들들은 모두 함께 사위성으로 갔습니다. 갑작스레 외손자들을 맞게 된 외조부 수달은 매우 기뻐하며 그들을 이끌고 기수급고독원으로 가서 부처님을 뵙게 했어요. 그들은 부처님의 상호가 어머님이 말했던 것보다 수천만 배나 뛰어난 모습을 보고는 환희심에 겨워 어쩔 줄을 몰랐어요.

부처님은 그들을 위해 설법을 했습니다. 그러자 그들은 한 사람도 빠짐없이 출가하기를 청했지요. 이에 부처님이 말했습니다.

"부모님의 허락을 받았는가?"

"지금 바로 결정한 일이라 아직 여쭈어 보지 못했습니다."

"부모님의 허락 없이는 출가하지 못한다."

그때 수달이 앞으로 나서면서 입을 열었습니다.

"부처님, 이들은 제 외손자입니다. 그러니까 제가 허락해도 무방하지 않을까요?"

부처님은 수달의 말을 듣고는 출가를 허락했습니다. 이렇게 해서 사문이 된 이들은 열심히 수행하여 얼마 지나지 않아 모두 아라한이 되었답니다. 이 열 명의 아라한들은 서로 공경하며, 항상 같이 다니면서 수행을 했지요. 그 모습을 본 모든 백성들이 앞다투어 그들을 높이 받들었습니다. 이에 아난이 부처님께 여쭈었습니다.

"부처님, 저 열 명의 비구들은 어떤 복이 있었기에 왕가에 태어나 훌륭한 상호를 갖추었으며, 또 급기야 부처님을 만나 고해를 벗어나게 된 것입니까?"

부처님은 다음과 같은 이야기를 했습니다.

지금으로부터 구십일 겁 전에 비바시 부처님이 이 세상에 출현하여 널리 교화를 하시고는 열반에 드셨다. 그러자 사람들은 그 부처님의 사리를 모아 널리 퍼뜨려 셀 수 없이 많은 탑을 세웠다. 그러다가 시간이 흘러 그중의 한 탑이 무너지자, 어떤 노파가 홀로 그것을 고치고 있었다. 그때 열 명의 청년이 우연히 지나가다가 그 모습을 보고 물었다.

"무슨 일을 그렇게 열심히 하십니까?"

"이 탑은 비바시 부처님의 사리를 모신 탑으로 거룩한 공덕을 가지고 있다네. 그래서 탑을 수리하여 좋은 과보를 받고자 한다네."

"아, 그랬군요."

청년들은 노파의 말을 듣고는 매우 기뻐하며 합심하여 탑을 고쳤다. 이윽고 일이 끝나자 노파와 청년들은 그 공덕으로 내생에 좋은 곳에서 같이 태어나고 모자의 연을 이루게 되기를 발원했다.

그 후 구십일 겁 동안 그들은 천상이나 인간 세상에 함께 태어나 복과 즐거움을 누리면서 항상 세 가지 일이 남보다 뛰어났다. 그 세 가지 일의 첫째는 아름답고 건장한 신체를 갖는 일이요, 둘째는 남의 존경을 받는 것이며, 셋째는 장수하는 것이었다. 그리고 그들은 그 오랜 세월 동안 삼악도三惡道에 떨어지는 일이 없었다. 그러다가 이번 세상에서 불법佛法을 만나 익혀 마침내 온갖 번뇌망상을 물리치고 아라한이 된 것이다.

그때 탑을 고치던 노파는 지금의 소만이요, 그 일을 도왔던 열 명의 청년들이 바로 그 아라한들이다.

현우경

188

목련 존자의 불효

부처님께서 목련目連 존자에게 말했습니다.

"네 적수가 오고 있구나."

그러자 목련이 자신만만하게 대답했습니다.

"제게는 신통력이 있어 수미산須彌山을 뛰어넘을 수도 있습니다. 그러니까 적수가 만일 동쪽에서 오면 저는 서쪽으로 갈 것이고, 북쪽에서 오면 남쪽으로 갈 것입니다. 따라서 그는 결코 저를 붙들지 못할 것입니다."

"죄와 복은 결코 피할 수 없는 법이니라."

잠시 후 목련은 허공을 날아 어디론가 가다가 그만 어느 산중에 떨어지고 말았습니다. 그곳에는 수레바퀴를 만드는 한 노인이 살고 있었어요. 목련은 그 노인 바로 앞에 떨어졌는데 웬일인지 그 모습이 마치 귀신과도 같았습니다. 노인은 하늘에서 뚝 떨어진 목련의 귀신 같은 몰골을 보고는 불길하다 하여 몽둥이로 사정없이 팼습니다. 그 바람에 목련은 뼈가 부러져 실신하고 말았지요.

부처님은 목련을 가엾게 여기셔서 위신력으로 곧 본래의 형상을 되찾게 해 주었습니다.

수레바퀴를 만드는 노인은 바로 목련의 전생의 아버지였어요. 전생에 목련은 아버지와 말다툼을 한 적이 있었는데 그때 속으로 이런 생각을 했습니다.

'이 늙은이를 두들겨 패서 뼈를 분지르면 속이 다 시원하겠다.'

그래서 목련은 그 업보로 이런 재앙을 당한 것입니다.

불효의 죄는 절대로 짓지 말아야 하는 법입니다. 사람으로 나서 이 세상을 살아가니, 마음과 입을 스스로 삼가고 부모님을 효양으로 대하지 않으면 반드시 그 죄보를 받게 된답니다.

현우경

불가사의한 기억력

부처님이 사위성 기수급고독원에 계실 때였습니다. 어느 날 여러 비구들이 한자리에 모여 자기들끼리 이야기하고 있었습니다.

"아난 존자는 전생에 무슨 공덕을 쌓았기에 부처님 말씀을 하나도 빠뜨리지 않고 기억할 수 있는 것일까?"

"여기서 이럴 게 아니라 부처님을 뵙고 여쭤 봅시다."

비구들은 모두 부처님 전에 나아가 예배한 후 여쭈었습니다.

"부처님, 아난 존자는 도대체 어떤 공덕을 쌓았기에 그토록 불가사의한 기억력을 얻게 된 것입니까? 부디 부처님께서 그 이유를 알려 주십시오."

이에 부처님이 말했습니다.

"여러 비구들아, 잘 듣고 명심하여라. 아난의 기억력은 모두 복덕에서 기인한 것이니라."

그리고 다음과 같은 이야기를 들려주었습니다.

아주 먼 옛날 아승지겁 전에 어떤 비구가 사미 하나를 지도하면서 늘 엄하게 명령하여 경전을 외우게 했다. 비구는 사미가 그날 외울 경전을 술술 다 외우면 몹시 기뻐했지만, 조금이라도 더듬으면 이내 질책하곤 했다. 그래서 사미는 늘 경전을 잘 외우지 못하면 어쩌나 걱정했다.

게다가 먹을 것이 따로 쌓여 있지 않아 걸식을 할 수밖에 없었는데 밥을 빨리 얻어먹게 되는 날은 경을 외울 시간이 충분했지만, 뜻대로 되지 않아 시간이 걸리게 되면 경을 제대로 욀 수가 없었다. 그래서 사미는 '욀 시간이 없어 또 호되게 꾸지람 당하겠구나!' 하는 걱정이 가실 날이 없었다. 그래서 그는 늘 상을 찡그리며 징징거리고 다녔다.

그렇게 하루하루를 보내던 어느 날, 어떤 장자가 사미가 우는 모습을 보고는 궁금하게 여겨 불렀다.

"도대체 왜 우시는 게요?"

"장자님도 아시다시피 제 스승님은 까다롭고 엄하기 그지없는 분이십니다. 스승님은 제게 경을 외게 하시는데, 매일 정해진 분량을 잘 외면 기뻐하시지만, 제대로 외지 못하면 불호령을 내리십니다."

그러자 장자가 사미를 위로하며 말했다.

"이제 걱정하지 마오. 앞으로 걸식할 때면 우리 집으로 오시오. 내가 늘 음식을 준비해 둬서 아무런 걱정이 없게 할 테니, 부지런히 경전 공부를 하시면 될 게요."

사미는 걸식할 때면 바로 그 장자 집으로 달려가 준비해 둔 음식을 빨리 먹어 치우고는 절로 돌아와 열심히 경전 공부를 했다. 그 뒤로 스승이 제자에게 화를 내는 일은 단 한 번도 없게 되었다.

부처님은 잠시 쉬었다가 다시 말했습니다.

"제자들아, 알겠는가? 그때의 그 엄격했던 스승은 바로 훗날의 정광불定光佛이셨고, 그 사미는 지금의 이내 몸이요, 날마다 음식을 공양해서 공부를 도왔던 장자가 바로 지금의 아난이니라. 그는 그런 선업을 쌓았기 때문에 지금 한번이라도 들은 것을 결코 잊지 않는 불가사의한 기억력을 얻게 된 것이니라."

비구들은 부처님 말씀을 듣고 기뻐하며 믿고 받들어 행했습니다.

현우경

의식주가
저절로 해결되다

부처님이 왕사성 죽림정사에 계실 때의 일입니다. 그때 아난은 대나무 숲 속에 홀로 앉아 생각에 잠겨 있었어요.

'부처님이 세상에 나오심은 정말 보기 드문 일이다. 나를 비롯한 여러 제자들은 부처님 덕분에 공양을 얻는 데 부족함이 없으며, 갖가지 고통에서 해방되었다. 또 세상의 여러 왕과 귀족 그리고 백성 역시 부처님으로 말미암아 커다란 이익을 얻었고, 삼보三寶를 만난 사람들은 마음이 편하기 그지없다. 이것은 모두 부처님의 위신력 때문에 가능한 일이다.'

생각을 마친 아난은 부처님이 계시는 곳으로 갔습니다. 그때 부처님은 사부대중四部大衆을 위해 설법을 하고 있었습니다. 아난은 부처님 앞으로 나아가 옷을 단정히 하고 예배를 드린 후 숲 속에서 생각했던 바를 말씀드렸어요. 그러자 부처님이 아난에게 일렀습니다.

"네 말 그대로이다. 부처가 이 세상에 나타나는 일은 실로 놀라운 일이며, 또한 부처는 모든 중생을 이롭게 하느니라. 아난아, 여래는 비단 오늘날만 모든 중생을 이롭게 하는 것이 아니라 과거 세상에서도 그렇게 했느니라."

"세존이시여, 저는 그 과거세의 일을 듣고 싶습니다."

이에 부처님은 다음의 이야기를 시작했습니다.

아주 오랜 옛날, 이 염부제에 네 강과 두 왕이 있었다. 한 왕의 이름은 범천梵天이었는데, 그는 세 강을 차지하고 다스리는 백성은 많았으나, 그들의 신체가 모두 허약했다. 다른 왕의 이름은 금강취金剛聚로서 강을 하나밖에 차지하지 못하고 백성의 수는 적었지만, 그들 모두 건장하고 용맹했다.

어느 날 금강취는 궁전에 홀로 앉아 생각에 잠겼다.

'내 군사는 용맹하기 그지없는데 나는 강 하나밖에 차지하지 못하고, 저 나라는 군사가 약함에도 강 셋을 차지하고 있다. 아무리 생각해도 억울하다. 이제 사신을 보내 강 하나를 달라고 해야겠다. 요구를 들어 주면 국교를 맺어 서로 무역을 하고, 혹 어려운 일이 생기면 달려가 구원하겠지만, 그렇지 않으면 힘으로 빼앗고 말리라.'

생각을 마친 금강취는 대신들을 소집해서 자신의 생각을 이야기하고 그 의견을 물었다. 그러자 대신들이 이구동성으로 말했다.

"대왕이시여, 정말 잘 생각하셨습니다."

대신들은 사신을 범천왕에게 보내 금강취의 뜻을 전하도록 했다. 범천왕은 사신의 말을 듣고는 속으로 생각했다.

'우리나라는 각종 산물이 풍부하고 백성이 훨씬 많다. 설령 힘을 겨룬다 해도 쉽게 지지는 않을 것이다.'

범천왕은 속으로 요리조리 계산을 해 본 후 사신에게 말했다.

"이 나라는 내가 따로 얻은 것이 아니라 부왕이 물려주신 것이다. 또한 우리의 국력은 너희보다 뒤떨어지지 않는다. 아무리 너희 왕이 협박을 해도 두려워할 이유가 전혀 없다."

이에 사신은 급히 본국으로 돌아가 들은 대로 금강취에게 보고했다. 그러자 금강취는 불같이 화를 내고는 당장 군사를 몰고 범천국으로 쳐들어갔다. 금강취의 군대는 파죽지세로 범천국 군사들을 쓰러뜨리며 삽시간에 도성 밖에 이르렀다. 성안으로 쫓겨 들어간 범천국 병사들은 목을 잔뜩 움츠리고는 감히 성문을 열고 나올 생각조차 하지 못했다. 이에 여러 대신과 장군들은 모두 범천왕을 찾아가 이구동성으로 말했다.

"대왕이시여, 저들의 군사는 강하고 저희 군사는 약합니다. 그런데 강 하나를 아끼려다가 이런 험악한 꼴을 당하고 말았습니다. 이러다 나라 전부를 잃을까 못내 두렵습니다. 해서 저들에게 강 하나를 내주고 국교를 맺는다면 나라는 평온을 되찾게 될 것입니다. 부디 넓으신 아량을 베풀어 주옵소서."

범천왕은 대신들의 생각을 받아들여 곧 사신을 금강취왕의 진영에 보내 이렇게 전하게 했다.

"범천은 금강취왕께서 요구하시는 강을 드릴 뿐만 아니라 제 딸과 갖가지 특산물을 바치겠습니다. 또한 장차 대왕의 나라가 위급할 경우 밤낮을 가리지 않고 달려가 돕겠습니다."

금강취왕은 범천왕의 딸을 왕비로 맞아들이고 화해한 뒤 군사를 돌려 본국으로 돌아갔다.

금강취왕의 왕비가 된 범천왕의 딸에게 태기가 있었는데, 그날부터 칠보로 된 커다란 일산이 저절로 나타나 늘 왕비를 따라다니면서 햇빛을 가려 주었다. 열 달이 지나 왕비는 사내아이 하나를 낳았다. 아이의 몸은 자금색이며 머리칼은 검푸르고 얼굴은 마치 태양처럼 빛나 세상에 보기 드문 모습을 띠고 있었다. 그 아이가 태어나자마자 일산이 그 아이를 보호하려는 것처럼 머리 위쪽에 머물렀다.

금강취왕은 매우 기뻐하며 관상쟁이들을 불러 상을 보게 했다. 왕자의 모습을 자세히 살펴보던 관상쟁이들이 모두 만세를 부르는 듯 손을 번쩍 들며 외쳤다.

"이보다 더 좋을 순 없습니다."

"왕자님의 관상은 세상에 보기 드문 것으로 그 덕과 힘을 따를 자가 없을 것입니다."

이에 금강취왕은 기쁨을 감추지 못하면서 말했다.

"호, 그래? 어서 이름을 지어라."

"대왕이시여, 왕비님께 태기가 있을 때 무슨 징조가 있지 않았습니까?"

"그러고 보니 칠보로 된 일산이 늘 왕비의 곁을 따라다녔구나."

그러자 관상쟁이들은 왕자의 이름을 개사蓋事라 하였다. 개사가 자라 어른이 될 무렵 금강취왕이 세상을 떠났다. 장례식을 성대히 거행한 후 여러 속국의 왕들은 개사를 대왕으로 모셨다.

왕의 자리에 오른 지 몇 년 후 어느 날 개사는 동산에 소풍 갔다가 백성들이 힘겹게 농사짓는 모습을 보고는 곁의 신하에게 물었다.

"백성들은 왜 저렇게 수고로운 일을 해야 하는가?"

신하가 허리를 숙이며 대답했다.

"나라의 근본은 백성이요, 백성의 근본은 곡식이라 할 수 있습니다. 저렇게 힘들게 일하지 않는다면 백성들은 목숨을 부지할 수 없을 것이고, 그렇게 되면 나라 역시 곧 망하고 말 것입니다."

이에 개사왕이 하늘을 보고 말했다.

"하늘이시여, 제가 왕이 되기에 부족함이 없는 자라면, 백성들이 힘들게 일하지 않고도 저절로 곡식을 얻게 하옵소서."

개사왕이 말을 마치자 만백성의 창고가 곡식으로 가득 차서 일할 필요가 없게 되었다.

또 얼마 후 개사왕은 궐 밖에 나갔다가 백성들이 나무를 베고 물을 긓고 방아 찧는 모습을 보고 곁의 신하에게 물었다.

"백성들은 왜 아직도 저렇게 일하고 있는 것인가?"

"대왕의 은혜로 절로 곡식을 얻긴 했지만, 그것을 생으로 먹을 수는 없고 반드시 익혀야 하는 법입니다. 그러니까 음식을 만들어 먹고자 저렇게 일을 하고 있는 것입니다."

그러자 개사왕이 다시 말했다.

"하늘이시여, 제가 왕이 되기에 부족함이 없는 자라면, 이 나라 모든 백성이 음식을 먹고 싶어 할 때면 저절로 음식이 그 앞에 생기게 하옵소서."

개사왕이 이렇게 말하자 모든 것이 그의 말대로 되었다.

또 얼마 후 개사왕은 동산에 놀러 나갔다가 백성들이 베를 짜고 바느질을 해서 옷을 만들어 입는 모습을 보고는 물었다.

"백성들이 여전히 저처럼 수고로이 일하는 이유가 무엇인가?"

"음식이 절로 생겨 먹을 걱정은 없지만 알몸으로 다닐 수는 없는 노릇 아니겠습니까? 그래서 옷을 만드는 일을 하고 있는 것입니다."

이에 개사왕이 말했다.

"하늘이시여, 제가 왕이 되기에 부족함이 없는 자라면, 모든 나무들에 저절로 옷이 열리게 하옵소서."

그러자 나라 안의 모든 나무들에 가지각색의 옷이 주렁주렁 열리기 시작했다.

다시 얼마 후 개사왕은 궁궐 밖으로 나갔다가 여러 백성이 악기를 만드는 모습을 보고 물었다.

"아직도 백성들이 할 일이 남아 있는가?"

"백성들은 이미 대왕의 은혜로 의식이 풍족해졌지만, 음악을 연주하며 스스로 즐기고자 저렇게 일을 하고 있는 것입니다."

그러자 개사왕이 하늘을 보고 입을 열었다.

"하늘이시여, 제가 왕이 되기에 부족함이 없는 자라면, 나라 안의 모든 나무들에 여러 가지 악기가 절로 열리게 하옵소서."

그러자 나무들에는 눈 깜짝할 사이에 갖가지 악기가 열렸다.

어느 날 여러 속국의 왕과 대신들이 개사왕을 찾아왔다. 그때는 마침 왕의 식사 시간이었다. 개사왕은 그들을 모두 식당으로 데리고 가서 함께 음식을 먹었다. 그런데 속국의 왕과 대신들은 음식을 먹다가 감탄하며 말했다.

"대왕이시여, 저희들이 먹는 음식은 맛이 보통에 불과한데, 왕께서 드시는 음식은 이 세상에 비길 맛이 없습니다."

"그게 정말이오? 그러면 당신들을 비롯한 여러 백성들이 내가 먹는 음식과 같은 음식을 먹고 싶어 하거든 내가 먹을 때 따라서 먹도록 하면 될 것이오."

개사왕은 다시 한 신하에게 명했다.

"내가 밥 먹을 때가 되면 큰북을 울려 모든 백성이 때를 알게 하라. 내가 밥을 먹을 때 그들도 따라 먹으면 세상에 비길 데 없는 맛을 느끼게 될 것이다."

그 후 왕의 식사 시간이 되면 병사들은 커다란 북을 울렸다. 백성들이 그 소리를 듣고 마음속으로 음식을 생각하면 곧 그 앞에 온갖 산해진미가 절로 생겨났다. 이렇게 해서 백성들의 즐거움은 말로 다할 수 없을 정도였다.

그러던 어느 날 범천왕이 개사왕에게 사신을 보내 알려 왔다.

"대왕의 부왕 생전에 저는 강 하나를 바친 일이 있습니다. 이제 부왕께서 돌아가셨으니 그 강을 다시 돌려주시는 게 어떻겠습니까?"

이에 개사왕이 사신에게 말했다.

"그 강은 내가 얻은 것이 아니고 내 부왕께서 얻은 것이라오. 나는 왕이 된 자로서 백성들을 괴롭히는 일을 하고 싶지 않소. 이 일은 잠시 뒤로 미뤘다가 시간을 정해 두 사람이 직접 만나 해결하도록 합시다."

사신은 본국으로 돌아가 개사왕의 말을 들은 대로 전했다. 이렇게 해서 약속한 날이 되자 두 왕은 각기 대군을 이끌고 나가 강을 경계로 하여 진을 꾸렸다. 두 왕은 배를 타고 강 한복판에서 만났다.

범천왕은 온몸이 자금색으로 빛나고 그 머리칼은 마치 검푸른 유리와 같은 개사왕의 모습을 보고는 탄복하면서 속으로 생각했다.

'저이는 혹시 사람이 아니라 신이 아닐까?'

잠시 후 두 왕은 한자리에 앉아 인사를 한 후 여러 가지 문제를 논의하다가 강 문제에 이르게 되었다. 이때 개사왕이 먼저 말했다.

"우리나라 백성들은 내게 공물을 바치느라 괴롭게 일하는 법이 없답니다."

개사왕이 말을 맺기도 전에 식사 시간이 되자, 개사왕의 군사들은 북을 치면서 밥 먹을 준비를 했다. 이에 범천왕이 깜짝 놀라며 속으로 생각했다.

'회담을 하고 있는데 갑자기 북을 울리다니, 혹 이들이 나를 사로잡으려고 하는 것은 아닐까?'

범천왕은 너무 두려워서 그 자리에 엎드렸다. 그러자 개사왕이 어서 일어나 앉으라고 하면서 말을 이었다.

"아니, 왜 그렇게 두려워하시오? 병사들이 북을 울리는 것은 그대를 공격하기 위해서가 아니라 다만 밥 먹을 때가 되었음을 알리는 것뿐이오."

그러자 범천왕은 가슴을 쓸어내리며 무릎을 꿇고는 말했다.

"저를 비롯한 우리나라의 모든 백성들은 대왕께 항복하오니, 부디 저희들로 하여금 대왕나라의 백성들과 똑같은 은혜를 입게 하소서."

이렇게 해서 개사왕은 염부제의 모든 땅과 백성들을 다스려 행복하게 만들었다.

부처님은 이야기를 마치곤 아난에게 말했습니다.

"아난아, 그때의 개사왕은 다른 이가 아니라 지금의 이내 몸이요, 금강취왕은 지금의 내 아버지 정반왕 그리고 그때의 어머니는 지금의 내 어머니 마하마야^{摩詞摩耶}이시니라. 나는 그 옛날에도 중생들을 사랑하고 가엾게 여겨 갖가지 재물과 올바른 법으로 그들을 거두어 들였다. 그 인연으로 오늘날 부처가 되어 삼계에 우뚝 서게 되었다. 따라서 일체중생은 모두 커다란 자비심을 닦아 모든 존재를 이롭게 해야 하느니라."

아난이 부처님께 여쭈었습니다.

"신기한 일입니다, 부처님. 그 옛날의 개사왕은 어떤 공덕을 쌓았기에 어머님 태에 들 때부터 칠보 일산이 따라다닌 것입니까?"

그러자 부처님은 이야기를 들려주었습니다.

한량없는 세월 전, 염부제의 어느 산에 벽지불이 살고 있었다. 한번은 벽지불이 병이 들어 어느 의사를 찾아갔다. 벽지불의 증상을 살펴본 의사가 말했다.

"당신은 풍병^{風病}에 걸렸으니, 우유를 드셔야 합니다."

그때 벽지불이 살고 있던 나라에는 성우^{聖友}라는 이름을 가진 큰 상인이 있었다. 벽지불은 그 상인의 집에 찾아가 사정을 설명하고 우유를 공양할 수 있느냐고 물었다. 성우는 무척 기뻐하며 하루도 빠지지 않고 우유를 대 주었다. 석 달이 지나자 벽지불의 병은 다 낫게 되었다. 벽지불은 은혜를 갚고자 성우를 찾아가 허공 높이 날아올라 갖가지 신변^{神變}을 나타냈다. 그 모습을 본 성우는 기뻐하며 무릎을 꿇고는 끝없이 절을 했다. 잠시 후 공중에서 내려온 벽지불은 성우의 정성 어린 공양을 받고 자신의 처소로 돌아간 뒤 얼마를 지내다가 열반에 들었다.

소식을 들은 성우는 무척 슬퍼하며 벽지불의 처소로 달려가 시신을 화장하고 사리를 거두어 보물 상자에 담아 탑을 세우고는 향과 꽃과 음악을 비롯한 갖가지 것으로 공양했다. 성우는 평소 자신이 아끼던 보배인 일산을 탑 위에 걸어 두고 죽을 때까지 탑을 지켰다.

성우는 이 공덕으로 한량없는 세월 동안 천상이나 인간 세상에 태어날 때마다 부귀영화를 누려 세상에 비길 자가 없게 된 것이다.

현우경

흙을 보시한 공덕

부처님이 사위성 기수급고독원에 계실 때 일입니다. 어느 이른 아침 나절에 부처님과 아난은 성에 들어가서 걸식을 마치고 돌아오는 길에, 흙으로 집과 창고를 짓고 보물과 곡식을 만들고 있는 아이들의 소꿉장난을 보았습니다.

그때 한 아이가 저 멀리서 걸어오시는 부처님의 빛나는 모습을 보고 공경하고 기뻐하는 마음이 생겨 보시할 작정을 했습니다. 그러나 아이가 가진 것이라고는 흙으로 만든 곡식밖에 없었어요. 아이는 흙 한 줌을 곡식이라 하며 퍼내더니 부처님께 보시하려고 했지요. 그런데 키가 너무 작아 부처님의 손에도 미치지 못하자 곁에 있던 한 아이에게 말했어요.

"목마 좀 태워 줄래? 부처님께 이 곡식을 보시하게."

그 아이 역시 매우 기뻐하며 좋다고 대답했어요. 아이는 다른 아이의 어깨 위에 올라가 목마를 탄 채 부처님께 흙을 바쳤지요. 부처님은 미소를 지으며 발우를 낮추고 고개를 숙여 그 흙을 받아 아난에게 주시면서 말했습니다.

"이 흙으로 내 방바닥을 발라라."

기수급고독원으로 돌아오자 아난은 그 흙으로 부처님 방바닥을 발랐습니다. 아이가 준 흙은 한 줌에 불과해서 방 한 귀퉁이밖에 바르지 못했어요. 아난이 일을 마치고 부처님께 가자 부처님께서 말했습니다.

"아까 기쁜 마음으로 흙을 보시하여 내 방 귀퉁이를 바르게 했던 그 아이는 그 공덕으로 내가 열반에 든 지 백 년 후에 아수가阿輸迦라는 이름의 왕이 될 것이다. 또 목마를 태워 줬던 아이는 대신이 되어 염부제閻浮提에 있는 모든 나라의 일을 관장하며, 삼보를 공경하여 널리 공양을 베풀고, 또 나의 사리를 수습하여 염부제 전역에 팔만 사천의 탑을 세우게 될 것이니라."

아난이 그 말씀을 듣고 매우 기뻐하며 다시 여쭈었습니다.

"부처님께서는 그 옛날 어떤 공덕을 쌓으셨기에 그렇게 많은 탑을 얻는 과보를 받게 되는 것입니까?"

"아난아, 잘 듣고 기억하라. 한량없는 세월 전에 파새기波塞奇라는 이름의 왕이 있었느니라. 그는 염부제의 팔만 사천 나라를 통치하고 있었는데, 그때 세상에는 불사(佛沙)라는 이름을 가진 부처님이 계셨다. 파새기왕은 여러 신민들과 더불어 불사 부처님과 그 제자들에게 공양하고 한량없이 공경하며 흠모해 마지않았다. 그러던 어느 날 파새기왕은 혼자 생각에 잠겼다. '지금 우리나라 백성들은 항상 부처님을 뵙고 예배드리고 공양할 수 있다. 그러나 변방에 있는 소국의 백성들은 그런 복을 닦을 인연이 없구나. 그렇지! 부처님의 초상화를 그려 여러 나라에 보내 모든 이들이 공양하게 해야겠다.' 생각을 마친 파새기왕은 화공들을 모아 부처님의 초상화를 그리게 했다. 화공들은 부처님을 찾아가 그 상호를 보고 그리려 했는데 어찌 된 일인지 한 곳을 그리고 나면 다른 곳을 잊어버리고 마는 것이었다. 다시 부처님의 상호를 자세히 보고 붓을 들어 한 곳을 그리고 나면 또 다른 모습을 잊어버려 도저히 초상화를 완성할 수가 없었다. 그러자 불사 부처님은 미소를 지으시며 여러 가지 물감을 섞어 손수 당신의 초상화를 그리셨다. 화공들이 그것을 본보기로 삼아 초상화를 그리니 어느덧 팔만 사천 장이 되었는데, 그 모든 초상화가 마치 살아 계신 부처님을 담고 있는 듯했다. 파새기왕은 모든 나라에 초상화 하나씩을 보냈다. 그러고는 모든 백성들로 하여금 꽃과 향을 마련하여 그 초상화에 공양하라는 명을 내렸다. 소국의 왕들과 신민들은 부처님의 초상화를 얻게 되자 매우 기뻐하며 공양하고 받들기를 마치 부처님을 직접 뵙는 듯했다. 아난아, 알겠느냐? 그때의 파새기왕이 지금의 이내 몸이니라. 나는 그 당시 팔만 사천의 초상화를 여러 나라에 돌리고 뭇사람들로 하여금 그 초상화를 공양하게 만든 공덕으로 태어날 때마다 천상이나 인간 세상의 왕이 되었고, 얼굴이 단정하고 삼십이 상相과 팔십 종호種好를 갖추었을 뿐 아니라 급기야 부처가 되었다. 또한 열반에 든 뒤에는 다시 팔만 사천의 탑을 얻게 될 것이니라."

아난을 위시한 여러 대중들은 부처님 말씀을 듣고 매우 기뻐하며 받들어 행했습니다.

현우경

진실한 보시

부처님이 비사리 암라수원菴羅樹園에 계실 때, 어느 날 부처님은 제자 아난에게 이렇게 말했습니다.

"네 가지 신족神足을 갖춘 이는 한 겁 동안 살 수 있다. 나는 그 네 가지 신족을 매우 잘 닦았느니라. 그런 내가 얼마나 오래 살 수 있겠느냐?"

그러나 마침 악마에게 홀려 있던 아난은 부처님의 말씀을 듣고서도 아무 대답을 할 수 없었습니다. 이에 부처님께서 다시 말했습니다.

"조용한 곳에 가서 생각해 보거라."

아난이 자리에서 일어나 숲으로 들어가자 마왕 파순波旬이 나타나 부처님께 말했습니다.

209

"부처님께서는 오랫동안 이 세상에 계시면서 교화하셨습니다. 덕분에 생사의 굴레를 벗어난 중생들은 황하의 모래알처럼 많습니다. 하지만 이제 연로하셨으니 그만 열반에 드시는 것이 좋겠습니다."

부처님은 흙을 조금 집어 손톱 위에 얹으시고는 파순에게 말했습니다.

"땅의 흙이 많은가, 이 손톱 위의 흙이 많은가?"

"손톱 위의 흙은 땅에 있는 흙에 비할 바가 못 됩니다."

"지금까지 내가 제도한 중생은 손톱 위의 흙과 같고, 아직 제도하지 못한 중생은 땅의 흙과 같다. 하지만 지금부터 석 달 후에는 열반에 들리라."

파순은 그 말을 듣자 몹시 기뻐하며 춤을 덩실덩실 추면서 사라졌습니다.

그때 숲 속에 있던 아난은 갑자기 잠에 빠져들었어요. 아난은 꿈속에서 하늘을 거의 다 가릴 만큼 커다란 나무를 보았답니다. 그 나무는 가지와 잎이 울창하고 여러 가지 꽃과 열매가 무성하여 일체중생이 그 나무에서 필요한 것을 얻었습니다. 그런데 갑자기 광풍이 일어나 그 나무를 덮치자 가지가 부러지고 잎사귀가 우수수 떨어졌어요. 그 모습을 본 일체중생은 모두 슬퍼해 마지않았습니다.

잠시 후 꿈에서 깬 아난은 두려운 생각이 들었어요.

'꿈속에서 본 나무는 일체중생에게 이로움을 주었는데, 무슨 연유로 광풍을 만나 갑자기 부러진 것일까? 지금 부처님께서 일체중생

에게 이로움을 주시는 것이 마치 그 나무와 같다. 혹시 부처님께서 열반에 드시려고 하는 것이 아닐까?'

생각이 여기에 미치자 아난은 겁이 덜컥 나서 부처님께 뛰어가 꿈 이야기를 해드리고는 여쭈었습니다.

"부처님께서 혹 열반에 드시려는 것이 아닙니까?"

그러자 부처님께서 조용한 목소리로 대답했습니다.

"그렇다. 나는 석 달 후에 열반에 들 것이다. 내가 조금 전에 네게 여래의 수명에 관해 세 번씩이나 물었지만, 너는 대답하지 않았다. 네가 숲으로 간 뒤 마왕이 와서 내게 열반하기를 원했다. 그래서 나 는 이미 허락했다."

아난은 부처님의 말씀을 듣자 곧 가슴이 막히고 눈앞이 아찔하여 어쩔 줄을 몰랐습니다. 잠시 후 그 말을 전해 들은 제자들이 모두 슬 퍼하면서 부처님께 달려왔습니다. 그때 부처님은 아난을 위시한 여 러 제자들에게 말했습니다.

"이 세상의 모든 존재가 무상한데, 그 누가 영원히 살 수 있단 말 이냐? 나는 너희들을 위해 할 일을 이미 마쳤고 할 말 역시 다했느니 라. 이제 너희들은 스스로 부지런히 닦고 익혀야 할 것이다. 근심하 고 슬퍼할 일이 뭐란 말인가? 그렇게 하는 것은 너희들의 수행에 아 무런 도움도 되지 않느니라."

이에 사리불이 부처님께 말씀드렸지요.

"부처님께서는 왜 이렇게 빨리 열반에 드시려고 하십니까? 세상을 밝게 보는 눈이 사라지매, 이제는 의지할 곳이 없습니다. 저는 지금 차마 부처님께서 열반에 드시는 모습을 볼 수 없습니다. 제가 먼저 열반에 들고자 하오니 부처님께서는 부디 허락해 주십시오."

사리불이 세 번이나 간청하자 부처님께서 말했습니다.

"때를 알아서 하라. 모든 성현은 열반에 드는 법이다."

사리불은 부처님이 허락하자 옷을 가다듬고 무릎을 꿇은 채 부처님 주위를 백 번 돌고 나서 다시 부처님 앞으로 나아가 몇 가지 게송으로 부처님의 덕을 찬탄한 후 부처님의 두 발을 받들어 자신의 정수리에 얹어 놓기를 세 번 했습니다. 그러고 나서 부처님께 말씀드렸어요.

"저는 이제 마지막으로 부처님을 뵙습니다."

사리불은 합장을 하고 조용히 물러나서 사미 균제를 데리고 왕사성으로 갔습니다. 이윽고 그곳에 당도하자 사리불은 균제에게 말했어요.

"너는 지금 성안과 여러 마을을 돌아다니면서, 국왕과 대신 그리고 여러 친구들과 시주들에게 내가 열반에 들고자 하니 모두 와서 이별을 하자고 전하라."

균제는 스승의 발에 예배하고 두루 돌아다니면서 말했습니다.

"제 스승이신 사리불 존자께서 이곳에 오셔서 열반에 드시려고 합니다. 마지막으로 뵙고 싶은 분은 지금 가서 만나십시오."

균제의 말을 전해 들은 아사세왕과 그 나라의 거부 및 여러 시주

들은 모두 슬프게 울면서 이구동성으로 말했습니다.

"사리불 존자는 부처님 법을 지키는 대장으로 모든 중생들이 우러러보는 분이신데, 어찌 그리 빨리 열반에 드시려고 하는 것인가?"

사람들은 모두 앞다투어 사리불이 있는 곳으로 달려가 예배하고는 말했어요.

"듣건대 존자께서는 이제 목숨을 버리고 열반에 드신다고 하니, 저희들은 의지할 곳을 잃고 말았습니다."

사리불은 여러 사람들에게 말했습니다.

"이 세상의 모든 존재는 무상해서 태어난 것은 반드시 죽기 마련이오. 삼계三界가 모두 고통 속에 있는데 누가 편안히 있을 수 있겠소? 당신들은 전생에 선업을 쌓은 결과 부처님이 계시는 세상에 태어났소. 부처님의 가르침은 듣기 어렵고 사람의 몸으로 태어나는 것 역시 어려운 일이오. 여러분은 이처럼 좋은 기회를 만났으니 부디 정성껏 선업을 닦아 마침내 생사의 바다를 건너야 할 것이오."

사리불은 계속해서 여러 대중에게 부처님의 가르침을 설했습니다. 그러자 대중 중에는 초과初果, 이과二果, 삼과三果를 얻는 이도 있고, 출가하여 아라한이 되는 이도 있었으며, 또 마음속으로 서원을 세워 불도를 구하는 이도 있었습니다. 대중들은 사리불이 설법을 마치자 예배하고 모두 돌아갔습니다.

이윽고 새벽이 되자 사리불은 몸과 마음을 바로 하고 초선初禪에 들어갔어요. 그렇게 해서 차례로 이선二禪, 삼선三禪, 사선四禪을 거쳐

공처空處, 식처識處, 불용처不用處, 비유상비무상처非有想非無想處, 멸진
정滅盡定을 지나 마침내 열반에 들었습니다.

이때 제석천은 사리불 존자가 이미 열반에 든 사실을 알고는 여러
천신과 권속들로 하여금 갖가지 꽃과 공양거리를 준비하게 해서 하
늘을 가득 메운 채 존자가 열반에 든 곳을 찾아왔습니다. 그들이 눈
물을 흘리자 마치 비가 오는 듯했고, 꽃을 던지자 삽시간에 무릎 높
이까지 쌓였어요. 하늘에서 온 무리들은 제각기 말했습니다.

"존자의 지혜는 바다처럼 깊고, 변론할 때의 목소리는 솟는 샘물
과 같았고, 계율과 선정과 지혜를 갖춘 법의 대장으로 부처님을 좇
아 널리 법륜法輪을 굴리시더니, 어찌 이렇게 빨리 열반에 드셨단 말
인가?"

왕사성과 근처 마을에 사는 사람들은 사리불 존자가 이미 열반했
다는 소식을 듣고는 모두 기름과 향과 꽃을 들고 달려와 애도하며
공양했습니다. 제석천은 비수갈마에게 명하여 여러 가지 보물로 수
레를 꾸민 후 그 속에 사리불을 모시게 했답니다. 그러자 여러 천신
과 용, 귀신 그리고 왕과 대신, 뭇 백성들이 통곡하면서 배웅했습니
다. 이윽고 수레가 넓고도 조용한 곳에 이르자 제석천은 여러 야차
들에게 명령했습니다.

"너희들은 바닷가에 가서 우두전단 향나무를 찾아오너라."

야차들은 눈 깜짝할 사이에 향나무를 구해 와서 높이 쌓은 단 위
에 사리불 존자를 모시고 다비식을 거행했습니다. 제석천 일행은 모

두 예배하고 공양하고 나서 제각기 본래 처소로 돌아갔습니다.

마침내 불이 꺼지자 사미 균제는 사리불의 사리를 거두어 발우에 담고, 삼의三衣를 챙겨서는 부처님께 돌아와 예배를 하고 나서 말씀드렸지요.

"제 스승이신 사리불 존자는 이미 열반에 들었습니다. 이것은 존자의 사리이고, 나머지는 존자가 생전에 쓰셨던 발우와 가사입니다."

그 말을 들은 아난은 갑자기 가슴이 콱 막혀 왔습니다. 아난은 슬픔이 북받쳐 올라 더듬거리며 부처님께 말씀드렸어요.

"법의 대장이셨던 사리불 존자는 이제 열반에 들었습니다. 부처님! 이제 우리는 누구를 의지해야 할까요?"

"사리불은 이미 죽었지만, 그의 계율과 선정과 해탈과 해탈지견解脫知見은 법신法身과 같아 결코 멸할 수 없느니라. 그리고 사리불은 비단 오늘만 나보다 먼저 열반에 든 것이 아니라, 지나간 세상에서도 그런 일이 있었느니라."

"저로서는 알 수 없는 일입니다. 부처님, 지나간 세상에 있었던 일을 들려주십시오."

그러자 부처님께서 다음과 같은 이야기를 들려주었습니다.

한량없는 세월 전, 염부제에 월광月光이라는 이름을 가진 국왕이 있

215

어 팔만 사천 나라를 다스렸다. 월광왕에게는 이만의 부인과 궁녀가 있었는데, 첫째 부인의 이름은 화시花施였다. 또 일만 대신 중 우두머리 이름은 대월大月이었고, 오백 왕자 중 첫째의 이름은 계현戒賢이었다.

월광왕이 사는 성의 이름은 발타기바跋陀耆婆라고 했는데, 그 성의 세로와 가로는 각각 사백 유순由旬이었다. 발타기바 성은 금과 은 그리고 유리와 수정으로 되어 있었고, 사방에 각각 백이십 개의 문이 있었다. 거리가 가지런히 정비되어 있던 그 나라에는 가지가 각각 금, 은, 유리, 수정으로 된 커다란 나무가 있었다. 금가지에는 은으로 된 잎이, 은가지에는 금잎이, 유리가지에는 수정잎, 수정가지에는 유리 잎이 달려 있었다. 또 수많은 연못 역시 금, 은, 유리, 수정으로 되어 있었고, 바닥의 모래 역시 앞서 말한 네 가지 보물로 이루어져 있었다. 월광왕이 사는 내궁은 그 둘레가 사십 리로, 온통 금, 은, 유리, 수정으로 만들어져 있었다. 이렇게 이 나라는 풍요롭기 그지없었고 백성들은 태평성대를 누리고 있었다.

그러던 어느 날 월광왕은 정전正殿 안에 앉아 있다가 문득 이런 생각을 하게 되었다.

'대저 사람이 세상을 살아가매 부귀영화를 누리고 있으면 모든 이가 공경하고 우러러보아, 그 말을 어기려 하지 않는다. 그런 사람은 오五욕을 제 마음대로 충족시킬 수 있나니, 이 과보는 덕을 쌓고 복을 닦음으로 말미암아 이루어진 것이다. 마치 농부가 봄에 씨를 뿌려 여름

216

과 가을에 거두는 이치와 같다. 봄에 열심히 씨를 뿌리지 않으면 여름과 가을에 거둘 것이 없게 된다. 나 역시 전생에 복을 쌓았기 때문에 지금 이런 결과를 얻은 것일 게다. 하지만 지금 또 씨를 뿌리지 않는다면 나중에 얻을 것이 없으리라.'

생각을 마친 월광왕은 여러 신하들을 불러 놓고 말했다.

"이제 짐은 보물 창고를 열어 큰 보시를 행하려고 하오. 일체중생이 필요로 하는 것을 모두 나누어 줄 참이오."

계속해서 월광왕은 팔만 사천의 소국에 명령하여 모두 창고를 열어 일체중생에게 보시하게 했다. 이에 신하들이 이구동성으로 말했다.

"좋은 생각이십니다. 저희들은 폐하의 명령을 따르겠습니다."

신하들은 곧 방방곡곡에 왕의 명령을 전달해서 모든 사람들이 빠짐없이 알게 했다. 그러자 빈궁하고 의지할 데 없는 사람들이 구름처럼 모여들었다. 월광왕은 그들이 필요로 하는 것은 무엇이나 내주었다. 옷이 필요한 자에게는 옷을 주고, 굶은 사람에게는 밥을 주었으며, 병든 이에게는 약을 주었다. 이렇게 해서 염부제에 사는 모든 백성들은 왕의 은혜를 입고 너무나 즐거워했다. 거리마다 집집마다 월광왕의 선행을 칭찬하는 소리가 하늘을 찔렀다.

그때 변방의 소국을 다스리던 비마사나毘摩斯那왕은 천하의 백성들이 월광왕을 사모한다는 말을 듣고는 질투심이 생겨 잠도 편히 잘 수 없었다. 그는 침대에 누워 생각했다.

'저 월광을 없애지 않는 한 내 이름을 만방에 휘날릴 수 없으리라. 가

만히 있을 수 없다. 계략을 쓰자.'

생각을 마친 비마사나왕은 나라 안의 여러 바라문을 초청해 산해진 미를 대접하고 그들의 마음을 샀다. 그렇게 석 달이 지나자 왕은 바라문들에게 말했다.

"요즘 고민거리가 하나 있어 잠조차 편히 잘 수 없다오. 그걸 해결할 방법이 없겠소? 여러분은 내가 공경하는 분들이오. 부디 방법을 생각해서 나를 도와주시오."

"알겠습니다. 전하. 어서 전하의 고민을 말씀해 보십시오."

"천하의 백성들이 월광왕을 사모하는데, 나는 그런 명예를 누리지 못하고 있소. 내 소원은 그를 처치하는 것이오. 그를 처치할 수 있는 방법이 없겠소?"

얘기를 들은 바라문들은 얼굴이 굳어지며 한 목소리로 말했다.

"월광왕은 빈궁하고 어려운 사람들을 가엾게 여기고 도와주는 것이 마치 친부모와 같은데, 어찌 그런 독한 마음을 먹을 수 있단 말입니까? 차라리 지금 이 자리에서 죽는 한이 있더라도 그런 못된 짓을 꾸밀 수는 없습니다."

바라문들은 말을 마치자 비마사나왕을 비난하며 서둘러 자리를 뜨고 말았다. 비마사나왕은 부끄럽기 그지없었으나 이미 속셈을 밝힌 김에 기어이 일을 치르고 말리라 하고는 온 나라에 방을 붙이게 했다.

"월광왕의 머리를 가져오는 이에게 이 나라의 절반을 주고 사위로 삼으리라."

그때 어느 산의 중턱에 살고 있던 노도차勞度差라는 바라문이 그 방을 읽고는 곧장 왕을 찾아왔다. 왕은 매우 기뻐하며 노도차에게 말했다.

"이를 제대로 해내기만 하면 나는 반드시 약속을 지킬 것이다. 언제쯤 떠나려 하는가?"

노도차가 자신 있는 목소리로 대답했다.

"노자를 마련해 주십시오. 그러면 칠 일 후에 떠나겠습니다."

칠 일이 지난 후 노도차는 왕에게 여비를 받아 들고는 곧 월광왕의 나라로 떠났다.

그 무렵 월광왕의 나라에는 여러 가지 변괴가 생겼다. 지진이 일어나 곳곳의 땅이 갈라지고, 번개와 함께 하늘의 별들이 떨어지는가 하면, 대낮에 갑자기 짙은 안개가 일어 밤처럼 어두워지고 뇌성이 울려 댔다. 두려움에 하늘을 나는 새들은 깃털이 빠지고, 호랑이와 표범 같은 길짐승 역시 두려워 벼랑에 몸을 던져 죽기도 했다. 또한 팔만 사천 소국의 왕들 모두 월광왕을 상징하는 깃발이 부러지고 금북이 찢어지는 꿈을 꾸었다. 대월 대신은 꿈속에 귀신이 나타나 월광왕의 금관을 빼앗는 꿈까지 꾸었다. 그들은 한결같이 근심 때문에 잠시도 마음이 편치 않았다.

발타기바 성을 수호하는 신은 노도차가 월광왕의 머리를 얻으려 한다는 사실을 알고는 마음이 어지러워 그 누구도 성안에 들어오지 못하게 했다. 노도차는 성 주변을 몇 바퀴 돌아보았지만 아무리 해도 들어갈 수가 없었다.

이때 수타회首陀會라는 천신이 왕의 꿈속에 나타나 말했다.

"지금 대왕의 머리를 얻으려는 이가 성안으로 들어오지 못하고 있소. 대왕께서 보시를 행하기로 서원했던 그 마음을 어기지 않으시려면 그를 막지 말아야 할 것입니다."

월광왕은 꿈이 깨자마자 곧 대월 대신을 불러 성문을 열어 두라는 명을 내렸다.

대월 대신이 성문에 이르자 성을 수호하는 신이 나타나 말했다.

"외국에서 온 바라문이 악한 마음을 품고 월광왕의 머리를 얻으려고 합니다. 그래서 제가 들어오는 것을 막고 있습니다."

"하지만 대왕의 명령 역시 어길 수가 없으니 정말 큰일입니다."

그러자 신은 더 이상 사람들의 출입을 막지 않았다. 대월 대신은 속으로 생각했다.

'그 바라문이 기어이 왕의 머리를 달라고 하면, 칠보로 만든 오백 개의 머리로 대신해 보자.'

대월 대신은 대장장이들을 시켜 그것을 준비하게 했다. 그때 노도차는 이미 내궁 앞에 이르러 큰 소리로 외쳐 댔다.

"저는 외국에서 온 바라문입니다. 월광왕이 모든 것을 보시하여 다른 사람의 뜻을 거스른 적이 없다는 말을 듣고 이렇게 일부러 멀리서 왔습니다."

월광왕은 좌우에 명하여 그를 들어오게 하고 나서 말했다.

"먼 길을 오느라 수고가 많았겠소. 어디 소원을 말해 보시오. 나라나

성, 처자나 하인, 보물 등 가지고 싶은 것이 있다면 모두 주겠소."

"그러한 물건들은 아무리 많이 보시해도 그 갚음은 그리 크지 않습니다. 오직 몸의 살을 보시해야 헤아릴 수 없는 복을 얻게 되는 것입니다. 제가 이렇게 먼 길을 일부러 온 것은 바로 대왕의 머리를 얻고자 함입니다. 부디 대왕의 머리를 보시해 주시기 바랍니다."

그 말을 들은 월광왕이 화를 내기는커녕 매우 기뻐하자 노도차가 다시 물었다.

"머리를 보시하신다면 언제쯤 제게 주실 겁니까?"

"칠 일 뒤에 드리겠소."

그때 대월 대신이 칠보로 만든 머리를 가지고 달려와 노도차를 달래면서 말했다.

"사람의 머리는 뼈와 살로 이루어진 더러운 물건에 불과한데, 무엇 때문에 굳이 그것을 구하려고 하는 것이오? 여기 칠보로 만든 머리가 있으니, 이것을 대왕의 머리 대신 가져가시오. 이것만 있으면 평생 호의호식하며 살 수 있을 것이외다."

그러나 노도차는 막무가내였다.

"내가 보시받고자 하는 것은 바로 월광왕의 머리일 뿐 다른 것은 필요 없소."

대월 대신은 계속해서 노도차를 달랬지만 소귀에 경 읽기였다. 대월은 너무 화가 나고 분한 나머지 심장이 찢어져 그 자리에서 죽고 말았다. 그러자 월광왕이 좌우에 명령했다.

"하루 팔천 리를 달릴 수 있는 코끼리를 타고 만방에 알려라. 앞으로 칠 일 후에 짐의 머리를 이 바라문에게 보시하리라. 그러니 나를 만나고 싶은 사람은 빨리 와서 보라고 말이다."

소식을 전해 들은 팔만 사천의 여러 왕들은 순식간에 몰려와 가슴을 치면서 말했다.

"염부제의 모든 사람들은 대왕의 하해와 같이 넓고 깊은 은혜를 받아 아무 근심 없이 즐겁게 살고 있습니다. 그런데 어찌 한 사람을 위해 다른 모든 백성을 버리려고 하십니까? 부디 저희 모두를 가엾게 여겨 절대로 머리를 보시하지 마십시오."

대신들 역시 모두 땅에 몸을 던지고 가슴을 치며 울부짖었다.

"제발 저희들을 불쌍히 여겨 머리를 보시하지 마십시오. 머리를 보시하는 것은 곧 저희들을 영원히 버리시는 것입니다."

왕비와 궁녀들도 피눈물을 흘리며 간청했다.

"대왕께서 머리를 보시하신다면, 저희들은 이제 누구를 의지해서 살아간단 말입니까?"

계속해서 오백 왕자들이 앞으로 나서며 말했다.

"저희들은 아직 어린아이에 불과한데 부왕 폐하께서 돌아가시면 누구를 의지한단 말입니까? 부디 저희들을 가엾게 여겨 머리를 보시하지 마시고, 오랫동안 장수를 누리며 저희들을 지켜 주소서."

월광왕은 손을 들어 모두들 조용하게 한 다음 말했다.

"돌이켜 보면 지금껏 윤회하며 생사를 겪은 것이 어디 한두 번이겠느냐? 지옥에 있을 때는 하루에도 수도 없이 나고 죽곤 했다. 말로 다할 수 없이 두려운 여러 지옥에서 몸이 타고 찔리면서 무수히 죽었지만 아무런 복의 갚음도 얻지 못했다. 짐승으로 태어나서는 서로 잡아먹고 잡아먹히기도 했고, 또 사람들에게 잡혀 한 끼 식사거리가 되기도 했지만, 몸을 헛되이 버렸을 뿐 아무런 복의 갚음도 없었다. 아귀로 태어났을 때는 몸에서 불길이 치솟았고, 바퀴가 날아와 내 목을 끊으면 죽었다가 다시 살아나곤 했다. 그렇게 해서 무수히 많은 죽음을 맛보았지만 아무런 복의 갚음도 없었다. 인간으로 태어나자 재물과 여자를 얻겠다는 생각에 눈을 부릅뜨고 좌충우돌하며 남을 해치고, 전쟁을 일으켜 서로 죽이기를 일삼았으니, 이렇게 해서 스스로의 몸을 죽인 적도 셀 수 없이 많았다. 탐욕과 성냄과 어리석음 때문에 그렇게 스스로의 몸을 여러 번 죽였으나 아무런 복도 짓지 못했었다. 지금 이내 몸은 여러 가지 더러운 물건으로 가득 차 있는 것일 뿐이라 영원하지 못할 것이며 또 언젠가는 버리고야 말 것이다. 아무것도 아닌 이 머리를 버려 커다란 이익과 바꿀 수 있다는데, 왜 주지 않는단 말인가? 이제 나는 이 머리를 저 바라문에게 보시하고, 그 공덕으로 반드시 불도를 구할 것이다. 만일 불도를 성취하고 여러 가지 공덕을 모두 다 갖추게 되면 너희들을 모두 고통에서 건져 낼 것이다. 이제 보시를 하려고 하는 내 마음이 무르익어 가고 있으니, 부디 도를 구하려고 하는 나의 뜻을 막지 말기 바란다."

월광왕이 말을 마치자 대중들은 꿀 먹은 벙어리처럼 아무런 말도 없었다. 월광왕은 노도차에게 말했다.

"내 머리를 가지고자 한다면 지금 당장 가져가거라."

그러자 노도차는 주위를 살피면서 말했다.

"이렇게 많은 사람들이 지켜보고 있는데 어찌 그렇게 할 수 있겠습니까? 그렇게 했다간 당장 저들에게 맞아 죽고 말 것입니다. 제가 대왕의 머리를 벨 수 있게 아무도 없는 곳으로 가십시다."

월광왕은 여러 소국의 왕과 신하 그리고 왕자들에게 말했다.

"너희들이 진정으로 나를 사모하고 공경한다면 무슨 일이 있어도 이 바라문을 해쳐서는 안 된다."

월광왕은 노도차를 데리고 후원으로 갔다. 노도차는 주위에 아무도 없는 것을 확인하고는 말했다.

"대왕께서는 아직 젊고 힘도 장사이십니다. 머리를 베이는 고통 때문에 다른 마음을 품으신다면 제가 어찌 당할 수 있겠습니까? 그러니 왕의 머리카락을 저 나뭇가지에 단단히 붙들어 맨 다음 머리를 베겠습니다."

월광왕은 튼튼한 나뭇가지를 골라 자신의 머리칼을 굳게 붙들어 매고 무릎을 꿇고 앉아서는 노도차에게 말했다.

"내 머리를 베어 내 손바닥 위에 떨어지게 한 다음 가지고 가라. 이제 내 머리를 너에게 준다. 이 공덕으로 내가 구하고자 하는 것은 범천, 제석천이나 마왕 같은 신이 되는 것도 아니고 전륜성왕이 되는 것도 아니며, 삼계三界의 즐거움을 얻고자 하는 것도 아니다. 나는 이 공덕으로 바르고 참된 도를 얻어 반드시 중생들을 구제하여 열반의 즐거움에 이르게 할 것이다."

왕이 말을 마치자 노도차는 칼을 들고 머리를 베려 했다. 이때 수신樹神이 더 이상 못 참겠다는 듯이 바람처럼 나타나서 노도차의 귀를 잡고 목을 비틀었다. 노도차는 고통에 못 이겨 칼을 떨어뜨리고는 꼼짝하지 못하고 있었다. 그러자 월광왕이 수신에게 말했다.

"나무의 신이여! 나는 먼 옛날부터 이 나무 아래에서 구백구십구 개의 머리를 보시했다. 이제 하나만 더 보시하면 천 개가 되니, 내 보시를 원만하게 이루어 위없는 도를 구하려고 하는 내 뜻을 어기지 말라."

수신은 월광왕의 말을 듣고는 어쩔 수 없다는 듯이 한숨을 내쉬며 노도차 바라문을 풀어 주었다. 노도차는 시간을 끌면 또 무슨 일이 생길지 알 수 없다는 듯 단칼에 왕의 머리를 베어 버렸다. 머리는 곧 왕의 손바닥 위에 떨어졌다. 그때 천지가 요동치고 하늘에 있는 천신들의 궁전마저 흔들렸다. 천신들은 무슨 일 때문인가 하고 살펴다가 마침내 월광왕이 일체중생을 위해 머리를 보시한 사실을 알아냈다. 그들은 모두 월광왕의 후원으로 내려와 왕의 보시행에 감격의 눈물을 비처럼 쏟으며 울먹였다.

"월광왕이 마침내 머리를 보시했으니, 이제 보시 바라밀波羅密이 완전하게 이루어졌도다, 이루어졌도다."

천신들의 목소리는 곧 천하에 두루 퍼졌다. 비마사나왕은 그 말을 듣

225

고는 기뻐 날뛰다가 그만 심장이 찢어져 피를 토하고 죽고 말았다.

한편 노도차는 왕의 머리를 들고 본국으로 향했다. 노도차의 손에 들려 있는 왕의 머리를 본 여러 신하와 부인, 왕자들은 모두 까무러쳐 땅에 쓰러졌다가 깨어나서는 다시 쓰러져 정신을 잃었다.

또 길가에서 그 모습을 본 백성 중에는 슬픔 때문에 피를 토하고 죽는 이도 있었고, 놀라서 실성하는 이도 있었다. 사람들은 자기 머리털을 쥐어뜯고 제 옷을 찢고 땅바닥을 뒹굴며 슬피 울부짖었다.

며칠이 지나 왕의 머리가 썩기 시작하자 노도차는 냄새를 참을 수 없어 곧 땅에 버리고 짓밟았다. 그러자 그 모습을 본 어떤 이가 말했다. "넌 정말 못된 인간이로구나. 이렇게 내버리려고 했다면 도대체 왜 머리를 달라고 했던 게냐?"

노도차를 알아본 사람들은 차마 월광왕의 유언 때문에 그를 죽이지는 못했으나, 계속 그를 따라가며 꾸짖고 욕을 해 댔다. 노도차는 목마르고 굶주려서 밥을 빌어먹으려 했지만, 쌀 한 톨 보시하는 이가 없었다. 그는 피로가 극에 달해 길가 나무에 기대어 앉아 있다가 행인들의 말을 듣고는 깜짝 놀랐다. 비마사나왕이 이미 죽었다는 것이었다. 노도차는 자신의 꿈이 산산조각 났다는 사실에 가슴을 쥐어뜯으며 슬퍼하다가 그만 심장이 일곱 갈래로 찢어져 그 자리에서 즉사하고 말았다.

비마사나왕과 노도차 바라문은 목숨을 마친 후 아비지옥에 떨어졌고, 왕의 죽음을 보고 슬퍼하다 목숨을 잃은 여러 백성들은 모두 천상에 태어났다.

이야기를 마친 부처님이 덧붙이셨습니다.

"아난아, 당시의 월광왕은 바로 지금의 이내 몸이고, 비마사나왕은 마왕 파순이며, 노도차 바라문은 제바달다 그리고 대월 대신은 사리불이니라. 사리불은 그때도 내가 먼저 죽는 모습을 차마 볼 수 없어 먼저 죽더니, 지금에 와서도 내가 열반에 드는 모습을 차마 보지 못해 먼저 열반에 든 것이니라."

현우경

교만의 죄

부처님이 사위성 기수급고독원에 계실 때 일입니다. 그때 사리불 존자는 하루 세 번씩 천안天眼으로 세상을 살펴보면서, 제도할 만한 자가 있으면 곧바로 달려가 제도했습니다.

그즈음 일단의 상인들이 외국으로 떠나면서 개 한 마리를 데리고 갔습니다. 길을 가다 피곤해지자 상인들은 길가에서 잠시 낮잠을 청했는데 이때 개가 보는 사람이 없는 틈을 타서 상인들이 지니고 있던 고기를 몰래 훔쳐 먹었답니다. 잠시 후 잠에서 깬 상인들은 개가 고기를 먹어 치운 사실을 알아채고는 몹시 화가 나서 몽둥이로 개의 다리를 부러뜨리고는 벌판에 버려두고 떠났습니다.

그때 사리불은 먼 곳에서 천안통天眼通으로 그 개가 땅에 쓰러져 고통과 굶주림으로 거의 죽어 가고 있는 모습을 보게 되었지요. 개가 측은했던 사리불은 가사와 발우를 들고 바삐 성안으로 들어가 걸식을 해서 얻은 음식을 개에게 주었습니다. 허겁지겁 음식을 먹어 치운 개는 은혜에 감사를 표하는 듯 꼬리를 열심히 흔들어 댔지만, 이내 그 목숨을 다하게 될 지경에 이르렀지요. 사리불은 그 개를 위해 부처님의 가르침을 설해 주었습니다.

숨을 거둔 그 개는 사위성의 어느 바라문 집에 사람으로 다시 태어나게 되었어요.

그 후 어느 날 사리불은 홀로 성안을 거닐며 걸식을 하고 있었습니다. 한 바라문이 그 모습을 보고 물었어요.

"존자님은 어이하여 홀로 다니십니까? 사미가 없습니까?"

"제게는 아직 사미가 없답니다. 듣자하니 그대에게 아들이 있다 하는데 제게 주실 수 없겠습니까?"

"제 아들의 이름은 균제均提라고 합니다. 그런데 나이가 너무 어려 간단한 심부름조차 할 수 없답니다. 그러니 좀 더 자란 후에 존자님께서 제자로 받아들여 주십시오."

사리불은 바라문의 약속을 마음에 새겨두고 기수급고독원으로 돌아왔습니다.

세월이 꽤 흐른 후 사리불은 바라문을 찾아가 아들을 달라고 청했습니다. 그때 균제의 나이는 일곱 살이었어요. 바라문은 옛날의 약속대로 아들을 사리불에게 맡겨 스님의 길을 가도록 했습니다.

사리불은 균제를 데리고 기수급고독원으로 돌아와 여러 가지 가르침을 자세히 설명해 주었어요. 그러자 균제는 곧 마음이 열려 아라한의 경지에 올라 여섯 가지의 신통력과 여러 가지의 공덕을 갖추게 되었습니다.

어느 날 균제는 문득 궁금해졌어요.

'나는 전생에 무슨 업을 지었을까? 또한 이렇게 거룩한 스승님을 만나 도를 깨우치게 된 연유는 무엇일까?'

묵묵히 전생을 살펴보던 균제는 한탄하듯 중얼거렸습니다.

"아, 나는 전생에 한 마리 개였었구나. 다 죽어 가던 나를 스승님께서 살리셨고, 또한 사람 몸을 받아 태어나게 도와주시고는 마침내 도까지 얻게 해 주셨구나."

균제는 환희심에 미소 지으며 생각했습니다.

'나는 스승님의 은혜로 말미암아 온갖 고통을 벗어나게 되었다. 이제 나는 목숨을 마칠 때까지 스승님을 공양하면서 언제까지나 사미로 있으며 대계大戒는 받지 않으리라.'

그때 사미의 속마음을 읽은 아난이 부처님께 여쭈었어요.

"부처님, 정말 알 수 없는 일입니다. 사미 균제는 전생에 무슨 악업을 지었기에 개로 태어났던 것입니까? 또 어떤 선업을 쌓았기에 해탈을 얻게 된 것입니까?"

부처님은 다음과 같은 이야기를 들려주었습니다.

먼 옛날 가섭불이 이 세상에 계실 때 여러 비구들이 한곳에 모여 살고 있었다. 그때 목소리가 아주 고운 한 젊은 비구가 범패梵唄를 잘 불러 사람들이 앞다투어 즐겨 들었다. 그런데 한 늙은 비구는 타고난 목소리가 둔탁하여 범패를 잘 부르지 못했는데도 늘 범패를 부르며 혼자 즐겼다. 늙은 비구는 이미 아라한의 경지에 올라 사문이 갖추어야 할 모든 공덕을 완전히 갖춘 자였다.

한번은 목소리가 고운 젊은 비구가 그 늙은 비구의 범패 부르는 소리를 듣고는 조롱하며 말했다.

"장로님의 목소리는 마치 개가 짖는 것과도 같습니다."

젊은 비구가 제 목소리가 고운 것을 믿고 기고만장하자 늙은 비구는 조용히 물었다.

"너는 나를 아는가?"

"알다마다요. 장로님 역시 가섭불의 제자가 아니십니까?"

"나는 이미 아라한의 도를 얻었고, 사문이 갖추어야 할 모든 공덕을 갖추고 있노라."

이 말을 듣자 젊은 비구는 깜짝 놀라 온몸의 털이 곤두설 정도였다. 젊은 비구는 황급히 무릎을 꿇으며 방종하게 군 죄를 간곡하게 참회했다. 늙은 비구는 그 비구의 참회를 받아 주었으나, 젊은 비구는 욕을 한 업보로 오백 세 동안 개로 태어나 천대를 받았다. 그러나 그때 출가하여 청정한 계율을 지킨 적이 있었으므로 오늘날 불도를 만나 마침내 해탈을 얻게 된 것이다.

현우경

끝없는 탐욕의 결과

부처님께서 사위성 기수급고독원에서 천이백오십 인의 비구와 함께 계실 때였습니다. 그때 비구들은 꾸미는 것을 좋아하고 이름과 이익에 집착하여 재물을 잔뜩 쌓아 두고 만족할 줄 몰랐어요. 부처님은 비구들의 그러한 태도를 염려하여 이익을 탐하는 데서 비롯되는 해악에 관하여 말했습니다.

"대저 탐욕을 부리면 현세에서는 신명을 해치고 마침내는 삼악도에 떨어져 한량없는 고통을 당하게 되는 법이다. 나 역시 지나간 세상에서 탐욕을 부리다 타락하여 갖가지 고통을 받았던 일을 기억하고 있다."

아난은 무릎 꿇고 합장하며 부처님께 말씀드렸습니다.

"부처님, 그 지나간 세상의 일을 들려주십시오."

그러자 부처님께서 다음과 같은 이야기를 들려주었습니다.

한량없는 세월 전, 염부제에 구살리瞿薩離라는 이름을 가진 한 왕이 있었다. 그는 천하의 팔만 사천 나라를 다스렸고, 이만 명의 부인과 궁녀 그리고 만 명의 신하를 거느리고 있었다.

그런데 어느 날 왕의 정수리에 혹 하나가 갑자기 생겼다. 그 혹은 마치 누에고치처럼 생겼는데, 깨끗하고 환한 것이 만져도 전혀 아프지 않았다. 혹이 차츰 커져 박 만해졌을 때 그것을 가르자 안에서 옥동 자 하나가 나왔다. 옥동자의 몸은 자금색이요, 머리카락은 검푸르고, 얼굴은 단정하기 그지없었다. 왕은 세상에 참 희한한 일도 다 있다고 푸념을 하다 관상쟁이를 불러 길흉을 점치게 하였다. 관상쟁이는 옥 동자의 관상을 보고 나서 말했다.

"이 아이는 덕을 타고났고 관상 또한 비길 데가 없으니 장차 성왕聖王 이 되어 사방 천하를 다스리게 될 것입니다."

관상쟁이의 말을 들은 왕은 옥동자에게 정생이라는 이름을 지어 주 었다. 정생은 점차 성장하여 관상쟁이 말 그대로 훌륭한 청년이 되었 다. 왕은 몹시 기뻐하며 한 나라를 떼어 통치하게 하였다.

얼마 후, 왕은 몹쓸 병에 걸려 사경을 헤매게 되었다. 왕의 통치하에 있던 여러 소국의 왕들이 먼 길을 달려와 극진하게 간호했으나, 왕은 끝내 목숨을 마치고 말았다. 이 세상에 죽음을 면할 자 그 어디에 있 겠는가.

여러 소국의 왕들이 정생을 찾아가 말했다.

"대왕께서 운명하셨으니 부디 왕위를 이어 주십시오."

그러자 정생이 다부진 목소리로 말했다.

"만일 내가 왕이 될 수 있는 복이 있다면, 반드시 네 개의 하늘과 제 석천이 내려와 나를 추대할 것이오. 그러면 왕위를 사양하지 않겠 소."

정생이 말을 마치자 네 개의 하늘이 내려와 각기 들고 온 보병寶瓶 속 에 들어 있는 향수를 정생의 머리 위에 뿌렸다. 잠시 후 제석천이 보 관을 가지고 나타나서 머리에 씌워 주었다. 그 모습을 지켜본 여러 왕들은 감탄하다가, 정생에게 큰 나라 왕이 다스리는 곳으로 가기를 권했다. 그러자 정생이 다시 입을 열었다.

"만약 내가 큰 나라의 왕이 될 복을 가지고 있다면, 그 나라가 내게 올 것이요, 내가 그 나라로 가지는 않을 것이다."

정생이 입을 다물자 큰 나라에 있던 모든 궁전과 동산 그리고 연못이 그 앞에 나타나고, 금륜金輪, 코끼리, 말, 옥녀玉女와 신주神珠 외에 여러 신하와 군대가 바람처럼 모여들었다.

이렇게 하여 사방 천하를 다스리는 전륜성왕轉輪聖旺이 된 정생왕은 여러 나라를 순행하던 길에 백성들이 밭을 갈고 씨를 뿌리는 모습을 보고 신하에게 물었다.

"저 사람들은 지금 무엇을 하고 있는가?"

"대왕이시여, 몸을 가진 무리는 먹어야 살 수 있습니다. 저 사람들은 먹고살고자 곡식을 심고 있는 것입니다."

신하의 대답을 들은 정생이 하늘을 우러러보고 외쳤다.

"내게 복이 있다면, 온갖 맛을 갖춘 음식이 저절로 생겨 모든 중생들의 배를 채우게 해 주소서."

그러자 셀 수 없이 많은 갖가지 음식들이 땅 속에서 솟아났다.

다시 길을 가다 정생은 길쌈하는 사람들을 보고는 신하에게 물었다.

"저들은 무엇을 하고 있는 것인가?"

"이제 먹을 것은 걱정하지 않아도 되겠지만, 벗고 다닐 수는 없으므로 저렇게 길쌈하여 옷을 만드는 것입니다."

정생은 다시 서원을 세웠다.

"내게 진짜 복이 있다면, 만백성이 입을 수 있는 옷이 절로 생겨 모자람이 없게 하소서."

정생이 서원을 마치자 이내 모든 나무에서 갖가지 옷이 마치 열매처럼 열리기 시작했다. 그 양이 얼마나 많았던지 만백성이 가져가고도 남을 정도였다.

정생은 어느 날 다시 궁을 나섰다가 여러 사람들이 악기를 만들고 있는 모습을 보고는 다가가 물었다.

"너희들은 지금 무엇을 하고 있는 게냐?"

사람들이 조심스럽게 대답했다.

"옷과 음식은 넘쳐 날 정도로 풍족하지만, 음악이 없기 때문에 악기를 만들어 즐기려고 하는 것입니다."

정생은 고개를 끄덕이고 나서 다시 발원을 했다.

"만일 내게 복이 있다면, 온갖 악기가 저절로 생겨나게 하소서."

그러자 모든 나뭇가지에 온갖 악기가 돋아나기 시작했다. 사람들이 그것을 걷어다가 연주를 하면 듣는 사람은 모두 즐거워했다. 정생의 덕이 하해와 같아 백성들은 태평성대를 누렸고, 하늘에서는 칠보七寶가 쏟아져 온 나라를 가득 채웠다. 그 모습을 본 정생은 신하들에게 물었다.

"이렇게 된 것은 누구의 덕 때문인가?"

신하들이 입을 모아 대답했다.

"그것은 대왕의 덕이자 또한 백성의 복입니다."

그런데 정생은 수긍하지 못하겠다는 듯 고개를 설레설레 젓더니 하늘을 보고 외쳤다.

"만일 이것이 백성의 복이라면 어디나 가릴 것 없이 보물이 쏟아지게 하시고, 저 혼자의 덕 때문이라면 궁궐에만 쏟아지게 하소서."

정생이 서원을 마치자 오직 궁궐에만 칠 일 동안 보물이 마치 비처럼 쏟아졌다. 그렇게 해서 정생은 염부제에서 아무 걱정 없이 오욕을 누리면서 팔만 사천 년의 세월을 보냈다.

그러던 어느 날 한 야차가 궁궐 앞에 나타나 목청껏 외쳤다.

"동방에 불파제弗婆提라는 나라가 있는데, 그곳의 즐거움은 이 나라에 비할 바가 아닙니다. 대왕께서는 그곳에 가셔서 즐거움을 누리소서."

정생이 좋다고 하며 불파제국으로 떠나려 하자, 금륜이 앞장서 구르고 여러 신하들과 칠보가 그 뒤를 따랐다. 왕이 그곳에 이르자 여러 소국의 왕들이 찾아와 문안을 드렸다. 정생은 그 나라에서 다시 오욕을 마음껏 충족시키면서 팔억 년을 지냈다.

그러던 어느 날 다시 야차가 나타나 외쳤다.

"대왕이시여, 여기서 서쪽으로 가면 구야니국瞿耶尼國이 있는데, 그곳 역시 즐겁기 그지없는 곳입니다. 대왕께서는 그리로 가 보십시오."

정생은 곧 구야니국으로 가서 오욕을 마음껏 누리면서 십팔억 년의 세월을 보냈다. 그런데 얼마 후 또 야차가 나타나 말했다.

"대왕이시여, 사천왕四天王이 사는 곳의 즐거움은 가히 헤아리기 힘들 정도입니다. 그곳에 가셔서 즐기십시오."

정생은 여러 신하와 네 종류의 군대를 거느리고 허공을 타고 하늘로 올라갔다. 이 모습을 멀리서 바라본 사천왕은 심히 두려운 생각이 들어 곧 병사를 소집하여 항거하였다. 그러나 정생의 군대를 막을 수 없어 모두 도망가 버리고 말았다. 정생은 그곳에서도 즐겁게 지내면서 십억 년을 보냈다.

십억 년이 지나자 정생은 싫증을 느껴 도리천忉利天에 올라가 보리라 생각하고는 병사들을 대동하고 더 위로 올라갔다. 그때 오백 명의 선인仙人들이 수미산 중턱에 살고 있었는데, 왕이 탄 코끼리와 말의 똥과 오줌이 아래로 떨어져 그만 선인들의 몸을 더럽히고 말았다. 이에 깜짝 놀란 선인들이 서로 물었다.

"이게 도대체 어찌된 일일까?"

그때 선인 중에서 지혜로운 이가 앞으로 나서면서 말했다.

"정생이 병사들을 이끌고 삼십삼천으로 올라가려 한다는 말을 들은 적이 있는데, 이 똥과 오줌은 그가 타고 가는 말과 코끼리가 흘린 것일 게요."

"아니, 그게 정말이오? 그렇게 방자할 수가……"

선인들은 불같이 화가 나서 주문을 외우기 시작했다. 그러자 정생과 그 무리들은 그 자리에서 꼼짝달싹할 수 없게 되었다. 선인들이 방해하고 있다는 사실을 알게 된 정생은 그 자리에서 서원을 세웠다.

"만일 제게 복이 있다면, 저 선인들로 하여금 저를 돕게 하소서."

정생의 복과 덕이 얼마나 컸던지, 선인들은 앞다투어 달려와 수레를 밀고 말을 몰아 함께 천상으로 올라갔다.

천상에 도달한 그들 일행의 눈앞 저 멀리에 쾌견성快見城이 보였는데, 그 웅장함과 아름다움은 뭐라고 형언할 수 없을 정도였다. 쾌견성에는 문이 천이백 개가 있었다. 천신天神들은 정생의 무리를 보자 두려운 생각이 들어 모두 성안으로 들어가 일제히 문을 닫고 세 겹으로 쇠 빗장을 걸어 잠갔다. 그러나 정생의 군사들은 조금도 머뭇거림 없이 앞으로 나아갔다. 정생이 고동을 불고 활시위를 당기자 천이백 개의 문이 동시에 활짝 열렸다. 어쩔 수 없이 제석천왕이 직접 나와 정생을 청해 성안으로 들어가서는 자리를 나누어 나란히 앉았다. 신기하게도 천신의 왕인 제석천왕과 인간의 왕인 정생은 그 모습이 마치 쌍둥이처럼 닮아 있었다. 처음 보는 이는 누가 누군지 알아볼 수 없을 정도였으나, 다만 제석천왕의 눈 깜빡임이 조금 더딜 뿐이었다. 정생은 오욕을 누리면서 무려 삼십육 명의 제석천왕이 대를 잇는 것을 보았는데, 그 마지막 제석천왕이 바로 마하가섭이었다.

정생이 천상에서 그렇게 살고 있던 어느 날, 아수라왕이 군사를 일으켜 제석천왕을 공격했다. 제석천왕은 곧 군사를 대동하고 성 밖으로 나가 싸웠으나 아수라왕에게 패한 뒤 성으로 들어와 문을 걸어 잠갔다. 이에 정생왕이 성 밖으로 나가 고동을 불고 활시위를 당기자 아수라왕의 군대는 삽시간에 무너져 줄행랑을 치고 말았다.

아수라왕을 물리친 정생은 속으로 생각했다.

'이 우주에 감히 나를 대적할 수 있는 자가 있을까? 그런데 제석천왕과 나란히 앉아 있을게 뭐란 말인가? 당장 제석천왕을 해치우고 혼자서 왕 노릇을 해야겠다.'

정생이 이렇게 악심을 품자마자 그는 눈 깜짝할 사이에 하늘에서 인간 세상에 있는 본래의 궁전 앞에 떨어져 거의 죽을 지경에 이르렀다. 궁궐에 남아 있던 사람들이 몰려들어 수선을 떨었으나, 정생의 죽음을 막을 수는 없는 노릇이었다. 그중 한 신하가 마지막 숨을 헐떡거리고 있는 정생에게 물었다.

"폐하, 만일 훗날 세상 사람들이 폐하의 죽음에 관해서 묻는다면 어찌 대답해야 할까요?"

정생은 고통스럽게 숨을 들이마시고는 말했다.

"정생은 탐욕 때문에 비명횡사했다고 전하라. 사십억 년 동안 네 개의 천하를 다스렸고, 칠 일 동안이나 보물을 비처럼 내리게 했고, 또 한두 가지 하늘에 머물며 온갖 영화를 누렸음에도 만족할 줄 모르고 도리어 악한 마음을 품어 하늘에서 떨어져 죽게 되었다고 말하거라."

현우경

마음먹은 대로 이룬다

부처님이 왕사성 죽원에 계실 때 구살라국拘薩羅國에 담마관질曇摩貫質이라고 하는 한 장자가 있었습니다. 그는 그 나라에서 둘째가라면 서러워할 갑부였으나 슬하에 자식이 없었어요. 그래서 그는 천지신 명에게 빌어 아들을 구했습니다. 그 간곡한 정성이 하늘을 감동시켰던지 어느 날 아내가 임신을 하게 되었어요.

이윽고 열 달이 차자 무척 귀엽게 생긴 아들을 낳았습니다. 장자는 몹시 기뻐하며 관상쟁이를 불러 관상을 보게 했어요. 관상쟁이는 입에 침이 마르도록 칭찬을 했고, 그로 인해 단미리檀彌離라는 이름을 얻게 되었지요.

단미리가 어른이 될 무렵, 갑자기 담마관질 장자가 세상을 떠났습

니다. 그러자 바사닉왕은 아버지의 벼슬을 아들인 단미리에게 물려
주었어요.

그즈음 구살라국의 왕자 유리流離가 열병에 걸려 거의 죽을 지경
에 이르렀습니다. 바사닉왕은 용하다는 의사들을 불러 치료하게 했
으나 아무런 차도가 없었지요. 바사닉왕은 사랑하는 왕자가 세상을
뜰까 걱정해 침식조차 잊을 정도였어요. 이때 한 의사가 처방을 내
렸습니다.

"우두전단을 몸에 바르기만 하면 곧 나을 것입니다."

"오, 그래? 그 말이 한 치도 틀림없는 사실이렷다. 여봐라, 누구든
지 우두전단을 구해 오는 자가 있으면 상금으로 황금 천 냥을 주리
라. 어서 방을 붙여라."

이렇게 해서 방방곡곡에 알렸으나 우두전단을 가지고 오는 이가
없었어요. 그때 한 사람이 바사닉왕을 찾아와 말했습니다.

"소인이 알기로는 단미리 장자 집에 우두전단이 많이 있는 듯합
니다."

그 말을 들은 바사닉왕은 자리에서 벌떡 일어나 몸소 말을 타고
구하러 나섰어요. 왕이 단미리의 집 앞에 도착하자 문지기가 안으로
들어가 알렸습니다.

"마님, 지금 밖에 바사닉왕께서 와 계십니다."

단미리는 기뻐하며 문전으로 나와 왕을 맞이하고는 안으로 들어
오기를 청했습니다. 왕이 장자를 따라 순은純銀으로 된 바깥문을 지

나자 한편에 선녀 같은 여자가 은으로 된 평상에 걸터앉아 은실을 짜고 있었고, 그 곁에는 아리따운 소녀 열 명이 있었어요. 놀라움을 감추지 못한 왕이 물었지요.

"저 여인이 그대의 부인인가?"

"아닙니다. 그저 문을 지키는 계집종일 따름입니다."

"그러면 그 곁에 있는 소녀들은 무슨 일을 하는가?"

"잔심부름을 하는 아이들입니다."

계속해서 왕은 보랏빛 일색의 유리로 된 중문으로 들어갔어요. 그 안에는 조금 전 바깥문 옆에서 본 여자보다 훨씬 아름다운 여인이 더 많은 소녀들을 거느리고 있었답니다.

다시 황금으로 된 안문으로 들어가자 앞의 두 여인과는 비할 수 없이 아름다운 한 여인이 금으로 된 평상에 앉아 금실을 짜고 있었어요. 그 곁에는 더 많은 소녀들이 서 있었습니다. 왕이 또 물었어요.

"저 여인이 바로 그대 부인이겠지?"

"아닙니다."

왕은 어안이 벙벙해졌습니다. 마침내 안채로 들어가자 땅이 물처럼 맑고 투명한 유리로 되어 있었고, 건물과 건물 사이에는 여러 가지 짐승과 벌레 조각이 매달려 있었어요. 바람이 불어 조각들이 흔들려 그림자가 땅에 비치기라도 하면 마치 살아 있는 것과 같이 보였어요. 그 모습을 본 왕은 한편으로는 무섭기도 하고 한편으로는 신기하기도 해서 물었습니다.

"왜 안채에 연못을 팠는가?"

"이것은 연못이 아니라 보랏빛 유리랍니다."

말을 마친 단미리는 손가락에서 칠보로 된 반지를 빼더니 내던졌습니다. 그러자 왕이 물이라고 생각한 땅에서 말로 다할 수 없는 고운 소리가 울려 퍼졌어요. 왕은 기가 질려 조용히 단미리를 따라 안으로 들어가 이번에는 칠보로 된 누각 위로 올라갔습니다. 보랏빛 유리로 된 평상 위에 앉아 있던 단미리의 부인이 왕에게 공손하게 예를 드리고는 자리를 권했는데 갑자기 부인이 눈물을 흘렸어요. 왕은 뭐가 잘못되었나 싶어 물었지요.

"혹 짐이 무슨 잘못이라도 했소? 왜 우는 것이오."

이에 부인이 대답했습니다.

"폐하께서 왕림하신 것은 저희 집의 영광인데, 무슨 잘못이 있겠습니까? 다만 폐하의 옷에 묻은 먼지 때문에 눈물이 난 것이니 불쾌하게 여기지 마십시오."

"내 옷에서 먼지가? 혹 집 안에서 불을 때느라 연기가 나는 것은 아니오?"

"아닙니다. 저희 집에서는 불을 때는 일이 없습니다."

"그러면 어떻게 밥을 짓는가?"

"먹고 싶다는 생각만 해도 갖가지 산해진미가 절로 생깁니다."

"날이 어두워질 때는 어떻게 하오?"

"마니주摩尼珠가 집 안을 대낮같이 환히 밝혀 줍니다."

부인이 시험 삼아 문과 창문을 닫고 마니주를 꺼내자 주위가 마치 대낮같이 밝아졌어요. 왕은 어리둥절하여 여기에 온 까닭조차 잊고 있었습니다. 이때 단미리가 무릎을 꿇으며 말했습니다.

"대왕께서는 무슨 일로 저희 누추한 집까지 직접 왕림하셨습니까?"

그 소리에 바사닉왕은 정신을 차리고 다급한 목소리로 말했습니다.

"내 아들 유리가 지금 열병에 걸려 위중한데, 우두전단을 쓰면 낫는다는 말을 듣고 이렇게 구하러 온 것이네."

"그러셨군요."

단미리는 왕을 데리고 한 창고로 가서 산더미처럼 쌓여 있는 우두전단을 손가락으로 가리키며 말했어요.

"얼마든지 가져가십시오."

"나는 두 냥쯤이면 충분하다네."

"나중에라도 얼마든지 쓰십시오."

단미리는 하인을 불러 그 우두전단을 왕궁으로 먼저 보냈습니다. 이때 바사닉왕은 잠시 생각에 잠겼다가 입을 열었어요.

"그대는 부처님을 뵙는 게 좋겠소."

"부처님이라뇨?"

"아직도 들어보지 못했단 말인가? 부처님은 깨달음을 얻어 신통과 지혜가 뛰어나 이 우주에서 가장 높은 분을 가리키는 말일세."

"아, 그런 분이 계셨단 말입니까? 부처님은 지금 어디에 계십니까?"

"왕사성의 죽원에 계신다네."

바사닉왕이 왕궁으로 돌아가자 단미리는 서둘러 집을 나서서는 부처님을 찾아가 뵈었습니다. 바사닉왕이 말했던 것보다 몇천만 배 더 뛰어난 부처님의 모습을 보고 환희심이 절로 일어난 단미리는 곧 땅에 엎드려 예배를 드렸습니다. 부처님은 조용한 목소리로 단미리를 위해 설법했습니다. 그 자리에서 수다원이 된 단미리는 합장하고는 출가하기를 청했습니다. 이에 부처님이 말했습니다.

"잘 왔도다. 비구여."

부처님이 말을 마치자 단미리의 수염과 머리털이 저절로 떨어지고 몸에는 가사가 둘러졌습니다. 부처님이 계속해서 사성제를 설하자, 단미리는 마음의 때가 깨끗이 씻겨 아라한이 되었답니다. 그때 아난을 위시한 여러 비구들은 합장한 채 부처님께 여쭈었어요.

"저 단미리 비구는 어떤 공덕을 쌓았기에 인간으로 태어나 세속의 즐거움을 좋아하지도 않고, 출가하여 눈 깜짝할 사이에 도를 얻게 된 것입니까?"

부처님은 다음과 같은 이야기를 했습니다.

먼 옛날 구십일 겁 전에 비파시 부처님이 열반에 드신 후 상법像法 시대에 다섯 명의 비구가 있었다. 그들은 조용한 곳을 찾아 함께 도를 닦기로 약속했다. 깊은 산속으로 들어가 맑고 깨끗한 샘물을 발견한 비구들은 그곳에서 수행하기로 했다. 그때 네 비구가 한 비구에게 이렇게 말했다.

"여기서 성까지는 매우 멀어 걸식을 나다니기가 너무 어렵소. 그러니 그대가 우리를 위해 복을 짓는 셈치고 우리를 공양하면 어떻겠소?"

"좋습니다. 그렇게 하겠습니다."

그리고 그 비구는 날마다 성안으로 들어가 음식을 구해 네 비구를 공양했다. 나머지 네 비구는 그 공양을 받으며 부지런히 도를 닦은 결과 구십 일 만에 도를 얻게 되었다. 네 비구는 이구동성으로 자신들을 공양한 비구에게 말했다.

"그대 덕분에 우리는 이제 본래 소원대로 도를 얻게 되었소. 혹 바라는 것이 있으면 말해 보시오."

그러자 그 비구는 몹시 기뻐하며 입을 열었다.

"미래세에 저로 하여금 천상이나 인간 세상에 태어나 저절로 부귀하여, 무엇이든 원하는 것이 있으면 공력을 기울이지 않고도 얻게 해 주옵소서. 그리고 거룩한 스승을 만나 법을 들으면 마음이 깨끗해져 그 자리에서 도를 얻을 수 있게 하소서."

그때 수고로움을 마다하지 않고 네 비구를 공양해서 도를 성취하게 도왔던 비구가 바로 지금의 단미리였습니다. 그는 네 비구를 공양한 공덕으로 구십일 겁 동안 천상이나 인간 세상에 태어나되 늘부귀영화를 누렸고, 급기야 불법을 만나 도를 깨닫고는 고해를 건너게 된 것입니다.

현우경

꿀을 따다 바친 원숭이

부처님이 사위성 기수급고독원에 계실 때 그 나라에 사질師質이라는 한 바라문이 있었습니다. 그는 남부럽지 않은 부호였으나 슬하에 자식이 없었습니다. 백방으로 노력해도 자식이 생기지 않자 걱정하다 못한 사질은 육사외도六師外道를 찾아가 그 이유를 물어보았어요. 그러자 육사외도는 이렇게 말했습니다.

"당신의 관상을 보아하니 무자식 팔자로군."

혹 떼러 갔다가 혹 하나 더 붙이고 온 사질은 한숨을 내쉬며 속으로 생각했지요.

'내겐 자식이 없으니, 이러다가 내가 목숨을 마치기라도 한다면 우리 집 재산은 몽땅 나라가 차지하게 될 것이다. 아, 이 일을 어쩐단

말인가?'

마침 그때 바라문의 아내와 친한 어떤 비구니가 그 집을 찾아왔다
가 사질이 한탄하는 모습을 보고 그 아내에게 물었습니다.

"당신 남편은 무엇 때문에 저리 한숨만 쉬고 계시는 것입니까?"

"지금까지 자식을 보지 못해 육사외도를 찾아가 점을 쳤더니 무
자식 팔자라고 했답니다. 그 소리를 듣고 온 이래 한숨만 쉬고 밥조
차 먹으려 들지 않습니다."

"육사외도는 일체의 지혜를 갖추었다고 할 수 없습니다. 그런 그
들이 어찌 사람의 인연을 다 알 수 있단 말입니까? 지금 이 세상에는
모든 법을 밝게 아시고 과거와 미래를 꿰뚫어 보실 수 있는 부처님
이 계십니다. 부디 부처님을 찾아가 여쭈어 보십시오."

비구니가 떠나자 아내는 남편에게 비구니에게 들은 대로 일러 주
었습니다. 그러자 사질 바라문은 당장 새 옷을 갈아입고 부처님이
계시는 곳으로 달려가 머리를 조아리며 여쭈어 보았어요.

"대자대비하신 부처님, 제가 정말 무자식 팔자를 타고났습니까?"

이에 부처님은 미소를 지으며 대답했습니다.

"너는 복과 덕을 겸비한 아이를 얻게 될 것이다. 그리고 그 아이가
자라나면 출가하려고 들 것이다."

이 말을 듣자 바라문은 그 자리에서 덩실덩실 춤추며 말했지요.

"부처님, 자식만 생긴다면 나중에 그 아이가 출가한다고 해도 괴
로워할 일은 없을 것입니다."

바라문은 몹시 기뻐하며 부처님과 여러 스님들을 다음 날 자기 집에서 공양하겠다고 청했습니다. 부처님이 묵묵히 승낙하시자, 바라문은 곧장 집으로 달려가 이튿날의 공양을 준비하기 시작했답니다.

다음 날이 되자, 부처님은 여러 제자들을 거느리고 사질의 집으로 갔습니다. 모두들 자리에 앉자, 바라문 부부는 준비한 음식으로 부처님을 위시한 여러 비구들을 정성껏 공양했지요. 이윽고 공양이 모두 끝나자 부처님과 제자들은 다시 그 집을 나섰어요.

돌아오는 길에 어느 늪을 지나가게 되었는데, 그 가운데 아주 맑고 깨끗한 샘물이 솟아나고 있었답니다. 부처님은 비구들과 함께 그곳에서 잠시 쉬기로 했어요. 비구들은 각자 자신의 발우를 꺼내 샘물에 닦기 시작했습니다. 이때 원숭이 한 마리가 어디선가 갑자기 나타나 아난에게 발우를 달라는 시늉을 했어요. 아난은 원숭이가 혹 발우를 깨뜨리지나 않을까 염려하여 주려고 하지 않았습니다. 그 모습을 보신 부처님이 말했습니다.

"걱정 말고 저 원숭이에게 발우를 건네주어라."

아난이 부처님의 분부대로 발우를 건네주자 원숭이는 근처의 나무 위로 올라가더니 발우 한가득 벌꿀을 담아 와서 부처님께 바쳤어요. 그러자 부처님이 미소 지으며 말했습니다.

"그 속에 있는 더러운 것들을 걸러 내라."

원숭이는 벌꿀 속에 섞여 있는 죽은 벌레들을 일일이 집어내서 버리고는 다시 바쳤어요. 부처님이 말했습니다.

"그 벌꿀에 물을 타거라."

원숭이는 샘물로 달려가 물을 받아 잘 저어서 부처님께 바쳤어요. 부처님은 그 꿀물을 여러 제자들에게 나누어 주고는 모두 마시게 했습니다. 그러자 원숭이는 손뼉을 치며 기뻐 날뛰다가 그만 커다란 웅덩이에 떨어져 죽고 말았답니다. 원숭이의 영혼은 곧 사질 바라문 아내의 태로 들어갔습니다.

그로부터 열 달 후 사질의 아내가 아들을 낳았는데, 얼굴이 단정하기 이를 데 없었습니다. 이 아이가 태어날 때 집 안의 모든 그릇에 꿀이 절로 가득 넘쳐흘렀어요. 기쁨을 감추지 못해 어깨를 들썩이던 사질 부부는 여러 관상쟁이들을 불러 관상을 보게 했습니다. 아이의 관상을 살펴본 관상쟁이들이 이구동성으로 말했어요.

"이 아이의 복과 덕은 여느 아이와는 비할 수 없이 큽니다."

그렇게 해서 그 아이는 밀승蜜勝이라는 이름을 얻게 되었는데, 그것은 아이가 나던 날 그 집에 상서롭게도 꿀이 저절로 넘쳐 났기 때문입니다.

밀승은 장성하자 부모님께 출가의 허락을 받아 내고자 했어요. 그러나 사질 바라문 부부는 늘그막에 낳은 자식이 몹시 사랑스러워 도저히 그 부탁을 들어줄 수 없었지요. 밀승은 그런 부모를 위로하며 다시 간절히 부탁했어요.

"정녕 제 원을 들어주시지 않는다면 저는 자결하고 말 것입니다."

이에 부부는 서로 의논했습니다.

"옛날 부처님께서 저 아이가 출가하리라고 예언하신 적이 있었다. 만일 우리가 끝까지 출가를 막는다면 정말로 죽을 수도 있으니 들어주는 게 더 낫겠다. 어찌 자식이 죽는 꼴을 볼 수 있으랴."

부부는 곧 밀승에게 말했어요.

"네 하고 싶은 대로 하거라."

밀승은 매우 기뻐하며 그 길로 부처님께 나아가 자신의 출가를 받아 달라고 말씀드렸어요. 그러자 부처님이 말했습니다.

"잘 왔도다, 비구여."

부처님이 말을 마치자마자 밀승의 수염과 머리칼이 절로 땅에 떨어지고 몸에는 가사가 둘러져 이내 사문의 모습으로 변했습니다. 부처님은 계속해서 밀승을 위해 사성제四聖諦를 비롯해서 여러 가지 묘한 이치를 가르쳐 주었습니다. 그러자 밀승은 마음이 열리고 온갖 번뇌망상이 사라져 그 자리에서 아라한이 되었답니다.

밀승은 여러 비구들과 더불어 이곳저곳을 돌아다녔는데, 그러다가 목이 마르거나 배가 고프면 발우를 공중으로 내던졌습니다. 그러면 발우 가득 꿀이 담겨 여러 사람들이 목을 축이고 배를 불리고도 남았어요.

그 사실을 알게 된 아난은 몹시 놀라 부처님께 여쭈었습니다.

"부처님, 밀승은 어떤 공덕을 쌓았기에 출가하자마자 아라한이 되었으며, 또 필요한 것이 절로 생기는 것입니까?"

부처님이 빙긋이 웃으시며 말했습니다.

"아난아, 너는 옛날 우리가 함께 사질 바라문의 공양을 받았던 일을 기억하느냐?"

"예, 기억합니다. 부처님."

"그때 우리는 공양을 받고 돌아오는 길에 어떤 늪 근처에 자리 잡고 잠시 쉬었지. 그러자 한 원숭이가 나타나 너에게 발우를 달라고 해서 벌꿀을 따다가 내게 바쳤다. 내가 그것을 받아 여러 비구들에게 나누어 주자 원숭이는 좋아서 펄쩍펄쩍 뛰며 춤을 추다가 구덩이에 떨어져 그만 죽고 말았지. 아난아, 기억이 나느냐?"

"예, 부처님."

"아난아, 그때의 원숭이가 바로 지금의 밀승 비구이니라. 그는 나를 보자 기뻐하며 꿀을 공양한 공덕으로 부잣집에 태어나 단정한 외모를 갖추게 되었고, 마침내 출가하여 도를 배워 순식간에 아라한이 된 것이니라."

부처님 말씀을 들은 아난이 다시 여쭈었어요.

"그런데 부처님, 밀승 비구는 어떤 인연으로 그때 원숭이 몸을 받았던 것입니까?"

그러자 부처님은 이런 이야기를 했습니다.

먼 옛날 가섭불이 이 세상에 계실 때 한 젊은 비구가 있었다. 그는 다른 사문이 개울물을 건너뛰는 것을 보고는 웃으면서 비아냥거렸다.

"저이가 개울물을 건너뛰는 모습은 마치 원숭이처럼 방정맞기 그지 없다."

그러자 그 사문은 젊은 비구를 불러 물었다.

"그대는 날 아는가?"

"알다마다요. 당신 역시 가섭불의 제자인데, 제가 어찌 모르겠습니까?"

"너는 나를 그저 보통 사문이라고 생각하지 마라. 나는 이미 사문이 갖추어야 할 도를 모두 갖추었다."

그 말을 듣고 젊은 비구는 자신이 중대한 죄를 지었다는 사실을 깨닫자 갑자기 온몸에 소름이 끼쳤다. 그는 곧 땅바닥에 엎드려 애걸복걸하면서 참회했다. 그 비구는 그렇게 간절히 참회했던 덕분에 지옥에 떨어지지는 않았으나, 아라한을 원숭이 같다고 비방한 업보로 오백세 동안 늘 원숭이로 태어났던 것이었다. 그러나 한편 일찍 출가하여 계율을 지켰기 때문에 오늘날 불법을 만나 마침내 고해를 건넜다. 그때의 젊은 비구가 바로 밀승 비구다.

현우경

교만은 고통의 씨앗

부처님이 사위성 기수급고독원에 계실 때, 그 나라 왕은 바사닉이었습니다. 그때 남방에 금지金地라는 나라가 있었는데, 왕의 이름은 겁빈녕劫賓寧이었고 태자의 이름은 대겁빈녕大劫賓寧이었지요.

부왕인 겁빈녕이 죽자 태자 대겁빈녕이 그 뒤를 이어 금지국왕이 되었습니다. 그는 총명하고 힘이 장사였으며 용맹하기까지 하여 그가 정복한 속국이 삼만 육천이나 되었답니다. 금지국 대겁빈녕왕의 이름은 하늘을 찌를 듯했습니다. 그러나 인도의 중토中土에 있던 나라들과는 아직 왕래가 없었어요.

그러던 어느 날 중토 출신의 한 상인이 금지국에 왔다가 고운 천네 필을 대겁빈녕왕에게 바쳤습니다. 왕은 그것을 받으면서 물었어요.

"정말 좋은 천이로구나. 이것은 어느 나라에서 생산된 것이냐?"

"중토에서 나는 물건입니다."

"중토에는 어떤 나라들이 있는가?"

"왕사성과 사위성을 비롯해서 여러 나라들이 있습니다."

"그런데 중토의 나라들은 왜 나에게 조공을 바치지 않는가?"

"그 나라들 역시 금지국 만큼이나 위풍당당하다고 여기기 때문에 그런 것 같습니다."

상인의 말을 들은 왕은 속으로 생각했어요.

'지금 내 힘으로 천하의 모든 나라를 정복할 수 있다. 그런데 감히 내게 조공을 바치지 않다니? 이제 출정하여 그들을 모두 항복시키리라.'

생각을 마친 왕이 다시 물었습니다.

"중토의 여러 나라 중에서 가장 큰 나라는 어딘가?"

"사위성입니다."

대겁빈녕왕은 곧 다음과 같은 편지를 써서 사신으로 하여금 사위성의 바사닉왕에게 갖다 주게 했습니다.

'나의 세력은 염부제를 휩쓸고도 남음이 있거늘, 그대는 무엇을 믿고 마땅히 해야 할 일을 이행하지 않고 있는가? 이제 내가 일부러 사신을 보내 너에게 알리노라. 내가 말을 전할 때 네가 만일 누워 있다면 즉시 일어나야 할 것이고, 밥을 먹고 있을 때라면 즉시 밥을 뱉어야 하고, 목욕을 하고 있을 때라면 곧바로 물에서 나와야 할 것이며, 만약 서 있을 때 듣게 되면 당장 달려와야 하느라. 나의 말을 들은 너는 앞으로 칠 일 이내에 나를 알현해야 한다. 만일 말을 듣지 않으면 당장 군대를 끌고 가서 네 나라를 쑥밭으로 만들어 놓으리라.'

금지국의 사신을 통해 편지를 받고 읽어 본 바사닉왕은 깜짝 놀라 어쩔 줄을 모르다가 부처님을 찾아가 자세한 사정을 전했습니다. 그러자 부처님은 예전과 똑같은 목소리로 조용하게 말했습니다.

"왕은 돌아가서 사신에게 이렇게 이르시오. '나는 큰 왕이 아니다. 나보다 더 큰 왕이 있다'라고 말이오."

부처님 말씀을 듣고 마음이 안정된 바사닉왕은 왕궁으로 돌아오자마자 금지국의 사신에게 당당하게 말했습니다.

"이 세상에서 가장 거룩하신 왕이 가까운 곳에 계시니, 너는 편지를 들고 직접 찾아가 보도록 하라."

사신은 곧 바사닉왕이 일러 주는 곳으로 갔습니다. 그때 부처님은 신통력을 써서 전륜성왕의 모습을 하시고는 목건련을 대장으로 삼고 칠보와 시종들을 갖추게 했습니다. 또 기수급고독원을 보성寶城으로 바꾸고 성 주위에 일곱 겹의 해자를 만들었습니다. 해자와 해자 사이에는 칠보로 된 나무가 울창하게 심어져 있었고, 해자 안에는 갖가지 색의 연꽃이 피어 찬란한 광명을 내뿜고 있었습니다. 성안의 궁전 역시 휘황찬란한 보물로 꾸며져 있었고, 전륜성왕으로 변한 부처님께서 보좌에 위풍당당한 모습을 갖춘 채 앉아 있었습니다.

보성 안으로 들어가 전륜성왕을 올려다본 금지국의 사신은 부처님의 위세에 질려 가지고 온 편지를 공손히 바쳤습니다.

전륜성왕은 사신이 편지를 올리자 쓱 훑어보더니 바닥에 휙 집어 던지며 말했어요.

"짐은 온 천하를 통솔하는 대왕인데, 너희 왕은 미련하기 그지없어 감히 나를 거역하려 하는구나. 너는 빨리 돌아가서 내 말을 전하라. 앞으로 내 말을 들을 때면 누워 있다가도 일어나야 하고 서 있다가도 달려와야 하느니라. 네가 귀국한 후 이레 안에 나를 찾아오지 않으면 언제 벌을 받을지 기약할 수 없노라고 말이다."

사신은 걸음을 서둘러 본국으로 돌아가 대겁빈녕왕에게 본 대로 들은 대로 보고했어요. 그러자 왕은 사색이 되어 스스로의 잘못을 뉘우쳤습니다. 대겁빈녕왕은 곧 여러 소국의 왕들을 소집하고 수레와 말을 준비해서 전륜성왕을 찾아가려고 했어요. 그러나 아직 의심쩍은 데가 있어 먼저 사신을 보내 물었습니다.

"신이 거느린 소국 왕 삼만 육천 명을 모두 데리고 가야 합니까, 아니면 반만 데리고 가야 합니까?"

전륜성왕이 회답했습니다.

"반은 제 나라에 머물러 있고 나머지 반만 데리고 오너라."

회답을 받은 대겁빈녕왕은 소국 왕 일만 팔천 명을 거느리고 보성 앞에 당도했어요. 그는 전륜성왕을 알현하고는 속으로 생각했습니다.

'이 왕의 상호는 비록 나보다 훌륭하지만, 힘은 나보다 못할 수도 있다.'

대겁빈녕왕의 생각을 꿰뚫어 본 전륜성왕은 곧 근위대장에게 명하여 활을 가져다가 그에게 주라고 했습니다. 근위대장이 활을 건네자 대겁빈녕왕은 아무리 용을 써도 결코 그것을 들 수 없었어요. 전륜성왕은 그 활을 손가락으로 벌리고는 다시 대겁빈녕왕에게 시위를 당겨 보라고 했습니다. 그는 안간힘을 써 보았으나 시위를 조금도 당길 수 없었지요. 이에 전륜성왕이 시위를 잡아 퉁기자 삼천세계가 일시에 진동했습니다.

전륜성왕이 이번에는 화살을 재어 시위를 당기자 화살이 갑자기 다섯으로 변하더니 화살촉에서 말로 다할 수 없는 광명이 내뿜었어요. 광명의 끝에는 수레바퀴만 한 연꽃이 나타났고, 그 연꽃을 이루는 각각의 이파리 위에는 전륜성왕 모습이 하나씩 비추어졌습니다. 여러 전륜성왕들은 모두 칠보를 갖추고 있었는데, 거기서 나오는 눈부신 광명은 삼천세계를 빠짐없이 비추었어요. 그로 인해 모든 중생 중에 그 덕을 입지 않는 자가 없었습니다.

하늘나라에서 그 광명을 본 자들은 몸과 마음이 어느덧 청정해져서 이과二果와 삼과三果를 얻거나, 위없이 바르고 참된 도 또는 불퇴지不退地의 경지에 이르기도 했습니다. 인간계의 중생들은 부처님의 광명을 눈으로 보고 설법을 귀로 듣고는 기쁜 마음이 솟구쳐 초과初果, 이과, 삼과를 얻거나 출가하여 아라한이 되기도 했답니다. 또 위없이 바르고 참된 도를 얻거나 불퇴지의 경지에 이르는 이가 셀 수 없이 많았어요.

아귀들 역시 부처님의 광명을 보고 설법을 듣고는 저절로 배가 불러지고 몸과 마음이 청정해져 모든 고뇌를 여의고 자비심을 갖게 되었답니다. 그래서 부처님을 공경하고는 인간으로, 혹은 천상에 태어났습니다.

축생으로 있는 중생들도 부처님의 광명을 보고는 탐욕과 성냄 그리고 어리석음을 버리고 모두 기뻐했어요. 그들이 부처님을 믿고 공경하는 마음을 갖자 모두 인간으로나 천상에 태어났습니다.

지옥에 있는 죄인들 역시 부처님의 광명을 보자 추위가 곧 사라지고 불길이 사그라져 몸과 마음이 즐겁게 되었어요. 그들은 부처님을 흠모하고 공경하는 마음을 갖추어 모두 인간으로, 혹은 천상에 태어났답니다.

이러한 변화를 본 대겁빈녕왕과 여러 소국 왕들은 믿는 마음이 생겨 항복하고는 번뇌를 여의어 깨끗한 법안法眼을 갖추게 되었어요. 잠시 후 부처님이 신통력을 거두시고 본래 모습으로 돌아오시자 여러 비구들이 부처님 주위를 둘러쌌습니다.

대겁빈녕왕을 위시한 그 무리들이 부처님에게 출가할 것을 요청하자 부처님은 곧 허락했습니다. 그러자 그들의 수염과 머리칼이 저절로 떨어지고 몸에는 가사가 둘러졌지요. 그들은 부처님의 미묘한 가르침을 곰곰이 생각해 본 끝에 모두 아라한이 되었습니다. 이 모습을 본 아난이 부처님께 여쭈었습니다.

"저 대겁빈녕왕은 전생에 무슨 공덕을 쌓았기에 왕가에 태어났으며, 부처님을 만나 번뇌를 모두 여의게 되었습니까?"

"아난아, 중생은 자신의 행위로 말미암아 그 과보를 받는 법이다. 다음 얘기를 들어 보거라. 먼 옛날 가섭 부처님께서 열반에 들자 한 장자가 부처님을 위해 탑과 절을 지어 공양을 했는데, 그 후 세월이 흐르자 탑은 무너지고 공양물 역시 끊어지게 되었다. 그러자 장자의 아들이 출가하여 비구가 되어 사람들에게 쓰임새를 절약하고 시주하기를 권했다. 이에 여러 사람들이 한마음 한뜻으로 탑을 수리하고 음식 등을 마련하여 공양하고는 서원을 세웠다. '미래 세상에서 부귀와 장수를 누리다가 부처님을 만나 도를 깨닫게 하옵소서.' 그들이 그렇게 행한 공덕은 없어지지 않고 남아 있다가 오늘날 그 과보를 얻게 된 것이다. 그 당시 비구가 되었던 장자의 아들이 바로 대겁빈녕왕이요, 함께 뜻을 모아 시주했던 사람들이 일만 팔천 소국 왕들이었다."

부처님이 말을 마치자 모든 대중들은 기뻐하며 그 가르침을 받들어 행했습니다.

현우경

태어나자마자
말을 하다

부처님이 사위성 기수급고독원에 계실 때 일입니다. 그 나라의 어떤 장자가 아들을 낳았는데, 얼굴이 잘생기기 그지없었고 태어난 지 며칠이 지나지 않아 또박또박 말을 하기 시작했습니다. 아이는 부모에게 여쭈었어요.

"부처님께서 아직 이 세상에 계십니까?"

부모들은 깜짝 놀라며 대답했지요.

"아직 살아 계신다."

"사리불과 아난 존자님도 계십니까?"

"그렇고말고."

부모는 아이가 태어난 지 며칠이 지나지도 않아 말을 하는 모습을 보고는 아주 께름칙하게 여겼습니다. 그래서 부처님을 찾아가 여쭈어 보자 부처님이 말했습니다.

"아무 걱정 말아라. 그 아이는 복을 타고났으니 괴이하게 여길 필요가 없다."

부모는 부처님 말씀에 가슴을 쓸어내리면서 기뻐하며 집으로 돌아왔습니다. 그때 아이가 다시 말하는 것이었어요.

"부디 부모님께서는 저를 위해 부처님과 스님들을 초청해 주십시오."

"그러자면 공양거리가 필요한데, 어디서 갑자기 마련한단 말이냐?"

"그것은 걱정하지 마십시오. 다만 집을 깨끗이 청소하고 높은 자리 세 개를 만들어 놓으면 산해진미가 절로 생겨날 것입니다. 그리고 전생의 제 어머니께서 지금 바라나국에 살고 계시니 저를 위해 그분도 청해 주십시오."

부모는 그 말을 듣고 심부름꾼으로 하여금 코끼리를 타고 가서 모셔 오게 했습니다. 그러고는 높은 자리를 세 개 만들었는데, 첫 번째 것은 부처님을 위한 것이고, 두 번째 것은 전생의 어머니를 위한 것이며, 세 번째 것은 현세의 어머니를 위한 것이었어요.

때가 되어 부처님과 스님들이 그 집을 찾아와 차례로 자리를 잡고 앉자 여러 가지 산해진미가 저절로 솟아 나왔습니다. 잠시 후 공양을 마치신 부처님이 설법을 하시자, 그 아버지와 두 어머니를 비롯해서 집안의 모든 권속들이 초과初果를 얻고는 기뻐했습니다.

아이는 장성하자 부모를 하직하고 출가 수도하여 아라한이 되었습니다. 이를 보고 아난이 부처님께 여쭈었어요.

"부처님, 저 사문은 부잣집에 태어났고, 또한 신기하게도 태어나자마자 말을 했으며, 성장해서는 도를 배워 신통력을 얻었는데, 도대체 전생에 어떤 공덕을 쌓았기에 그러한 것입니까?"

부처님은 다음과 같은 이야기를 들려주었습니다.

사문은 전생에 바라나국에서 어떤 장자의 아들로 태어났다. 그런데 아버지가 죽자 가세가 점점 기울더니 마침내 몰락하여 거지와 다름없는 꼴이 되고 말았다. 그때 그는 도를 깨달은 부처님을 뵙게 되었는데, 사문은 공양할 것이 마땅치 않아 못내 아쉬워했다. 이리저리 고민하던 그는 양반의 신분을 버리고 나그네가 되어, 돈 천 냥을 구해 공양하려고 일 년 동안이나 돌아다녔다.

그 사정을 알게 된 어떤 장자가 물었다.

"장가가려고 돈을 구하는 것이오?"

"아닙니다."

"그러면 무엇 때문에 그러는 것이오?"

"사실은 부처님과 스님들을 공양하려고 합니다."

"그렇다면 내가 돈을 대 주겠소. 그리고 우리 집도 잠시 빌려드리리다."

"진심으로 감사드립니다."

가난한 이는 무수히 절을 했다. 그러고는 돈을 꾸어 음식을 준비한 후 부처님과 스님들을 초청해서 공양했다. 그 인연으로 목숨을 마친 뒤에 그 장자의 집에 태어났고, 다시 불법을 만나 도를 얻게 된 것이다.

현우경

물고기 배 속에서
살아나다

부처님이 사위성 기수급고독원에 계실 때 일입니다. 그 나라에 한량 없는 재물을 가진 장자가 있었습니다. 슬하에 아들이 없던 그는 늘 천지신명에게 자식을 주십사 간절하게 치성을 드려 마침내 무척 귀엽게 생긴 아들을 얻게 되었습니다. 기쁨에 들뜬 부모는 좋은 날을 골라 큰 강가에서 친척과 마을 사람들을 초청해 잔치를 벌여 마음껏 먹고 마시게 했습니다. 잔치가 어느덧 무르익어 가면서 춤판이 벌어 졌어요. 얼굴에 함박꽃이 핀 아버지는 아이를 업고 춤을 추었습니다. 그러다가 잠시 쉬면 이번에는 어머니가 아이를 업고 춤을 추었는데 술에 취한 탓인지 아이를 그만 강물에 빠뜨리고 말았어요. 깜짝 놀란 사람들이 모두 강에 뛰어들어 아이를 찾았으나 찾을 수가 없었답니다. 아이를 잃은 부모는 가슴을 쥐어뜯으며 슬퍼하다가 까무러쳤다 깨어났다 하기를 계속했습니다.

한편 물에 빠진 아이는 타고난 복덕이 많았던지 익사하지 않고 물에 떴다 잠겼다 하면서 강 복판에 이르게 되었는데, 쏜살같이 달려든 커다란 물고기가 한 입에 꿀꺽 삼키고 말았습니다. 그러나 아이는 물고기 배 속에서도 죽지 않았답니다.

일이 공교롭게 되려고 그랬는지 그 강 하류의 작은 마을에 한 갑부가 살고 있었는데, 그 역시 아들이 없어 천지신명에게 간곡하게 치성을 드렸으나 그때까지 아들을 구하지 못하고 있었습니다. 그는 늘 종을 시켜 고기를 잡아 시장에 내다 팔게 했습니다. 그날도 종은 강에 나가 커다란 물고기를 잡았는데, 그 물고기의 배를 갈라 보니 귀엽게 생긴 사내아이가 나왔습니다. 주인에게 그 사실을 알리자 급히 달려온 갑부는 아이를 보더니 매우 기뻐하며 말했습니다.

"오래전부터 천지신명에게 치성을 드리며 아들을 구했는데 이제 그 정성이 하늘을 움직여 마침내 아들을 얻게 되었구나."

그때 윗마을의 부모는 아랫마을의 갑부가 물고기 배 속에서 아이를 얻었다는 소문을 듣자 서둘러 찾아가서는 말했습니다.

"이 아이는 강물에 빠뜨린 우리 아이가 분명합니다. 그러니 돌려주시기 바랍니다."

그러자 갑부는 몹시 못마땅해 하며 입을 열었어요.

"나는 아들을 얻고자 오래전부터 치성을 드려 왔소. 이제 하늘이 그 정성에 감동해서 아이를 내게 보낸 것인데, 도대체 무슨 소리를 하고 있는 것이오?"

갑부와 원래 부모는 서로 자기가 옳다며 다투기를 그치지 않았습니다. 마침내 그들은 왕을 찾아가서 판결을 구하기로 했어요.

잠시 후 왕궁에 이른 세 사람은 왕 앞에서 자기주장을 폈습니다. 먼저 원래 부모가 말했어요.

"이 아이는 얼마 전에 강가에서 잃어버린 우리 아이입니다."

그러자 갑부가 지지 않겠다는 듯이 언성을 높여 말했습니다.

"전하, 저는 이 아이를 고기 배 속에서 얻었습니다. 그러니 이 아이는 하늘이 제게 보내 주신 선물이지, 결코 저들이 낳은 아이가 아닙니다."

왕은 양쪽의 말을 듣고는 한참 고민하다가 마침내 판결을 내렸습니다.

"너희는 지금 각각 이 아이가 자신의 아이라고 주장하고 있으니, 어느 한쪽에 이 아이를 준다는 것은 이치에 맞는 일이 아니다. 그러니 양쪽이 같이 기르다가 아이가 크면 각기 장가를 보내 두 살림을 차리게 하라. 그래서 이쪽 며느리가 아이를 낳으면 이쪽이 갖고, 저쪽 며느리가 아이를 낳으면 저쪽이 가지면 된다."

갑부와 원래 부모는 왕의 판결대로 했습니다.

아이가 장성하자 윗마을과 아랫마을의 부모는 각각 며느리를 맞이하여 먹고사는 데 아무런 모자람이 없게 해 주었답니다. 그러던 어느 날 그 아들은 갑부와 원래 부모에게 말했습니다.

"저는 세상에 나면서부터 물에 빠져 고기에게 산 채로 잡아먹히는 고난을 당했습니다. 아마도 사문의 연이 제게 닿아 있나 봅니다. 그래서 이제 출가하기를 간절히 바라오니 허락해 주십시오."

두 부모는 아들을 지극히 사랑하고 있던 터라 차마 거절하지 못하고 허락했습니다. 아들은 두 부모에게 하직 인사를 하고는 부처님을 찾아가 머리를 조아려 예배를 드리고 출가하기를 청했습니다.

이에 부처님이 허락하면서 말했습니다.

"잘 왔도다, 비구여."

그러자 아들은 수염과 머리칼이 저절로 떨어져 곧 사문의 모습을 갖추게 되었습니다. 부처님은 그에게 중성重性이라는 이름을 내려 주었어요. 부처님이 그를 위해 설법하시자 그는 그 자리에서 모든 고통을 여의고는 아라한이 되었습니다. 그 모습을 곁에서 지켜본 아난이 부처님께 여쭈었습니다.

"신기한 일입니다, 부처님. 이 중성 비구는 전생에 어떤 선근善根을 심었기에 물고기가 잡아먹어도 죽지 않았던 것입니까?"

"내 너를 위해 설명하리니, 잘 듣도록 하거라."

"네."

"먼 옛날 비바시불毘婆尸佛께서 이 세상에 출현하여 여러 사람들을 위해 미묘한 가르침을 펴셨다. 그때 한 장자가 그 부처님의 설법을 듣고는 신심信心이 마치 들판을 태우는 불길처럼 일어나 몹시 기뻐하며 부처님께 귀의하고 불살생계不殺生戒를 받았다. 그러고는 부처님께 돈 한 푼을 보시했다. 그로 인해 장자는 세상에 날 때마다 복을 얻어 수많은 재물과 온갖 보물을 마음대로 써도 항상 모자람이 없었던 것이니라."

부처님은 잠시 멈추었다가 다시 말을 이었습니다.

"아난아, 그때의 그 장자가 바로 지금의 중성 비구이니라. 그는 비바시불께 돈 한 푼을 보시한 공덕으로 아흔한 겁 동안 늘 재물이 넘쳐흘렀고, 금생에는 두 부모가 살아가는 데 필요한 물건을 모두 대주어 불편함이 없었던 것이니라. 또 불살생계를 받아 지닌 공덕으로 물고기 밥이 되었으나 죽지 않았던 것이고, 비바시 부처님께 귀의했던 인연으로 오늘날 나를 만나 설법을 듣고는 아라한이 된 것이니라."

부처님 말씀을 들은 아난을 위시한 모든 대중들은 매우 기뻐하면서 열심히 선행을 닦으려는 결심을 하게 되었습니다.

현우경

272

도를 닦는 원숭이

부처님이 사위성 기수급고독원에 계실 때 일입니다. 그 나라에는 아파구제阿巴毬提라는 이름을 가진 바라문이 있었습니다. 그는 총명하여 널리 배우고 온고이지신溫故而知新하는 인물이었지요. 어느 날 그는 부처님을 찾아가 출가할 뜻을 밝히고는 말했습니다.

"제가 출가하여 지혜가 사리불과 맞먹을 정도가 되면 만족하겠지만, 그렇게 되지 못한다면 차라리 집으로 돌아가겠습니다."

이에 부처님이 말했습니다.

"너는 사리불을 능가할 수 없다."

그러자 바라문은 출가하겠다는 뜻을 버리고 집으로 돌아갔습니다. 잠시 후 부처님은 여러 대중에게 말했습니다.

"내가 입멸한 후 백 년이 지나면 아까 그 바라문이 교화를 받아 육신통과 높은 지혜를 이루어 티끌처럼 많은 중생들을 가르칠 것이다."

훗날 부처님은 열반하실 때 아난에게 말했습니다.

"이제 입멸하노니, 모든 경장經藏을 네게 맡기노라. 너는 이것을 받들어 세상에 널리 전하라."

이윽고 부처님이 입멸하시자 아난이 그 법을 받들게 되었습니다. 나중에 아난은 목숨을 마치게 될 무렵 제자 야세기에게 말했습니다.

"내가 세상을 떠나면 네가 모든 경전을 지키도록 하라. 그리고 잘 기억해 두어라. 바라나국에 구제毬提라는 거사居士가 있는데, 앞으로 우파구제優波毬提라는 아들을 얻게 될 것이다. 너는 그 아이를 데려다 제자로 삼아라. 그리고 네가 목숨을 마치게 되면 그 법을 그 아이에게 전수해야 할 것이다."

아난이 세상을 떠나자 야세기는 스승의 유훈에 따라 불법을 받들어 세상을 교화하니 제도된 이가 셀 수 없이 많았습니다. 야세기는 어느 날 스승이 당부하신 말을 기억해 내고는 바라나국으로 가서 구제 거사를 만나 자주 왕래를 했습니다. 그러던 중 그 거사는 아들을 얻어 아파구제라고 이름을 지었습니다.

몇 년이 지난 후 야세기는 구제 거사를 찾아가 아파구제를 제자로 삼게 해 달라고 부탁했습니다. 그러자 거사가 말했지요.

"스님, 첫아들은 대를 이어야 하는데, 어찌 출가시킬 수 있겠습니까? 훗날 아들을 하나 더 얻으면 스님에게 드리겠습니다."

그 후 거사는 또 아들을 얻고는 그 이름을 난타구제難陀毱提라고 불렀습니다. 그 소식을 들은 야세기는 또 거사를 찾아가 그 아이를 달라고 했지요. 그랬더니 거사가 말하는 것이었어요.

"큰아들은 바깥일을 보고 작은 아들은 안팎일을 보면 집안이 날로 번성할 것입니다. 그러니 기다려 주십시오. 아들을 또 얻으면 반드시 약속을 지키겠습니다."

야세기는 삼명三明을 갖춘 아라한이라 사람의 근본을 잘 알 수 있었습니다. 그는 두 아들이 도와는 인연이 없다는 사실을 알고는 더 이상 간청하지 않았습니다.

얼마의 세월이 흐른 뒤 구제 거사는 또 아들을 보았는데, 얼굴이 단정하기가 그지없었습니다. 야세기는 다시 거사를 찾아가 약속대로 그 아들을 달라고 했습니다. 그러자 거사가 말했어요.

"갓난아기가 어찌 스승을 섬길 수 있겠습니까? 좀 더 자란 후에 보내드리겠습니다."

우파구제라는 이름을 얻은 그 아이는 자라날수록 여느 아이와 비교할 수 없을 정도로 재주가 뛰어났습니다. 아버지는 그런 우파구제를 몹시 사랑하여 큰 기대를 걸고는 장사를 하게 돈을 대주었습니다. 이때 야세기가 우파구제를 찾아가 그를 위해 설법을 해 주고는 말했습니다.

"우파구제야. 착한 생각이 날 때는 흰 돌을 놓고 나쁜 생각이 날 때는 검은 돌을 놓으면서 네 생각을 살펴보도록 해라."

우파구제는 공손하게 대답했지요.

"그리하겠습니다. 스님."

우파구제는 야세기가 시키는 대로 했습니다. 그러자 처음에는 검은 돌이 흰 돌보다 훨씬 많더니, 시간이 흐를수록 비슷해지다가 급기야 검은 돌은 늘지 않고 흰 돌만 늘어났습니다. 이렇게 착한 생각만 하던 우파구제는 마침내 초과를 얻게 되었답니다.

그 당시 우파구제가 살고 있던 성안에는 한 음녀가 있었는데 하루는 하녀에게 돈을 주어 꽃을 사 오게 했습니다. 하녀는 시장을 이리저리 돌아다니다가 우파구제에게 꽃을 샀습니다. 우파구제는 꽃을 매우 많이 주었어요. 하녀가 꽃을 잔뜩 안고 돌아오자 음녀는 고개를 갸우뚱하며 물었습니다.

"아니, 똑같은 돈 한 푼에 저번에는 꽃이 적더니 오늘은 왜 이렇게 많을까? 그렇다면 그때는 속은 게 아니더냐?"

"아니에요, 아가씨. 오늘 만난 꽃 장수는 매우 정직한 사람이랍니다. 그래서 많이 준 것이죠. 그 꽃 장수는 정직할 뿐 아니라 얼굴도 무척 잘생겼답니다. 아가씨도 한번 보시면 푹 빠지고 말 걸요?"

"괜한 소리를 하는구나."

그러나 음녀는 하녀의 소리를 듣고 궁금증이 도졌어요.

'얼마나 잘생겼기에 그러는 것일까? 그래 한번 만나나 보자.'

음녀는 하녀를 시켜 우파구제를 불러오게 했습니다. 하녀가 가서 그 말을 전했지만 그는 전혀 갈 생각을 하지 않았지요. 음녀가 여러 번 청했지만 우파구제는 아예 못 들은 척했습니다.

그때 음녀는 어떤 왕자와 정을 통하고 지내는 사이였는데, 한번은 그 왕자가 매우 값비싼 옷을 걸치고 왔습니다. 음녀는 그만 옷에 눈이 멀어 왕자에게 독한 술을 먹여 취하게 한 후 죽이고는 시체를 집에 감추어 두었어요. 왕자가 며칠이 지나도 돌아오지 않자 왕은 성 안을 이 잡듯이 수색하게 했습니다. 그러다가 병사들이 음녀의 집에서 왕자의 시체를 발견했습니다. 불같이 화가 난 왕은 음녀의 손발을 자르고 귀와 코를 벤 후 무덤 사이에 있는 높은 나무에 매달아 놓게 했습니다. 음녀는 극심한 고통에 몸부림쳤지만, 명이 질긴 탓인지 목숨이 금방 끊어지지는 않았습니다.

그 소문을 들은 우파구제는 음녀가 매달려 있는 곳으로 찾아갔습니다. 그러자 음녀가 원망하듯 말했어요.

"보아하니 그대는 내가 만나고자 했던 바로 그 꽃 장수인 것 같군요. 그런데 내 얼굴이 아름답기 그지없을 때는 찾아오지 않더니, 사람의 몰골이라 할 수조차 없는 이제 무엇 때문에 온 겁니까?"

"나는 그대의 얼굴을 보려고 여기에 온 것이 아니오. 다만 당신이 가엾다는 생각이 들어서 왔을 뿐이오."

우파구제는 계속해서 음녀를 위해 언젠가 들은 적이 있는 부처님의 가르침을 들려주었습니다.

"사람의 몸은 더러운 것이고, 괴로운 것이며, 하나하나 자세히 살펴보아도 믿을 것이라고는 하나도 없소. 그런데도 어리석은 중생들은 바로 이 몸에 집착하고 있다오."

그 말을 들은 음녀는 마음이 편안해져 이제 곧 죽는다고 해도 억울하다는 생각이 전혀 일어나지 않았습니다. 우파구제는 음녀를 구해 주고 싶은 생각이 굴뚝같았으나 국법을 어기는 일이라 어쩔 수 없이 그녀를 뒤로 한 채 집으로 돌아왔어요.

얼마 후 야세기는 다시 그 거사를 찾아가 우파구제를 제자로 삼게 해 달라고 간청했습니다. 거사는 더 이상 약속을 어길 구실을 찾지 못했던지 순순히 아들을 내주었어요. 야세기는 우파구제를 절로 데리고 가서 열 가지 계율을 주고, 그가 스무 살이 되자 구족계具足戒를 주었습니다. 이렇게 해서 정식으로 스님이 된 우파구제는 얼마 지나지 않아 아라한의 도를 얻어 삼명三明과 육신통을 얻게 되었답니다. 그는 특히 설법에 뛰어나 한번 입을 열면 천지를 감동시켰습니다.

한번은 우파구제가 대중을 모아 놓고 설법을 하려고 하는데, 마왕 파순이 그것을 시기하여 설법장에 돈을 뿌려 댔어요. 설법을 들으려고 몰려왔던 대중들이 돈을 줍느라 수선을 피우는 바람에 설법은 이루어질 수 없었습니다.

이튿날 우파구제는 다시 대중을 모았습니다. 이때 파순은 또 꽃다발을 뿌려 사람들의 마음을 어지럽혔답니다. 셋째 날 우파구제가 설법을 하려 하자, 파순은 요술로 커다란 코끼리를 만들고는 절세의 미녀 일곱 명을 그 위에 태운 채 설법장 근처를 어슬렁거리게 했습니다. 절세의 미녀들이 고운 목소리로 노래를 부르자 사람들은 그 미모와 노래에 빠져 우파구제의 설법은 듣는 둥 마는 둥 했습니다.

나흘째 되던 날 우파구제가 설법을 하려고 하는데, 파순은 요술로 천녀보다 아름다운 미녀를 만들어 우파구제 뒤에 서 있게 했습니다. 대중들은 설법은 아랑곳하지 않고 모두 그 미녀에게 정신을 빼앗겼어요. 그러자 우파구제는 더 이상 못 참겠다는 듯이 신통력을 부려 그 미녀를 해골로 만들어 버렸답니다. 그 모습을 본 대중들은 인생 무상을 느껴 도를 깨닫는 이가 많았습니다. 그때 날마다 법회장에 나타나 조용히 앉아 있던 개 한 마리가 있었는데, 우파구제의 설법을 듣다가 홀연히 목숨을 마치고는 육천六天에 태어나 마왕 파순과 한 자리에 앉았습니다. 그러자 파순은 속으로 생각했어요.

'이자는 나와 똑같은 지위를 얻었다. 그런데 어떻게 그렇게 되었을까? 어디 한번 이자의 전생을 살펴보자.'

잠시 후 그가 전생에 한 마리 개였다는 사실을 알게 된 파순은 불같이 화를 내며 외쳤습니다.

"저 사문 때문에 한낱 미물인 개가 이곳에 태어나게 되었구나. 분하다! 저 사문이 이렇게 날 업신여기다니!"

마왕은 우파구제가 선정禪定에 든 틈을 타서 몰래 내려와 보관寶冠을 그 머리 위에 씌웠습니다. 사람들이 그 모습을 보면 스님인 우파구제가 재물에 눈이 멀었다고 비방할 게 뻔했습니다. 잠시 후 선정에서 일어난 우파구제는 머리 위에 있는 보관을 보고 마왕이 한 짓임을 단번에 알아차렸답니다. 그는 신통력을 써서 보관을 개의 송장으로 만들고 머리 장식처럼 보이게 했습니다. 그러고 나서 마왕을 불러 말했답니다.

"내게 보관을 선물해 주다니 무척 고맙다. 그 답례로 내가 머리 장식을 하나 만들었으니 써 보라."

마왕은 좋아하면서 얼른 머리 장식을 자신의 머리 위에 쓰고는 하늘로 올라갔습니다. 잠시 후 머리 장식이 사실은 개의 송장이었다는 사실을 알게 된 마왕은 벗어 던지려고 했습니다. 그러나 머리 장식은 마왕이 아무리 힘을 써도 꿈쩍도 하지 않았어요. 당황한 마왕은 제석천을 찾아가 그것을 벗겨 달라고 간청했습니다. 그러나 제석천은 난감한 표정을 지으며 말했답니다.

"그건 내 힘으로는 도저히 할 수 없는 일이다. 오직 그것을 만든 사람만이 다시 벗길 수 있다."

다급해진 마왕은 여러 신들을 찾아다닌 끝에 범천梵天에게 가서 굽실거리며 말했어요.

"부디 이 더러운 개 송장을 치워 주십시오."

범천 역시 그 부탁을 듣고는 고개를 설레설레 저으며 대답했습니다.

"내 힘으로도 불가능하다."

범천이 할 수 없다 하자 사색이 된 마왕은 고민을 거듭하다가 어쩔 수 없이 우파구제 존자를 찾아가 말했습니다.

"부처님의 자비심은 이 세상 그 무엇과도 비교할 수 없습니다. 제가 그 옛날 마군魔軍을 거느리고 부처님을 포위한 채 그 도를 망가뜨리려 했지만, 부처님은 저를 원수로 여기지 않으셨습니다. 그런데 저는 존자님께 사소한 실수밖에 하지 않았는데도 이렇게 고생하고 있습니다."

"진실로 네 말이 맞다. 어떻게 부처님과 나를 비교할 수 있단 말이냐? 그것은 겨자씨를 수미산에 비교하는 것과 같고, 한 바가지의 물을 큰 바다와 비교하는 것과도 같다. 또한 그것은 여우를 사자와 비교하는 것과도 같은 부질없는 일이다."

우파구제는 잠시 쉬었다가 다시 말을 이었습니다.

"나는 말세에 태어나 부처님을 직접 뵙지 못했다. 듣자 하니 너는 신통력으로 부처님의 모습을 취할 수 있다고 하더구나. 그렇게 해서라도 부처님을 뵙고자 하니 한번 신통력을 부려 보거라."

"존자님의 말씀대로 할 테니, 부디 예배를 하지는 마십시오."

마왕이 주문을 외우자 곧 성스러운 부처님의 모습으로 변했습니다. 육 장丈의 키에 몸은 자마금紫磨金 색으로 빛났고, 삼십이 상과 팔십 종호를 갖춘 거룩한 모습은 해와 달보다 더 환하게 빛났습니다. 그 모습을 본 존자는 환희심에 못 이겨 머리를 조아리며 예배를 드렸지요. 그러자 곧 마왕이 본래의 모습으로 돌아가 말했습니다.

"방금 전에 예배하시지 말라고 했는데 왜 예배를 하셨습니까?"

"네게 예배한 것이 아니라 부처님께 예배한 것이다."

"그건 그렇고, 존자님. 제발 저를 불쌍히 여겨 이제 그만 이 개 송장을 벗겨 주십시오."

"네가 자비심으로 중생을 사랑하고 보호하면 개 송장은 즉시 보관으로 변할 것이나, 이후 악한 마음을 조금이라도 가지게 되면 다시 개 송장이 될 것이다."

마왕이 자비심을 내자 개 송장은 곧 보관으로 변했습니다. 마왕은 보관이 개 송장으로 변할까 두려워하여 늘 착한 마음을 잃지 않으려고 애를 썼습니다.

우파구제 존자가 설법을 한 이래 사과四果를 얻은 이가 부지기수였습니다. 대중은 그런 존자를 무척 찬양했답니다.

"존자님의 복과 덕은 실로 크고 넓어 지금까지 교화하신 중생은 이루 헤아릴 수 없을 지경입니다."

그러자 우파구제가 말했습니다.

"나는 비단 오늘날뿐만 아니라, 축생으로 태어났을 때도 중생들을 교화해서 거룩한 결과를 얻게 했다."

"존자시여, 어리석은 저희들은 전생의 일을 알지 못합니다. 부디 그 일을 들려주십시오."

존자는 대중의 부탁에 따라 전생 이야기를 시작했습니다.

먼 옛날, 바라나국의 한 선산仙山에 오백의 벽지불이 살고 있었다. 그때 원숭이가 한 마리가 날마다 그곳에 와서 벽지불에게 공양하면서 그 분들의 수행하는 모습을 눈여겨보았다.

이윽고 모든 벽지불들이 열반에 들자 오백의 바라문이 그 산에 들어와 살게 되었다. 그 바라문들은 하늘의 해와 달을 섬기거나 불을 섬기는 자들이었다. 해와 달을 섬기는 자들은 외다리로 서서 해와 달을 바라보았으며, 불을 섬기는 자들은 아침저녁으로 끊임없이 불을 피워 댔다.

그때 그 원숭이는 다리를 들고 있는 바라문을 보면 가서 다리를 잡아당겨 내렸고, 타고 있는 불을 보면 곧 흙을 뿌려 꺼 버렸다. 그러고는 마치 과거의 벽지불들이 했던 것처럼 조용히 앉아서 명상에 잠겼다. 그 모습을 본 바라문들은 자기들끼리 말했다.

"참 신기한 일도 다 있군. 원숭이가 마치 수행자처럼 행동하다니……."

"아마도 저 원숭이가 우리에게 어떤 암시를 주고 있는 것은 아닐까?"

이 말 저 말 주고받던 바라문들은 원숭이의 진지한 모습에 매료되어 자기들도 모두 가부좌를 틀고 앉아 진리를 깊이 생각해 보았다. 그 결과 그들은 모두 벽지불의 도를 얻게 되었다.

"대중들이여, 그때의 원숭이가 바로 지금의 이내 몸이다."

존자가 말하자 대중들은 놀랍다는 표정을 감추지 못하며 물었습니다.

"그런데 존자께서는 어떤 인연으로 원숭이로 태어났던 것입니까?"

"구십일 겁 전 비바시불毘婆尸佛께서 이 세상에 출현하셨을 때 일이다. 그 부처님을 따르는 일단의 비구들이 어떤 산에 모여 살고 있었는데, 그중 한 아라한의 발걸음이 무척 빨라 눈 깜짝할 사이에 산을 오르내렸다. 그 모습을 본 어떤 젊은 도인道人이 이렇게 말했다. '저 사람의 걸음걸이는 마치 원숭이처럼 날래구나.' 그 도인은 이렇게 빈정거린 업보로 오백 세 동안 원숭이로 태어났던 것이다. 그때의 도인이 지금의 이 몸임은 두 말할 것도 없다. 그러므로 부디 입 조심을 해서 함부로 말하는 일이 없어야 할 것이다."

우파구제가 설법을 마치자 대중들은 기뻐하며 그 교훈을 마음속 깊이 간직했습니다.

현우경

3장

스스로 짓고
스스로 받는다

신과 같은 절대자를 믿는 사람에게는 성공과 실패 그리고 행복과 불행이 절대자의 의지에 달려 있는 것이기에, 사람으로서는 어찌할 수 없는 노릇입니다. 그저 부여받은 대로 누리거나 견뎌 낼 수밖에 없습니다. 그러나 절대자를 믿지 않는 사람에게는 성공과 실패 그리고 행복과 불행이 우연적인 것이거나 자기 자신에게 달린 것, 즉 두 가지 가운데 한 가지일 수밖에 없습니다. 그러나 그것들을 그저 우연에 지나지 않는다고 말할 수 없는 어떤 규칙성, 곧 어떤 법칙을 우리는 어슴푸레 감지합니다. 그것은 인과응보因果應報라고 하는 우주의 절대적인 법칙입니다. 그리고 그 법칙의 주체와 객체는 바로 자기 자신입니다. 다시 말해 스스로 원인을 짓고 스스로 그 결과를 받는 법이니, 성공과 실패 그리고 행복과 불행은 오로지 자기 자신에게 달려 있는 일인 것입니다.

속마음

부처님께서 왕사성에 계실 때, 제바달다는 바위를 굴려 부처님을 죽이려 들었고 심지어는 술 취한 코끼리를 풀어 밟아 죽이려고까지 했답니다. 그 덕분에 그는 악명을 떨치게 되었지요. 제바달다는 대중 앞에서는 부처님께 참회하며 부처님 발에 입을 맞추기까지 했으나, 틈만 나면 부처님을 비방했습니다. 그래서 왕사성 백성들은 이렇게 말하곤 했지요.

"부처님 앞에 눈물을 흘리며 참회하는 모습을 보면 제바달다는 흉악한 인간이 아니다. 그런데도 이유 없이 악명을 떨치게 되었다."

그 말을 들은 비구들은 부처님 처소로 찾아가 말씀드렸습니다.

"부처님, 제바달다는 정말 아첨과 거짓이 많은 자입니다. 그는 대중들 앞에서는 부처님께 공손하지만, 돌아서면 악심을 품고 비방하고 다닙니다."

이에 부처님께서 다음과 같은 얘기를 들려주었습니다.

옛날 온갖 물새들이 살고 있는 한 연못이 있었다. 그 연못에 살고 있던 황새는 우아한 모습으로 걸어 다녔다. 그러자 여러 새들은 입을 모아 말했다.

"어쩜 저렇게 품위 있고 우아할 수가 있단 말인가? 그는 분명 착한 새라 다른 새들을 괴롭히거나 하지 않을 거야."

그러나 흰 거위만은 이렇게 게송을 읊었다.

천천히 우아하게 걸으며
음성 또한 부드럽고 조용하네
세상은 그 겉모습에 속기 일쑤지만
누가 그 아첨과 거짓을 모르랴

황새는 속으로 뜨끔했지만 짐짓 아무렇지도 않은 척하며 다정하게 거위에게 말했다.

"그게 무슨 소리니? 그러지 말고 우리 친하게 지내자."

하지만 흰 거위는 고개를 설레설레 흔들며 대꾸했다.

"나는 너의 검은 속셈을 잘 알고 있다. 너는 여러 새들과 친한 척하지만 틈만 나면 그들의 알을 몰래 깨어 먹고 말 테니까."

부처님은 얘기를 마치고 차분히 말했습니다.

"비구들아, 알겠는가? 그때의 흰 거위는 바로 지금의 이내 몸이요, 저 황새는 제바달다이니라."

잡보장경

까마귀

옛날에 부처님이 열반에 드신 지 칠백 년 후 기야다祇夜多라는 한 아라한이 계빈국으로 갔습니다. 그 나라에는 아리나阿利那라고 하는 못된 용왕이 있었어요. 용왕이 자주 심술을 부려 온갖 재해를 일으키며 여러 성현들을 괴롭혔기 때문에 그 나라 백성들은 안심하고 살 수가 없었습니다.

　그러자 이천의 아라한이 모여 신통력으로 그 용왕을 추방하려고 했답니다. 그러나 그들이 아무리 경천동지驚天動地하는 신통력을 부려도 용왕은 꼼짝도 하지 않았어요. 그때 기야다 존자가 용이 사는 연못으로 가서 손가락을 세 번 퉁기며 말했습니다.

　"용아, 이제 이곳을 떠나서 다시는 돌아오지 마라."

그랬더니 용은 온순한 강아지처럼 순순히 계빈국을 떠났어요.

그 모습을 지켜본 이천의 아라한들이 존자에게 말했습니다.

"우리 역시 존자와 마찬가지로 번뇌가 다한 아라한입니다. 우리 모두 힘을 합해 신통력을 썼음에도 저 용왕을 도저히 물리칠 수 없었는데, 존자께서는 간단히 손가락을 세 번 퉁기는 것으로 바다로 쫓아내셨습니다. 도대체 어찌된 일입니까?"

"저는 범부로 있을 때부터 계를 받아 지녀 스스로를 잘 단속해 왔습니다. 지금 여러분이 용을 쫓아낼 수 없었던 것은 저와 그 신통력이 같지 않기 때문일 것입니다."

얼마 후 기야다 존자는 제자들을 거느리고 북인도로 향해 가던 도중에 까마귀 한 마리를 보고 가만히 웃었습니다. 그러자 제자들이 궁금한 듯 물었어요.

"무슨 일로 웃으신 것입니까?"

"때가 되면 말하리라."

일행은 더 나아가다 어느 성에 이르렀습니다. 그때 존자는 얼굴빛이 달라질 정도로 슬퍼했어요. 그러다가 때가 되어 성안으로 들어가 걸식하고는 성문을 나오자 다시 슬퍼했습니다. 제자들은 무슨 잘못이라도 한 것처럼 모두 꿇어앉아 스승에게 물었어요.

"도무지 알 수 없습니다. 까마귀를 보고는 미소를 지으시더니, 왜 지금 이 성에 이르러서는 슬퍼하시는 것입니까?"

그러자 기야다 존자는 이런 이야기를 들려주었습니다.

구십일 겁 전 비파시불毘婆尸佛께서 열반에 드신 후 나는 한 장자의 아들로 태어났다. 그 당시 나는 출가하고자 했으나 부모들은 허락하지 않고 이렇게 말했다.

"집안일처럼 소중한 것은 없다. 네가 지금 출가하면 후사는 어쩐단 말이냐? 만일 장가를 가서 아들을 낳는다면 그때는 출가를 허락하마."

얼마 후 장가를 간 나는 아들을 얻자 다시 부모님께 말씀드렸다.

"이제 아들이 생겼으니 약속하신 대로 출가를 허락해 주십시오."

부모님은 대답을 뒤로 미룬 채 가만히 유모를 불러 손자에게 이렇게 하라고 시켰다.

"네 아버지가 출가하고자 할 때 너는 문 앞을 지키고 섰다가, 떠나는 아버지를 붙들고 이렇게 말해야 한다. 이미 저를 낳아 이렇게 길러 주시고는 왜 이제 저를 버리고 집을 떠나려 하십니까? 정녕 떠나시려거든 저를 죽이고 가소서."

내 아들이 시키는 대로 말했을 때 나는 가슴이 찢어지는 듯해서 이렇게 말할 수밖에 없었다.

"그래, 이 아비는 떠나지 않을 테니 걱정하지 말아라."

그 때문에 나는 출가하여 해탈을 얻지 못하고 생사의 바다를 전전하게 된 것이다. 수많은 전생을 돌이켜 보건대 육도를 윤회하며 가족이 서로 만나기는 정말 어려운 일이었다. 아까 내가 웃은 것은 그 까마귀가 바로 그때의 아들이었기 때문이다.

또 내가 슬퍼한 이유는 다음과 같다. 아까 성문 곁에서 한 아귀의 아들을 만났는데, 그가 그렇게 말했다.

"저는 이 성문 곁에서 칠십 년을 살았습니다. 제 어머니는 매일 저를 위해 성에 들어가 음식을 구하지만 한 번도 얻어 온 적이 없습니다. 저는 굶주리고 목이 말라 거의 죽을 지경입니다. 존자께서 성안에서 우리 어머니를 보시거든 빨리 제게 와 달라고 전해 주십시오."

나는 성에서 그 아귀 어머니를 보고는 그 말을 전했다.

"빨리 당신 아들에게 달려가 보시오. 그가 이제 굶주림과 목마름에 지쳐 죽어 가면서 당신을 찾고 있소."

그러자 아귀 어머니가 이렇게 말하는 것이었다.

"제가 이 성에 들어온 지 벌써 칠십 년이 지났습니다. 저는 박복하여 오랫동안 굶주려서 기운이 하나도 없습니다. 간혹 고름과 피, 똥 같은 더러운 것들이나마 주워 먹으려 해도 다른 힘센 아귀들이 빼앗아 가기 때문에 저는 한입도 먹을 수 없었습니다. 이제 마지막으로 더러운 것을 한 줌 얻어 성 밖으로 나가 아들과 함께 먹으려고 하는데, 성문을 지키고 있는 힘센 귀신들이 나가지 못하게 막고 있으니 이 일을 어찌합니까? 존자께서는 부디 저희 모자를 가엾이 여겨 저를 데리고 나가 주십시오. 그렇게 해서 저희 모자가 서로 만나 이 더러운 것이나마 나누어 먹을 수 있게 해 주십시오."

"너는 이곳에서 산 지 얼마나 되었느냐?"

"저는 이 성이 일곱 번 이루어지고 또 그만큼 무너지는 것을 보았습니다."

"아귀는 오래 살기 때문에 그 고통 역시 끝이 없구나."

기야다 존자는 아귀 어머니와 대화를 나누자 육도윤회의 괴로움을 상기하여 슬픈 표정을 지었던 것입니다.

스승의 이야기를 들은 제자들은 깊은 감명을 받고 노력한 결과 곧 깨달음을 얻게 되었답니다.

잡보장경

제바달다

부처님이 왕사성에 계실 때 한번은 제바달다에게 이렇게 말했습니다.

"너는 부디 여래에게 악심을 품지 마라. 그렇게 하면 스스로 손해를 보고 고통을 당할 뿐이니라."

곁에서 그 말씀을 들은 여러 비구들이 부처님께 말씀드렸습니다.

"보기 드문 일입니다, 세존이시여. 제바달다는 항상 부처님께 악심을 품고 있는데, 부처님께서는 도리어 그를 가엾게 여기사 늘 부드러운 말로 가르치십니다."

그러자 부처님은 다음과 같은 이야기를 들려주셨습니다.

먼 옛날 가시국의 바라나성에 첨복瞻蔔이라는 이름을 가진 커다란 용왕이 살고 있었다. 그는 항상 때를 맞춰 비를 내려 온갖 곡식을 영글게 했다. 그리고 매달 14일과 15일에는 사람으로 변하여 오계를 받들어 지키며 설법을 들었다.

그런데 남인도에서 온 한 주술사가 화살을 들고 주문을 외워 첨복을 잡아가 버리고 말았다. 그러자 한 천신이 가시국왕에게 날아가 그 사실을 알렸다.

국왕은 곧 군사를 풀어 그 뒤를 쫓아갔다. 그런데 그 주술사가 다시 주문을 외우자 왕의 군사들은 발에 풀칠이라도 한 것처럼 제자리에서 옴짝달싹할 수도 없었다. 국왕은 힘으로는 어쩔 수 없다는 생각이 들자 많은 보물을 주고 사정하여 용왕을 되찾아 왔다.

얼마 후 그 주술사가 다시 와서 주문을 외워 첨복을 잡아가려 했다. 이번에는 첨복의 부하들이 가만있지 않았다. 무리를 이룬 용들은 비를 쏟고 번개를 일으키며 그 주술사를 죽이려고 했다. 그러자 용왕은 도리어 부하들에게 이렇게 말했다.

"그를 죽이지 마라."

그러고는 그를 잘 타일러서 돌아가게 했다. 하지만 욕심을 버리지 못한 주술사는 몇 달 후 다시 용왕을 잡으러 왔다. 그러자 용왕의 부하들은 이번에는 도저히 참을 수 없다며 당장 그를 죽이려고 했다. 첨복은 다시 부하들을 말려 그를 죽이지 못하게 하고 무사히 돌아가게 했다.

부처님이 한마디 덧붙였습니다.

"비구들아, 그 당시의 용왕 첨복은 바로 지금의 이내 몸이요, 주술
사는 제바달다이니라. 나는 그때 용이었으면서도 자비심에 여러 번
그의 목숨을 구해 주었거늘, 하물며 성불한 지금 어찌 다시 그를 사
랑하지 않겠느냐?"

잡보장경

개로 태어났던 과거

남인도의 어떤 두 비구는 기야다 존자가 덕이 높다는 소문을 듣고 직접 찾아보고자 계빈국으로 향했습니다. 그들은 어느 나무 밑을 지나다가 몸이 바싹 여윈 한 비구가 부엌에서 불을 지피고 있는 모습을 보고 다가가 물었지요.

"혹시 기야다 존자를 아시는지요?"

"물론이지요."

"지금 어디에 계십니까?"

"위쪽 세 번째 굴 안에 계십니다."

두 비구가 산을 올라 세 번째 굴에 이르자 아까 본 비구가 그곳에 와 있었습니다. 깜짝 놀란 두 비구는 속으로 생각했어요.

'저 비구가 바로 기야다 존자인가? 그렇게 고명한 분이 왜 그때 자기라고 밝히지 않고 수고롭게 먼저 올라와 계신단 말인가?'

그때 의심을 풀기라도 하듯 한 비구가 존자에게 물었습니다.

"존자께서는 그리 고명한 분이신데, 어찌 손수 불을 지피십니까?"

"과거의 육도 윤회를 생각하고 또 중생을 위해서라면 내 사지와 머리라도 기꺼이 태울 참인데, 하물며 장작 몇 개 태우는 게 무슨 대수로운 일인가?"

"알 수 없습니다. 존자의 높은 뜻을……."

"나는 아직도 기억이 생생하다. 나는 과거 오백 세 동안 개로 태어나 항상 굶주림에 시달려야 했다. 그래도 오직 두 번만은 배불리 얻어먹을 수 있었는데, 한 번은 술 취한 이가 토한 것을 핥아 먹었을 때요, 두 번째는 부부만 살고 있는 집에서였다. 남편은 들에 일하러 나가고 아내만 남아 밥을 짓고 있다가 잠깐 집 밖으로 나갔다. 그때 나는 부엌으로 달려 들어가 실컷 밥을 먹었다. 그런데 밥그릇 주둥이가 작아 머리를 빼지 못했다. 당황해서 어쩔 줄을 모르며 끙끙거리고 있는데, 들에서 돌아온 남편이 벌컥 화를 내며 내 머리를 베고 말았다. 배는 불렀지만 결국 죽고 말았던 것이다."

두 비구는 존자의 이야기를 듣고 소스라치게 놀랐지요. 그리하여 생사를 싫어한 나머지 일심으로 정진하여 수다원과를 얻었답니다.

잡보장경

소 이야기

옛날 한 바라문이 마실천摩室天을 밤낮으로 받들어 섬겼습니다. 그러자 어느 날 그 천신이 바라문에게 물었어요.

"네 소원이 무엇이냐?"

"저는 제사를 관리하는 주인이 되기를 원합니다."

"그러면 저기 여러 마리의 소가 있으니 제일 앞에 있는 놈에게로 가서 내가 말한 대로 물어보아라."

바라문은 천신이 시키는 대로 그 소에게 가서 이렇게 물었습니다.

"너는 지금 괴로우냐 아니면 즐거우냐?"

"말도 못하게 괴롭습니다. 무거운 수레를 끄느라 등짝이 휠 정도입니다."

"너는 무슨 인연으로 소가 된 것이냐?"

"전생에 저는 제사를 관리하는 주인이었습니다. 하지만 천신에게 제사하는 데 쓰는 재물을 마음대로 쓴 과보로 목숨을 마친 후 소가 되어 이런 고통을 당하는 것입니다."

소와 이야기를 마친 바라문은 다시 마실천에게로 돌아갔습니다. 그러자 천신이 물었지요.

"아직도 네 소원은 변함이 없느냐?"

"소가 들려주는 이야기를 들어 보니 그럴 생각이 전혀 없습니다."

"사람은 선악을 행하고 스스로 그 과보를 받는 법이니라."

바라문은 참회하고 그 후로 선을 행하는 데 힘썼습니다.

잡보장경

착한 코끼리

부처님이 사위성에 계실 때 여러 비구들에게 이렇게 가르치셨답니다.

"다음 여덟 종류의 사람들에게는 반드시 보시하되 결코 그 공덕을 의심해서는 안 된다. 부모와 부처님, 그 제자들, 멀리서 오는 이와 멀리 떠나는 사람, 병자와 병자를 간호하는 사람이다."

그러자 여러 비구들이 찬탄했습니다.

"훌륭하십니다, 세존이시여! 부처님께서는 항상 부모 공경을 첫 번째에 두십니다."

"나는 오늘날만 그런 것이 아니다. 먼 옛날부터 항상 부모님을 존중하고 공경했느니라."

"그 일을 들려주십시오."

그러자 부처님은 다음과 같은 이야기를 했습니다.

먼 옛날 가시국왕迦尸國王과 비제혜국왕比提醯國王이 있었다. 그중 비제혜국왕에게는 커다란 향상香象이 있었는데, 그는 그 향상의 힘으로 말미암아 가시국왕의 군사를 무찔러 대승을 거두었다. 패전한 가시국왕은 속으로 애가 탔다.

'내게 그런 향상만 있었다면 질 리가 없을 텐데, 도대체 어디서 그런 향상을 얻어 이 원한을 갚을꼬?'

그때 한 사람이 가시국왕을 찾아와 아뢰었다.

"저는 흰 향상이 살고 있는 산을 알고 있습니다."

그 말에 귀가 번쩍 뚫린 가시국왕은 곧 전국에 방을 붙여 알리게 했다.

"누구든지 향상을 잡아 오면 억만 금을 주리라."

이에 한 용감한 사내가 여러 장정들을 데리고 가서 그 향상을 사로잡았다. 사로잡힌 향상은 속으로 생각했다.

'내가 이들을 피해 멀리 달아나면 눈먼 늙은 내 부모는 누가 봉양한단 말인가? 일단 순순히 따라가 보자.'

용감한 사내가 향상을 잡아 돌아오자 국왕은 매우 기뻐하며 곧 성대한 잔치를 열어 위로하고 억만 금을 하사했다. 그러나 잡혀 온 향상은 음식을 주어도 조금도 먹으려 하지 않았다. 향상을 지키던 병사는 국왕에게 달려가 보고했다.

"저 코끼리가 도통 음식에는 입을 대지 않습니다. 이러다간 얼마 못 가 굶어 죽고 말 것입니다."

천신만고 끝에 얻은 향상을 어찌 눈앞에서 잃을 수 있단 말인가. 병사의 보고에 화들짝 놀라 술이 깬 국왕은 몸소 향상에게 달려가 물었다.

"너는 무슨 이유로 음식을 먹지 않는 게냐?"

코끼리가 대답했다.

"제게는 눈멀고 늙은 부모님이 계십니다. 제가 풀과 물이 있는 곳으로 인도하지 않으면 그분들은 굶으실 수밖에 없습니다. 부모님이 굶주리는데 제가 어찌 음식을 먹을 수 있겠습니까?"

코끼리는 눈물을 흘리며 말을 이었다.

"제가 만일 달아나고자 했다면 아무리 많은 장정들이라 해도 제 길을 막지 못했을 것입니다. 다만 그러다가 무슨 불상사라도 생기면 부모님을 영영 뵙지 못할 수도 있다는 생각에 순순히 따라온 것입니다. 국왕께서 허락해 주신다면 부모님이 천수가 다하실 때까지 봉양한 후 다시 돌아오겠습니다."

그 말을 들은 국왕은 한탄하듯 입을 열었다.

"우리는 코끼리만도 못하구나. 이 코끼리는 사람보다 낫다."

가시국 백성들은 본래 부모를 공경하는 법이 없었다. 그러나 코끼리가 한 말에 감명받은 국왕은 온 나라에 영을 내렸다.

"차후로 부모를 공경하지 않는 자들은 중한 벌을 주리라."

국왕은 곧 코끼리를 풀어 주었다. 향상은 살던 곳으로 돌아가 부모님을 모시다가 그들이 천수를 다하자 다시 돌아왔다. 가시국왕은 매우 기뻐하며 곧 향상을 무장시킨 후 당장 비제혜국을 공격하려고 했다. 이때 코끼리가 말했다.

"대왕이시여, 전쟁을 피하십시오. 전쟁이 일어나면 피차 득이 될 일이 없습니다."

"하지만 나는 저들에게 당한 치욕을 잊을 수 없노라."

"그러면 저 혼자 그 나라에 가게 해 주십시오. 그러면 다시는 그들이 대왕을 업신여기지 못하게 만들겠습니다."

"네가 가서 혹시 못 돌아오는 일이 생기면 어떡하느냐?"

"저를 막을 수는 없을 것입니다."

잠시 후 코끼리는 홀로 비제혜국으로 갔다. 비제혜국왕은 향상이 홀로 왔다는 말을 듣고 매우 기뻐하며 친히 나아가 맞이하고는 말했다.

"이제 우리나라에서 살도록 하라."

"저는 이 나라에서 살 수 없습니다. 저는 태어나서 지금까지 한 번도 헛말을 한 적이 없는데, 이미 가시국왕에게 반드시 돌아가겠노라고 언약을 했습니다. 대왕이시여, 왜 두 나라는 계속 서로를 원수처럼 대해야 하는 것입니까? 각자 자기 나라에 만족하면 서로 해를 끼칠 일이 없지 않겠습니까?"

코끼리는 계속해서 게송을 읊었다.

이기면 원수가 더 생기고

지게 되면 근심과 괴로움만 느나니

승패를 다투지 않는 것

그것이 제일 즐거운 일이어라

게송을 마친 코끼리는 곧바로 가시국으로 돌아갔다. 그 후로 두 나라
는 다시는 서로를 적대하는 일 없이 화목하게 지냈다.

그때의 가시국왕은 지금의 바사닉왕이고, 비제혜국왕은 지금의 아
사세왕이며, 향상은 바로 부처님이었다.

잡보장경

상인을 구한
큰 거북

부처님께서 왕사성에 계실 때 늘 부처님께 악심을 품고 있던 제바달
다는 활 잘 쏘는 바라문 오백 명을 고용하여 부처님을 죽이고자 했
답니다. 그런데 바라문들이 시위를 당겨 일제히 활을 쏘자, 화살은
부처님 몸 근처에 이르러 오백 송이의 아름다운 꽃으로 변하고 말았
어요. 그 신기한 모습을 지켜본 오백 명의 바라문들은 놀랍고도 두
려워 곧 활을 버리고 엎드려 참회했습니다. 부처님이 그들을 가엾게
여겨 설법하시자 그들은 그 자리에서 모두 수다원의 도를 얻게 되었
답니다. 그들은 입을 모아 부처님께 말씀드렸지요.

"원컨대 저희들의 출가를 받아들여 주옵소서."

부처님은 그들을 환영하며 말했습니다.

"잘 왔도다, 비구들이여."

그러자 그들의 머리칼과 수염이 저절로 땅에 떨어지고 법복이 걸쳐졌어요. 부처님이 계속해서 그들을 위해 설법하시자 그들은 곧 아라한의 도를 얻게 되었답니다. 그들은 공손히 부처님께 말씀드렸습니다.

"부처님의 지혜와 공덕은 이 세상에서 다시 볼 수 없는 것입니다. 저희들은 제바달다의 사주를 받아 부처님을 해치고자 했으나, 부처님께서는 도리어 저희들을 용서해 주시고 깨달음까지 얻게 하셨습니다."

그러자 부처님은 다음과 같은 이야기를 했습니다.

먼 옛날 바라나국에 불식은不識恩이라고 하는 거상巨商이 살고 있었다. 그는 오백 명의 상인들을 거느리고 바다에 들어가 보물을 찾아서 돌아오다가 소용돌이를 만났는데, 여러 나찰들이 배를 붙들고 놓아 주지 않아 앞으로 나갈 수 없었다. 오백 명의 상인들은 두려움에 떨며 소리쳤다.

"일월성신이여, 그 누구든지 곤경에 빠진 저희들을 구하옵소서."

그때 등의 길이가 삼백 미터나 되는 커다란 거북이 상인들의 외침을 듣고 가엾게 여겨 배가 있는 곳으로 헤엄쳐 왔다. 거북은 그 모든 이들을 등에 태우고 바다를 건네주었다. 잠시 후 몹시 지친 거북이 잠에 빠지자 불식은은 바위로 거북의 머리를 때려 죽이려고 들었다. 그러자 여러 상인들이 말리며 말했다.

"우리가 살아난 것은 다 저 거북 때문이오. 그런데 은혜를 갚지 못할망정 죽이려고 하면 되겠소?"

"지금 당장 굶어 죽을 판인데, 그런 것을 따져 무엇하겠는가?"

불식은은 기어코 거북을 죽였고, 오백 명의 상인들 역시 그 고기를 나눠 먹었다. 하지만 그날 밤, 한 떼의 코끼리들이 지나가며 그 상인들을 모두 밟아 죽였다.

그때의 커다란 거북은 지금의 부처님의 몸이요, 불식은은 바로 제바달다이며, 오백 명의 상인들은 바라문들이었습니다.

잡보장경

310

생활 속의 원수

성질이 온순하고 부지런한 계집종이 보리와 콩을 관리하고 있었습니다. 어느 날 집에서 기르던 숫양이 계집종이 잠시 자리를 비운 틈을 노려 보리와 콩을 한 말쯤 먹어 치워 버렸어요. 그 바람에 계집종은 주인에게 호된 꾸지람을 들어야 했습니다. 계집종은 화가 잔뜩 났지요.

'내가 혼난 것은 다 저 숫양 때문이다.'

계집종은 곧 막대기를 들고 달려가 숫양을 마구 때렸답니다. 숫양 역시 가만히 있지 않고 뿔로 계집종을 들이받았지요. 계집종과 숫양은 툭하면 이렇게 싸웠습니다.

한번은 계집종이 등불을 가지고 부엌으로 가는데, 숫양이 계집종의 손에 막대기가 없는 것을 보고 이때다 하고 달려들었지요. 숫양은 있는 힘을 다해 계집종을 들이받았어요. 다급해진 계집종은 등불을 숫양에게 던졌습니다. 그 바람에 숫양의 잔등에 불이 옮겨 붙자 숫양은 뜨거움을 참지 못하고 이리저리 날뛰면서 집 안 곳곳에 불을 붙이고 다녔습니다. 이어서 온 동네에 불이 나고 산과 들에까지 불길이 번졌습니다.

그때 마을 근처 동산에는 원숭이 오백 마리가 살고 있었는데, 미처 불길을 피하지 못해 모두 불에 타 죽고 말았어요. 그 모습을 본 한 천신天神이 게송을 읊었습니다.

화를 내며 서로 싸우는 자들
그 사이에는 절대 머물지 마라
숫양과 계집종이 서로 싸우는 바람에
마을 사람들은 집을 잃고 원숭이들은 모두 타 죽고 말았네

잡보장경

312

고기가 먹고 싶어

매우 큰 부자인 노인이 있었습니다. 어느 날 고기가 먹고 싶어진 그는 밭머리에 있는 커다란 나무를 가리키며 아들에게 말했답니다.

"지금 우리가 이렇게 부자로 살 수 있는 것은 다 저 나무 덕택이다. 저 나무의 신이 우리를 돌봐 주었다. 너희들은 오늘 양 한 마리를 잡아 제사 지내도록 해라."

아들들은 아버지의 말을 따라 곧 양 한 마리를 잡고, 그 나무 근처에 사당을 세우고는 제사를 지냈습니다. 얼마 후 노인은 생을 마감하고, 자기가 저질렀던 업에 쫓겨 자기 집 양으로 다시 태어났습니다.

그때 여러 아들들은 나무 신에게 제사를 지내려고 양 한 마리를 고르다가 마침 양으로 태어난 자신들의 아버지를 선택했어요. 그러자 그 양이 히히힝 울부짖었습니다.

"그 나무에 무슨 신이 있다고 그러느냐? 옛날에 나는 그저 고기가 먹고 싶어서 핑계를 댄 것뿐이다. 그 고기는 너희들과 함께 맛있게 먹었는데, 그 죄보는 나만 먼저 받는구나."

마침 그 집에 걸식하러 온 아라한이 이런 양의 말을 알아듣고는 아들들에게 천안天眼을 빌려 주어 관찰하게 했습니다. 아들들은 그 양이 전생의 아버지였던 사실을 알아보자 단번에 사당을 부수고 다시는 함부로 살생을 하지 않았답니다.

잡보장경

용왕 아내의 질투

부처님이 왕사성에 계실 때 그 나라의 재상은 빈바사라국왕을 따라 자주 부처님 처소로 가서 '욕심을 없애는 설법'을 들었습니다. 재상은 깨닫는 바가 있어 그 후로는 부인의 처소에 가지 않았습니다. 이에 부인은 독한 마음을 품고 부처님을 해치고자 독약을 몰래 구해 음식에 넣은 뒤 부처님을 초청했습니다. 이때 남편 역시 그 음식을 먹으려고 하자, 부인은 다른 음식을 내놓았어요. 이를 이상히 여긴 남편은 부처님께 말씀드렸지요.

"부처님, 그 음식은 드시지 마십시오."

"왜 그러는가?"

"제 처의 행동이 수상하니 분명 그 음식에는 독약이 들어 있을 것입니다.”

“이 세상에 삼독보다 더한 독은 없느니라. 나는 이미 그것을 없애
버렸는데 어찌 그 밖의 독이 나를 해칠 수 있겠는가?”

부처님은 아무런 거리낌 없이 그 음식을 드셨습니다. 하지만 부처
님에겐 아무런 이상도 일어나지 않았어요. 그 모습을 본 재상 부인
은 깜짝 놀라 조금이나마 부처님의 위신력을 믿는 마음이 생겼습니
다. 공양을 마친 부처님이 그들을 위해 설법하시자 그들은 곧 수다
원과를 얻게 되었습니다. 이 사실을 전해 들은 제자들은 세상에 보
기 드문 일이라고 입을 모아 찬탄했습니다. 그러자 부처님께서 다음
과 같이 말했습니다.

한량없는 먼 세월 전에 가시국왕에게는 비도혜比圖醯라는 이름을 가
진 총명한 신하가 있었다. 그는 도법으로 국왕을 돕고 다른 신하들
역시 선한 법을 닦게 했다. 그때 명상明相이라는 용왕이 비도혜를 자
주 찾아오다 교화되어 아내의 처소에 거의 가지 않게 되었다. 이에
용의 아내는 불같이 화를 내며 비도혜를 저주했다.

“그자의 심장을 도려내서 불에 제사를 올리고 그 피를 마시고야 말
리라.”

그때 평소 용궁에 자주 들락거리던 한 야차가 그녀의 말을 듣고 살며
시 일렀다.

"왕비님, 제가 왕비님의 소원을 풀어 드릴 수 있습니다."

"도대체 무슨 방법이 있기에 그렇게 호언장담하는 것이오?"

"저만 믿으십시오."

야차는 왕비의 귀에 무슨 말인가 속삭이더니 용궁에 있는 여의주를 들고 가시국왕을 찾아갔다. 야차는 여의주를 걸고 가시국왕과 도박을 하고자 했다. 국왕이 여의주가 탐나 그에 응하자 야차는 국고國庫와 비도혜를 내기로 걸라고 했다. 이윽고 도박은 야차의 승리로 끝났다. 얼굴이 새파랗게 변한 국왕에게 야차는 여의주를 내밀며 비도혜만 넘겨 주면 국고는 취하지 않고 이 여의주를 주겠다고 했다. 그러자 국왕이 재상에게 말했다.

"이 일을 어쩐단 말이오?"

비도혜는 침착하게 대답했다.

"저를 내주십시오."

이렇게 해서 야차는 비도혜를 얻어 용궁으로 향했다. 가는 길에 비도혜가 야차에게 물었다.

"도대체 나를 끌고 가는 이유가 무엇이오?"

야차는 묵묵부답이었다. 그러나 비도혜가 끈질기게 물어보자 마침내 귀찮다는 듯이 입을 열었다.

"용왕의 왕비가 당신의 심장을 도려내 불에 제사를 드리고 그 피를 마시고자 한다."

"여인의 질투란 한없이 무서운 것이구나. 그대는 부디 나를 죽이지 마라. 그녀가 내 심장을 원한다면 대신 내 지혜를 줄 것이요, 또 내 피를 원한다면 나의 선한 법을 주리라."

그 말을 들은 야차는 속으로 생각했다.

'이 사람은 분명 지혜로운 자임에 틀림없다.'

야차는 비도혜를 왕비가 아니라 용왕 앞에 데리고 가서 자초지종을 설명했다. 그러자 용왕은 매우 기뻐하며 비도혜를 환대했고, 비도혜는 용왕과 그 권속들을 위해 설법을 했다. 이에 용왕 부부와 그 권속들은 물론, 야차 무리까지 모두 오계를 받들어 지키기로 서약했다.

얼마 후 염부제의 모든 용과 야차들이 보물을 잔뜩 가지고 몰려와 비도혜에게 바치자, 그는 그것을 가지고 돌아와 국왕과 백성에게 모두 나누어 주었다.

잡보장경

사막에서
물과 풀을 버리면

옛날에 부유한 두 상인이 각자 오백 명씩의 무리를 거느리고 있었습니다. 어느 날 그들은 다른 나라에 가서 장사를 하기로 했지요. 그곳에 가려면 광활한 사막을 지나야 했으므로 함께 모여 떠나기로 했습니다.

그동안의 경험에 따라 그들은 꽤 많은 양의 물과 풀을 준비하여 사막을 지나고 있었답니다. 그때 한 야차귀가 대상의 무리를 발견하고 미모의 소녀로 둔갑했어요. 그녀는 화려한 옷을 걸치고 머리에 현란한 장신구를 단 채 거문고를 타고 있었지요. 대상 무리가 다가오자 그녀는 힐끗 바라보며 말했습니다.

"먼 길을 가시느라 피곤하시죠? 그런데 그 많은 물과 풀을 지니고 있다니요? 이 근처에 물과 풀이 아주 많은 곳이 있으니 이젠 필요 없을 거예요. 그러니 그것들을 버리고 저를 따라 물과 풀이 있는 곳으로 가는 게 어때요?"

그 말을 듣고 한 우두머리 상인이 수하들에게 물과 풀을 모두 버리게 했습니다. 그러나 또 다른 우두머리 상인은 무언가 이상하다는 듯이 생각에 잠겼지요.

'사막에서 물과 풀을 버리는 것은 목숨을 버리는 것과 마찬가지다. 무턱대고 한 사람의 말을 순순히 따를 수는 없다. 게다가 저 미모의 소녀는 어디에서 왔는지도 모르지 않는가?'

물과 풀을 버린 우두머리 상인과 그를 따르는 무리들은 소녀를 따라 반나절쯤 갔지만 물과 풀을 볼 수 없었어요. 그래서 그 소녀에게 막 물어보려고 하는데 그 소녀는 이미 사라지고 없었지요. 결국 그들 모두는 사막에서 죽고 말았습니다. 그러나 물과 풀을 버리지 않은 우두머리 상인과 그 수하들은 무사히 목적지까지 가서 장사를 잘 할 수 있었답니다.

잡보장경

스스로 짓고
스스로 받는다

어느 날 국왕이 잠에서 깨어나, 근처에 대기하고 있던 두 사람의 내관이 소곤거리는 소리를 들었습니다. 그중 한 내관이 말했어요.

"내가 오늘날 이렇게 살고 있는 것은 모두 왕의 은혜 덕분이다."

그러자 다른 내관이 말했어요.

"나는 그렇게 생각지 않는다. 모두 자기의 운명에 따른 것이다."

국왕은 이 말을 듣고 왕의 은혜 덕분에 산다는 내관에게 상을 내리고자 생각했습니다. 왕은 왕후에게 사람을 보내 알렸어요.

"내관 한 사람을 보낼 테니, 그가 오면 금은보화와 좋은 옷을 주도록 하시오."

이렇게 지시한 왕은 그 내관을 불러들여 함께 술을 마시다가 반쯤

남은 술잔을 건네며 왕후에게 갖다 주라고 시켰습니다. 왕후가 있는 곳으로 가던 내관은 갑자기 코피가 흘러 멈추지 않았어요. 마침 자기 운명으로 산다고 말했던 내관이 지나가기에 자기 대신 그 술잔을 왕후께 갖다 드리라고 부탁했습니다.

왕후는 한 내관이 술잔을 갖고 오자 왕이 내린 명령에 따라 그에게 후한 상을 내렸어요. 상을 받은 내관은 왕에게 그 사실을 보고했습니다. 국왕은 그 말을 듣고 깜짝 놀라며 원래 술잔을 맡겼던 내관을 불러 물었지요.

"어찌 된 일인가? 내가 그대에게 왕후한테 가 보라고 했거늘 왜 가지 않았는가?"

"갔었습니다. 그런데 도중에 코피가 흘러 멈추지 않았습니다. 저는 왕후께서 그 모습을 보면 놀라실까 봐 다른 내관에게 대신 술잔을 왕후께 갖다 드리라고 부탁했습니다."

전후 사정을 알게 된 국왕은 깊게 탄식하며 말했습니다.

"부처님 말씀이 틀리지 않구나! 스스로 짓고 스스로 받는 법이라고 하시더니……. 이것은 결코 변할 수 없는 이치임을 이제야 분명히 알겠노라."

잡보장경

기러기

부처님께서 왕사성에 계실 때 제바달다는 호재護財라는 코끼리에게 술을 잔뜩 먹여 취하게 한 후 부처님을 밟아 죽이고자 했습니다. 호재가 거대한 몸뚱어리를 흔들며 미친 듯이 돌진해 오자 부처님 주위에 있던 오백 명의 아라한들은 눈 깜짝할 새 모두 공중으로 날아오르고 오직 아난만이 부처님 곁에 남아 있었어요.

부처님은 조금도 당황하지 않으신 채 오른손을 펴시자 다섯 손가락이 오백 마리의 용맹한 사자로 변했습니다. 오백 마리의 사자가 한꺼번에 으르렁거리자 술 취한 호재도 정신이 번쩍 나 두려워하며 곧 부처님의 발을 핥으며 눈물을 흘렸습니다. 부처님은 호재를 쓰다듬으시며 홀로 남아 있는 아난에게 다음과 같이 말했습니다.

먼 옛날 가시국에 오백 마리의 기러기가 무리를 이루어 살고 있었다. 그 기러기 무리의 왕은 뢰타였는데, 그에게는 소마素摩라는 이름을 가진 신하가 있었다. 어느 날 먹이를 찾아 나섰다가 뢰타가 사냥꾼의 손에 잡히자 오백 마리의 기러기들은 그를 버리고 뿔뿔이 흩어졌다. 그런데 오직 소마만은 대성통곡을 하며 사냥꾼을 따라다니면서 말했다.

"제발 저희 왕만은 풀어 주시고 대신 저를 잡아가십시오."

그러나 사냥꾼은 들은 척도 하지 않고 뢰타를 범마요梵摩曜왕에게 진상했다. 왕은 뢰타에게 물었다.

"기러기왕이여, 불편하지는 않은가?"

"저희는 평소 대왕의 큰 은혜를 입어 이 나라의 맑은 물과 맛있는 풀을 먹으면서 살아왔습니다. 부디 대왕께서는 저희 무리로 하여금 두려움 없이 이 땅에 살 수 있게 해 주십시오."

그때 오백 마리의 기러기 떼가 궁중 위를 배회하며 슬픈 듯이 울어 댔다. 이에 하늘을 올려다본 왕이 물었다.

"난데없이 웬 기러기 떼냐?"

"저들은 모두 저의 무리입니다."

범마요왕은 잠시 생각하다가 곧 나라에 영을 내려 기러기 사냥을 금지했다. 그러자 뢰타가 말했다.

"대왕이시여, 세상은 무상한 것이니 부디 정법으로 나라를 다스리십

시오. 아무리 드높은 권세와 많은 재물을 가지고 있다 해도 생로병사
는 결코 비켜 가는 법이 없습니다. 죽음이 임박하여 무엇을 믿고 의
지할 것입니까? 그러므로 부디 항상 사랑하는 마음을 품고 정성껏
정법을 행하신다면 죽음이 다가와도 후회하시지 않을 것입니다. 그
러면 후세에 좋은 곳에 태어나서 반드시 성현을 만나 생사의 바다를
벗어날 수 있을 것입니다."

잠자코 뢰타의 말을 듣고 있던 왕은 갑자기 생각났다는 듯이 곁에 있
던 소마에게 물었다.

"너는 왜 아무 말도 없느냐?"

"사람의 왕과 기러기왕이 대화를 나누고 계신데, 제가 끼어드는 것은
예의가 아닙니다. 그래서 잠자코 있었습니다."

"거참 드문 일이로다. 한낱 미물인 기러기가 충신의 절개를 지키다
니? 사람으로서도 따르기 힘든 일이라 하지 않을 수 없다. 너는 네 몸
을 대신 잡혀 기러기왕을 구하려 했고, 나의 궁전에 들어와서는 경거
망동하지 않으니, 너희가 갖춘 군신君臣의 의리는 참으로 보기 힘든
일이구나."

범마요왕은 자신의 금목걸이를 풀어 기러기왕의 목에 걸어 주면서
말했다.

"너는 내게 좋은 법을 가르쳐 주었으므로 이렇게 풀어 주는 것이다."

얘기를 마친 부처님은 덧붙였습니다.

"아난아, 그때의 기러기왕은 바로 지금의 이내 몸이고, 소마는 너이니라. 그리고 범마요왕은 내 아버지 정반왕이고, 사냥꾼은 저 제바달다이니라."

잡보장경

사슴과 연꽃

부처님께서 왕사성 기사굴산에 계실 때 여러 비구들에게 다음과 같
은 이야기를 들려주었습니다.

한량없이 먼 옛날 바라나波羅奈라는 나라에 선산仙山이 있었는데, 그
산에 살고 있던 한 바라문은 항상 같은 돌 위에 대소변을 보았다.

그런데 하루는 암사슴이 와서 그것을 핥아 먹다가 새끼를 배게 되었
다. 이윽고 달이 차차 암사슴은 한밤중에 그 바라문의 처소 앞에 찾
아와 계집아이를 낳고는 사라져 버렸다.

그 아이는 얼굴이 마치 선녀처럼 고왔으나 다리만은 사슴 다리를 닮

아 있었다. 아침에 자리에서 일어난 바라문은 처소 앞에 놓여 있는 아이를 보고는 깜짝 놀랐으나 어찌할 도리가 없어 딸로 삼아 길렀다. 바라문 법에 따르자면 항상 불을 받들어 섬겨 결코 꺼지지 않게 해야 한다. 그런데 한번은 딸아이가 불씨를 잘못 간수하는 바람에 그만 불이 사라지고 말았다. 그 사실을 알면 아버지가 그냥 두지 않을 것이라는 두려움에 딸아이는 다섯 리쯤 떨어져 있는 다른 바라문의 처소로 달려가 불씨를 빌리고자 했다. 그런데 딸아이의 발자국마다 연꽃이 피어오르지 않는가? 그 모습을 지켜본 바라문은 매우 신기해하며 그녀에게 말했다.

"내 부탁을 들어주면 불씨를 주마. 우리 집 주위를 일곱 바퀴 돌되 앞의 발자국을 밟아서는 안 된다."

그녀는 바라문의 부탁을 들어주고는 불씨를 얻자 바람같이 집으로 돌아갔다. 그때 사냥을 나온 범예왕梵像王은 그 바라문의 집에 일곱 겹으로 피어 있는 연꽃을 보고는 이상한 생각이 들어 바라문을 불러 물었다.

"아니, 늪이 있는 것도 아닌데 어찌하여 저렇게 보기 좋은 연꽃이 필 수 있단 말인가?"

바라문은 방금 전에 있었던 일을 범예왕에게 소상히 말씀드렸다. 그러자 왕은 곧 연꽃 발자국을 따라갔다. 왕은 선산에 사는 그 바라문의 처소에 이르러 그녀를 보길 청했다. 선녀 같은 그녀의 모습을 본 왕은 곧 바라문에게 그녀를 달라고 부탁했다. 바라문은 망설이지 않고 그 청에 따랐다.

왕은 그녀를 데리고 궁중으로 돌아가 둘째 부인으로 삼았다. 그러던 어느 날 그녀에게 태기가 있자 왕은 점쟁이를 불러 점을 치게 했다. 점쟁이가 말했다.

"왕비께서는 장차 천 명의 왕자를 낳으실 것입니다."

곁에서 그 말을 듣고 있던 첫째 부인은 그렇게 되면 왕의 총애를 잃을까 두려워 전전긍긍했다. 마침내 그녀는 독한 마음을 품고 일을 꾸미기로 했다. 우선 그녀는 둘째 왕비를 몹시 아끼는 척하며 갖가지 보물을 나누어 주었다.

이윽고 달이 차자 둘째 왕비, 즉 녹녀鹿女는 연꽃 천 송이를 낳았다. 그러나 막 해산하려고 할 때 첫째 왕비는 녹녀의 눈을 가린 다음 썩어서 형체를 알아볼 수 없는 말 허파를 다리 밑에 두었다. 그리고 녹녀가 낳은 연꽃 천 송이는 상자 안에 담아 강물에 던졌다. 이어 녹녀의 눈을 풀어 주고는 매몰차게 말했다.

"이 요망한 계집 같으니라고! 네가 무엇을 낳았는지 눈으로 직접 한 번 보거라."

간신히 몸을 일으킨 녹녀는 썩은 말 허파를 보고는 기절해 버렸다. 첫 부인은 싸늘한 미소를 머금고 왕의 처소로 달려가 이 모든 사실을 낱낱이 알렸다.

"대왕이시여, 근본도 모르는 계집을 궁중에 들인 것이 화근입니다. 그 계집은 천 명의 왕자는커녕 썩은 말 허파같이 생긴 괴상망측한 물건만 낳았을 뿐입니다. 이보다 상서롭지 못한 일이 또 어디 있겠습니까?"

내관을 보내 그 사실을 확인한 왕은 당장 둘째 왕비를 폐하고 다시는 눈앞에 나타나지 못하게 했다.

그 무렵 강 하류에 자리 잡은 나라의 오기연烏耆延왕은 여러 후궁들을 데리고 물놀이를 나왔다가 이상한 상자가 떠내려가는 모습을 보았다. 그는 곧 좌우에 명하여 그 상자를 건져 오게 했다.

잠시 후 왕이 직접 그 상자를 열자 연꽃 천 송이가 들어 있었는데, 연꽃 한 송이마다 한 명의 사내아이가 튀어나오는 것이 아닌가. 왕은 하늘이 내리신 선물이라며 매우 기뻐하고는 그 아이들을 모두 궁중으로 데리고 가서 길렀다. 그들은 건강하게 자라나 곧 커다란 장사들이 되었다.

오기연왕은 매년 범예왕에게 공물을 진상해 왔었다. 하루는 사신이 공물을 싣고 떠나려 하는데 여러 아들이 궁금히 여기며 물었다.

"부왕이시여, 저 사신은 어디로 가는 것입니까?"

"범예왕에게 공물을 진상하러 가는 것이니라."

"저희 같은 장사들이 천 명이나 있는데, 무엇이 두려워 범예왕에게 공물을 진상한단 말입니까? 천하의 모든 나라가 앞다투어 달려와 부왕께 공물을 바치게 하는 것이 저희 아들들의 바람이옵니다."

아들들은 곧 대군을 거느리고 여러 나라를 정벌한 후 마침내 범예왕의 나라에 이르렀다. 그 소식을 들은 범예왕은 기겁하여 온 나라에 방을 붙여 위기를 모면하고자 했다.

"저 도적들을 물리칠 수 있는 지혜와 용기를 가진 자는 속히 입궐하라."

그러나 단 한 사람도 나서는 이가 없었다. 그때 녹녀가 달려와 범예왕에게 말했다.

"제게 방법이 있습니다."

"아니, 당신은 폐비가 아닌가?"

범예왕은 미덥지 않다는 표정을 지었으나 아무도 나서는 이가 없는 만큼 혹시나 하고 물었다.

"도대체 무슨 묘책이라도 있는가?"

"일백 장丈 높이의 대臺를 만들어 주십시오. 그러면 제가 알아서 하겠나이다."

이윽고 대가 완성되자 녹녀는 그 위에 올라가 조용히 앉았다. 그러자 천 명의 장사들이 활을 들어 쏘려고 했으나 이상하게도 손이 떨려 시위를 당기지 못했다. 이때 녹녀가 입을 열었다.

"삼가 너희들은 어미를 향해 활을 쏘지 마라. 내가 바로 너희들의 친어미니라."

"무엇으로 입증할 수 있단 말입니까?"

"내가 나의 가슴을 눌러 천 줄기의 젖이 나와 너희들의 입에 들어가면 내 말을 믿을 것이요, 그렇지 않으면 믿지 않아도 좋으리라."

녹녀는 두 손으로 자신의 가슴을 눌렀다. 그러자 천 줄기의 젖이 나와 천 명의 아들 입으로 들어갔다. 그러나 주위에 있는 다른 병사들의 입으로는 한 모금도 흘러 들어가지 않았다. 친어머니가 아니면 이런 일은 결코 있을 수 없다고 생각한 아들들은 곧 무릎을 꿇고는 어머니에게 용서를 빌었다. 녹녀는 아들 오백을 범예왕에게 주고 나머지 오백은 양아버지인 오기연왕에게 주어 서로 화합하여 다시는 침범하지 못하도록 했다. 그 후 두 나라 왕은 염부제를 양분하고는 각기 오백 아들을 거느리고 행복하게 살았다.

부처님이 이야기를 마치자 비구들이 입을 모아 여쭈었습니다.

"녹녀는 무슨 인연으로 사슴의 배를 빌어 태어났으며, 또 어떤 인연으로 왕비가 되었나이까?"

그러자 부처님은 또 다음과 같은 얘기를 들려주었습니다.

전세에 녹녀는 어느 가난한 집안에 태어났다. 어느 날 그 집 모녀가 밭에서 김을 매고 있다가 한 벽지불이 걸식하러 다니는 모습을 보게 되었다. 그때 어머니는 딸에게 이렇게 말했다.

"나는 이제 내가 먹을 밥을 가져다 저 수행자에게 드릴 참이다."

그러자 딸이 말했다.

"저도 제 몫을 보시하고 싶어요."

어머니가 밥을 가지러 간 사이, 딸은 마른 풀을 베어다가 깔고 그 위에 고운 꽃을 뿌리고는 벽지불에게 앉기를 권했다. 한참이 지나도 어머니가 오지 않자 딸은 언덕 위에 올라가 멀리서 종종걸음으로 달려오는 어머니를 보고는 소리쳤다.

"어머니는 왜 사슴처럼 빨리 뛰어오지 않는 거예요?"

이윽고 어머니가 도착하자 딸은 계속해서 어머니를 원망했다. 이 인연으로 딸은 후세에 사슴의 배를 빌어 태어나 다리가 사슴 다리를 닮게 되었으나, 꽃을 뿌린 공덕으로 발자국마다 연꽃이 피게 되었고, 또 풀을 깐 공덕으로 항상 왕의 부인이 된 것이다.

잡보장경

독사

부처님이 왕사성에 계실 때의 일입니다. 제바달다는 여러 가지 기회를 만들어 부처님을 해치려고 하였으나 뜻대로 되지 않았습니다.

그때 남천축국南天竺國에서 주술과 독약을 만드는 데 능한 한 바라문이 왕사성에 왔습니다. 제바달다는 그 바라문에게서 독약을 구해 기회를 틈타 부처님 몸에 끼얹었으나 마침 맞바람이 불어 도리어 독약을 뒤집어쓰고 말았습니다. 제바달다는 거품을 물고 까무러치더니 거의 죽을 지경에 이르렀는데 그를 치료할 수 있는 의사는 아무도 없었답니다.

아난이 부처님께 말씀드렸지요.

"부처님, 제바달다가 독약을 뒤집어써서 거의 죽게 되었습니다."

부처님은 그를 가엾게 여겨 곧 진실한 말로 일렀습니다.

"나는 보살로 있을 때부터 성불한 지금까지 항상 제바달다를 사랑하였고 악한 마음은 조금도 품은 적이 없노라. 이 말에 한 치의 어긋남도 없다면 독은 곧 저절로 사라질 것이다."

부처님이 말을 마치자 제바달다의 몸에서 독 기운이 사라졌습니다. 그 모습을 본 비구들은 깜짝 놀라며 부처님께 여쭈었습니다.

"정말 보기 드문 일입니다. 부처님! 제바달다는 늘 부처님을 해치려고 하는데, 어찌하여 부처님은 그를 구해 주시는 것입니까?"

"제바달다는 비단 오늘만 내게 악심을 품은 것이 아니라 옛날에도 그런 적이 있었느니라."

부처님은 한 이야기를 들려주었습니다.

먼 옛날 이 세상에 가시국迦尸國이라는 나라가 있었다. 그 나라에는 두 사람의 재상이 있었는데 한 사람은 사나斯那라고 했고, 또 한 사람은 악의惡意라는 이름을 가지고 있었다. 사나는 늘 법을 따라 행했고, 악의는 악행을 일삼으며 남을 모함하기를 좋아했다. 그러던 어느 날 악의는 왕에게 이렇게 고했다.

"대왕이시여, 사나가 반역을 꾀하고 있습니다."

그 말에 넘어간 왕은 불같이 화를 내며 곧 사나를 잡아들여 감옥에 가두었다. 그러자 천상의 여러 선신善神들이 허공에서 소리를 질렀다.

"아무 죄도 없는 어진 이를 어찌하여 하옥한단 말입니까?"

여러 용들도 앞다투어 그렇게 말하고 신하와 백성 역시 이구동성으로 말했다. 그러자 왕도 어쩔 수 없이 사나를 풀어 주었다.

악의는 사나가 풀려나자 이를 갈다가 어느 날 왕의 창고에서 보물을 훔쳐 사나의 집에 몰래 가져다 두고는 사나가 대왕의 보물을 훔쳤다고 왕에게 고해 바쳤다. 그러나 왕은 전혀 믿으려 하지 않고 도리어 이렇게 말했다.

"너는 사나를 미워하기 때문에 이런 어처구니없는 일을 꾸민 것이 분명하다."

그러고는 좌우를 둘러보며 호령했다.

"당장 악의를 포박하여 사나에게 넘겨주어 그 죄를 다스리게 하라."

사나는 악의를 설득하여 왕에게 참회하게 했다. 그렇게 하겠다고 약속한 악의는 벌을 주면 어떡하나 하는 두려움에 비제혜毘提醯의 나라로 도망가 버렸다. 그는 그곳에서 보물 상자 하나를 만들어 독사 두 마리를 그 안에 넣고는, 비제혜왕에게 주어 그것을 가시국왕에게 보내게 했다. 이미 악의의 사주를 받은 비제혜왕의 사신은 가시국왕을 알현하자 이렇게 말했다.

"이 상자 속에는 이 세상에서는 결코 볼 수 없는 보물이 들어 있습니다. 따라서 폐하와 재상 사나 이외에는 결코 들여다보아서는 안 됩니다."

가시국왕은 멋지게 생긴 보물 상자를 받아 들고는 매우 기뻐하며 사나를 불러 같이 열어 보고자 했다. 그러자 사나가 말리며 말했다.

"멀리서 온 물건을 몸소 보아서는 안 됩니다. 또 멀리서 온 음식은 당장 드셔도 안 됩니다. 혹 이 속에 악한 물건이 들어 있어 대왕을 해칠까 걱정됩니다."

그러나 왕은 고집을 피우며 말했다.

"경은 무슨 의심이 그리 많소? 나는 내 눈으로 직접, 그것도 제일 먼저 봐야겠소."

사나가 세 번이나 간곡하게 말렸지만 왕은 들은 척도 하지 않았다. 그러자 사나는 마지막으로 다시 말했다.

"신의 말씀을 듣지 않으시겠다면 폐하 혼자서 보십시오. 신은 들여다볼 생각이 없습니다."

궁금증을 참다못한 왕은 보물 상자를 열고 그 안을 들여다보았다. 상자 안에 들어 있던 독사 두 마리는 기다렸다는 듯이 독액을 내뿜었다. 그 바람에 왕은 그만 두 눈의 시력을 잃고 말았다. 사나는 그 책임이 자기에게 있다고 생각해서 죽고 싶은 마음이 들 정도였다. 그래서 사람을 사방 여러 나라로 파견하여 좋은 약을 구해 왕의 눈을 고쳐 주었다.

그때의 가시국왕은 지금의 사리불舍利佛이고, 사나는 바로 부처의 몸이고, 악의는 제바달다였다.

잡보장경

보리떡을
보시한 인연

옛날 바라나국에 찢어지게 가난하여 하루 치 양식조차 품을 팔아 구하는 사내가 있었어요. 어느 날, 그날도 사내는 품을 팔아 저녁에 먹을 보릿가루 여섯 되를 간신히 구했습니다.

집으로 가는 도중에 스님 한 분이 발우를 들고 지팡이를 짚은 채 걸식하며 돌아다니는 모습을 본 사내는 생각했습니다.

'저 스님은 너무나 의젓하고 단정해서 공경하는 마음이 절로 생기는구나. 저런 스님에게 한 끼나마 보시하는 것도 좋은 일일 것이다.'

스님이 사내가 서 있는 냇가에 이르자 스님에게 다가가 말했지요.

"스님, 제가 하찮은 보릿가루지만 보시하려고 하는데 드시겠습니까?"

"예. 고맙습니다."

사내는 냇가에 자신의 옷을 깔아 자리를 만든 후 스님을 앉히고는 보릿가루 한 되를 물에 개어 보리떡 한 덩이를 만들어 스님에게 주면서 속으로 이렇게 발원했습니다.

'이 스님이 청정한 계율을 지키고 도를 얻은 분이라면, 이 공덕으로 현세에 한 작은 나라의 왕이 되게 하소서.'

그러자 떡을 받아든 스님이 갑자기 중얼거렸어요.

"왜 이리 작을까? 왜 이리 너무 작을까?"

사내는 보리떡이 부족해서 그러신다고 생각했습니다. 사내는 다시 보릿가루 한 되로 보리떡 한 덩이를 더 만들어 주면서 마음속으로 발원했어요.

'이 스님이 청정한 계율을 지키고 도를 얻은 분이라면, 이 공덕으로 작은 나라 두 개의 왕이 되게 하소서.'

사내가 생각을 마치자마자 스님이 다시 입을 열었습니다.

"왜 이리 너무 작을까?"

이에 사내는 생각했습니다.

'이 스님은 정말 많이 드시는 분인가 보다. 보리떡을 두 덩이나 드렸는데도 아직 적다고 하시니……. 그래! 기왕 보시하기로 했으니 아낌없이 양을 채워 드려야겠다.'

사내는 이번에는 두 되의 보릿가루로 떡을 만들어 주면서 발원했습니다.

'이 스님이 청정한 계율을 지키고 도를 얻은 분이라면, 이 공덕으로 현세에 네 개의 작은 나라를 다스리는 왕이 되게 하소서.'

그러자 이번에도 스님은 똑같이 말하는 것이었어요.

"왜 이리 너무 작은가?"

그래서 사내는 어쩔 수 없이 마지막으로 남아 있던 보릿가루 두 되를 몽땅 털어 떡을 만들어 주면서 발원했지요.

'이 스님이 청정한 계율을 지키고 도를 얻은 분이라면, 바라나국의 왕이 되어 주위에 있는 네 개의 작은 나라를 다스리고, 또한 도道도 깨닫게 하옵소서.'

스님은 그 떡을 받고도 여전히 작다고 중얼거렸어요. 그러자 사내가 말했습니다.

"우선 드십시오, 스님! 만일 이것으로도 양에 차지 않는다면, 제가 입고 있는 옷을 팔아서라도 스님을 만족시켜 드리겠습니다."

그런데 스님은 떡을 한 덩이만 먹고 나머지는 사내에게 돌려주었어요. 이에 사내는 이상하다는 생각이 들어 물었습니다.

"스님께서는 떡이 너무 작다고 불평하셨는데, 왜 다 드시지 않는 것입니까?"

"내가 작다고 한 것은 그대가 공양을 하며 발원하는 그 마음이 작다고 한 것이지, 떡이 작다고 한 말이 아니오."

스님의 말에 사내는 도리어 의심이 생겼어요.

'어찌 현세에 다섯 나라의 왕이 되는 일이 작은 일이란 말이냐? 혹

시 엉터리 스님이 아닐까?'

스님에게 한 마디 하려다 다시 곰곰이 생각해 본 사내는 마음을 가다듬었습니다.

'아니야, 내 속마음을 손금 보듯 들여다본 것을 보면 보통 스님이 아님은 분명해. 이런 스님이 허튼소리를 할 리가 없어.'

사내의 생각을 꿰뚫어 본 스님은 발우를 공중으로 집어던지고는 그 뒤를 따라 날아올라 몸에서 물과 불을 내뿜기도 하고, 수많은 분신을 내보이기도 하고, 물 위를 걷기도 하는 등 여러 가지 신통력을 보였습니다.

"그대는 크게 발원하고 의심하지 마라."

스님은 말을 마치자마자 온데간데없이 사라졌습니다.

잠시 어리둥절해 하던 사내는 곧 정신을 차리고는 집으로 돌아가다가 우연히 재상의 행렬을 만나게 되었답니다. 사내의 행색을 유심히 살펴보던 재상이 사내를 불렀어요.

"자네 혹시 아무개의 아들이 아닌가?"

"맞습니다."

"그런데 어쩌다 행색이 이렇게나 남루하게 되었나?"

"부모님이 돌아가신 후 가세가 급격하게 기울고, 또 아무도 도와주는 이가 없어 이렇게 되었습니다."

며칠 후 재상은 사내를 데리고 입궐하여 왕에게 말했습니다.

"폐하의 절친한 친우였던 아무개의 아들이 지금 문밖에 있습니다."

사내를 맞이한 왕은 이것저것 캐묻고는 친우의 아들임이 확실하자 다정하게 말했습니다.

"이제 나를 의지해서 대궐에서 살도록 해라. 네 아버지와 나는 둘도 없는 친구였으니, 나를 아버지로 생각하여라."

사내가 대궐에 들어온 지 칠 일이 되지 않아 왕이 갑자기 병을 얻어 불귀의 객이 되고 말았습니다. 그러자 신하들이 모여 의논했어요.

"폐하께서 갑자기 서거하셨으니 정말 큰일 났소이다. 후사를 이을 왕자가 없으니 말이오."

"그러게 말입니다. 아, 저 빈궁한 사내를 폐하께서 평소 아들처럼 대하셨으니, 그를 왕으로 추대하는 것이 어떻겠소?"

"좋소. 그를 바라나 국왕으로 모셔 네 나라를 다스리게 합시다."

이렇게 해서 갑자기 왕이 된 사내는 그 후 차츰차츰 성질이 사나워져 폭정을 일삼았습니다. 그러던 어느 날, 전날의 스님이 대궐에 나타나 허공에 가부좌를 틀고 앉아 외쳤습니다.

"지난날의 너는 도를 깨닫기를 구하더니만, 지금은 어찌 악업만을 쌓는단 말이더냐?"

스님은 왕을 위해 여러 가지 부처님 말씀을 설했습니다. 그러자 왕은 눈물을 흘리며 스님 앞에서 참회했어요. 스님이 떠난 후 왕은 행동을 삼가고 부지런히 도를 닦아 마침내 수다원이 되었답니다.

잡보장경

342

형을 시기한
삼장법사

옛날에 두 형제가 있었는데, 부처님의 가르침을 흠모하다 마침내 출가하여 도를 닦게 되었습니다. 그중 형은 부지런히 여러 가지 선법善法과 아련행阿練行을 닦아 오래지 않아 아라한의 경지에 올랐지요. 그리고 아우는 총명한 데다 박학다식하여 삼장三藏에 통달하게 되었습니다.

이런 소문을 들은 나라의 재상은 두 형제 중 아우인 삼장법사를 초빙하여 수많은 재물을 주고 승방僧房과 탑사塔寺를 조성하게 했습니다.

삼장법사는 수많은 재물과 여러 사람들을 거느리고 돌아다니며 좋은 땅을 골라 절을 지었어요. 그렇게 해서 지어진 절은 아름답기 그지없었지요. 삼장법사의 절 짓는 솜씨를 본 재상은 더욱 굳게 믿는 마음이 생겨 항상 공경하면서 모자란 물건이 없도록 뒤를 봐주었습니다. 삼장법사는 재상의 사람됨이 좋은 것을 보고 이렇게 생각했어요.

'이제 절이 완성되었으니 여러 스님들이 편안하게 살 수 있을 것이다. 그리고 재상에게 부탁해서 내 형님도 모셔 오도록 하자.'

생각을 마친 삼장법사는 곧 재상을 찾아가 말했습니다.

"제게 형님이 한 분 계시는데 저처럼 출가하여 열심히 아련행을 닦고 있습니다. 시주께서는 부디 제 형님을 초빙하여 이 절에 머무를 수 있게 해 주십시오."

"스님의 청이라면 보통 비구라 해도 감히 거절할 수 없는데, 하물며 스님의 형님으로 아련행을 열심히 닦는 분을 어찌 마다하겠습니까?"

재상은 곧 사람을 보내 아련행을 닦는 비구를 간곡하게 청했습니다. 마침내 그가 와서 부지런히 수행에 전념하는 모습을 본 재상은 환희심이 일어 전보다도 훨씬 많은 재물을 공양했습니다.

얼마 후 재상은 천만 냥의 가치가 나가는 질 좋은 비단을 아련행을 닦는 비구에게 보시했습니다. 그러나 그는 그 비단을 받으려 하지 않았습니다. 하지만 재상이 극구 받아 달라고 간곡하게 부탁하자 받고 나서 속으로 생각했어요.

'아우는 절을 경영하는 사람이므로 분명히 재물이 필요할 것이

다.'

비구는 곧 아우를 찾아가 비단을 건네주었습니다.

얼마 뒤 재상은 또 천만 냥의 가치가 있는 비단 한 필을 가지고 와서 아련행을 닦는 비구에게 주었어요. 그러자 그 비구는 비단을 다시 아우에게 보냈답니다. 비단을 전해 받은 아우는 질투심이 불같이 일어 그 비단을 챙겨 들고는 재상이 가장 사랑하는 딸을 찾아가 말했습니다.

"당신 아버님은 전에는 저를 무척 후대했는데, 제 형님이 오신 뒤로는 저를 몹시 박대하고 있습니다. 제 형님이 무엇으로 그대 아버님을 혹하게 했는지 전혀 알 수가 없습니다. 여하튼 당신은 이 비단을 가지고 집에 가서 옷을 지어 입으십시오. 그러면 분명 그대 아버님이 그 비단을 어디서 얻었느냐고 물어보실 겁니다. 그때 아버님이 무척 소중하게 대하시는 아련행을 닦는 비구가 나를 붙들고 이것을 주었습니다 하고 말씀하십시오. 그러면 아버님은 분명 화를 내시며 다시는 제 형님과 말하려고 하지 않으실 것입니다."

재상의 딸은 삼장법사의 말에 고개를 갸우뚱하며 대꾸했어요.

"저희 아버님은 지금 그 비구를 마치 자신의 눈동자나 진주만큼이나 아끼고 사랑하여 후대하고 공경하는데, 어찌 하루아침에 갑자기 비방하고 헐뜯겠습니까?"

"만일 제가 부탁드린 대로 하지 않으신다면, 앞으로 다시는 저를 볼 생각을 하지 마십시오."

그러자 재상의 딸이 당황한 듯 말리며 말했습니다.

"아닙니다. 아닙니다. 스님께서 부탁하신 대로 하겠습니다."

재상의 딸은 비단을 받아들고 집으로 돌아와 옷을 지어 입고는 재상 앞에 나섰어요. 한눈에 그 비단을 알아본 재상은 속으로 생각했습니다.

'아련행을 닦는 비구는 정말 나쁜 사람이다. 보시한 비단을 내 딸을 유혹하는 데 쓰다니 말이다.'

그 후 재상은 아련행을 닦는 비구가 찾아와도 몸소 맞이하지도 않고, 불편한 안색을 지어 보였답니다. 그러자 비구는 재상의 달라진 모습을 보고 생각했습니다.

'갑자기 저런 태도를 취한다는 것은 분명 어떤 사람이 근거 없이 나를 비방했기 때문이리라.'

아련행을 닦는 비구는 허공으로 날아올라 십팔 가지 신변神變을 나타냈습니다. 그 모습을 본 재상은 아련행을 닦는 비구가 보통 비구가 아님을 알고 그 발에 예배하며 잘 알지도 못하고 불손하게 행동했던 것을 가슴 깊이 참회했습니다. 그러고는 보통 때보다 곡절이나 간곡한 마음으로 공양을 했답니다. 이윽고 전후 사정을 알게 된 재상은 삼장법사와 자신의 딸을 국외로 추방했습니다.

이 이야기를 마친 부처님은 덧붙였습니다.

"그 당시의 삼장법사는 지금의 이내 몸이니라. 나는 그때 형님을 비방한 죄로 한량없는 세월 동안 큰 고통을 받아 왔고, 현세에서도 그러했느니라. 그때의 재상 딸은 성현을 비방한 업보로 현세에서는 거지가 되어 곤궁하고 비참한 삶을 살고 있다. 그러므로 사람은 모든 일을 분명하게 살펴보고는 함부로 남을 비방하여 그 죄보를 부르지 말아야 하는 법이니라."

잡보장경

효심으로
악법을 고치다

부처님께서 사위성에 계실 때 여러 비구들에게 말했습니다.

"만일 집에 범천梵天을 머물게 하고 싶으면 부모에게 효도하라. 그러면 범천은 곧 그 집에 머물 것이다. 제석천을 머물게 하고 싶어도 부모에게 효도하라. 그러면 그 뜻을 이룰 수 있을 것이다. 뭇 천신이 너희들 집을 지켜 주기를 원한다면 부모를 잘 모셔라. 그러면 모든 천신들이 떠나지 않을 것이다. 여러 성현과 부처님을 공양하고 싶으면 먼저 부모를 공양하라. 그러면 성현들과 부처님이 곧 그 집을 찾을 것이니라."

이에 비구들이 부처님께 말씀드렸습니다.

"부처님께서는 참으로 효도를 강조하시는군요."

"내가 현세에서만 효도를 강조하는 것은 아니다. 과거세에도 그 랬느니라."

"부처님, 저희들은 과거세의 일을 알 수 없으니, 부디 그때의 일을 들려주옵소서."

그러자 부처님은 다음과 같은 이야기를 들려주었습니다.

옛날 바라나국에 외아들을 둔 한 가난한 이가 있었다. 세월이 흘러 그 외아들이 장가를 가서 여러 명의 아이를 낳았다. 외아들 역시 살림은 곤궁한데 자식이 여럿이나 되니 집안 형편은 갈수록 곤궁해졌다.

그러던 어느 해, 극심한 흉년이 들어 너나없이 먹을 양식이 모자랐 다. 이에 한 입이라도 줄여야겠다고 생각한 외아들은 부모를 산 채로 생매장하고 집으로 돌아왔다. 얼마 후 이웃 사람이 물었다.

"요즘 자네 부모님이 안 보이시니 어찌된 일인가?"

외아들은 잠시 망설이다가 입을 열었다.

"부모님은 연로하셔서 곧 돌아가실 것이므로 부모님을 미리 땅에 묻 고 그분들이 드실 몫으로 아이들을 키우고 있소."

"일리가 있는 말이로군."

이 소문이 퍼지자 너도나도 부모를 생매장하게 되었으며, 급기야는 국법으로 정하게 되었다.

이 나라에 역시 외아들밖에 없는 한 장자가 살았는데, 그의 외아들이 장가가서 아들을 낳았다. 장자의 외아들은 대단한 효자였는데, 사람들이 평소 자신들의 부모를 생매장하는 모습을 보고는 이럴 수는 없다고 생각하여 어떻게 하면 그 국법을 없앨까 고심했다. 아들은 몇 날 며칠을 생각하다 아버지를 뵙고 말씀드렸다.

"아버지, 제가 다른 나라에 거처를 마련해 놓았으니 당분간 거기에 머무시는 것이 더 좋겠습니다."

자식의 간곡한 청을 받아들인 아버지는 외국에 머물면서 경론도 공부하고, 풍물도 살피면서 지내다가 몇 년 후 다시 돌아왔다. 세월이 흘러 아버지가 연로해지자 아들은 땅을 파고 그 속에서 편안하게 생활할 수 있게끔 집을 지어 아버지를 모시고 조석으로 좋은 음식을 봉양하였다.

'부모님을 생매장하는 나쁜 법을 없애는 일을 도와줄 이가 이 세상에 한 사람만이라도 있으면 좋겠다.'

아들이 이렇게 생각하는데, 한 천신이 허공에 나타나 이렇게 말했다.

"착한 이여! 내가 그대의 짝이 되어 주리라. 그대는 내가 말한 네 가지 질문을 받아 적어 대궐문에 붙여 놓아라. 첫째, 어떤 것이 최고의 재물인가? 둘째, 가장 즐거운 일은 무엇인가? 셋째, 가장 훌륭한 맛은 무엇인가? 넷째, 가장 오래 사는 것은 무엇인가? 이 물음을 해결하면 내가 왕을 보호하겠지만, 만일 대답하지 못하면 칠 일 후 왕의 머리를 산산조각 내겠다고 해라."

아들은 곧 천신의 말을 받아 적은 종이를 대궐문 위에 붙여 두었다.

그것을 본 왕은 깜짝 놀라 신하들을 소집해 의논했으나 그 물음을 해결할 수 있는 이가 아무도 없었다. 왕은 신하들을 책망하다 온 나라에 방을 붙였다.

"이 문제를 해결하는 사람이 있으면 그 사람의 소원은 무엇이든지 들어주겠노라."

그러나 아무도 해결하지 못했다.

그러던 어느 날 장자의 아들이 왕을 찾아가 말했다.

"제가 그 답을 알고 있습니다."

"오! 그래? 어서 말해 보거라."

"믿음이야말로 최고의 재물이요, 정법正法이 가장 즐거운 일입니다. 진실한 말이 가장 맛이 좋고, 지혜의 목숨이 가장 깁니다."

"그게 정답이라면 어서 종이에 써서 대궐문 위에 붙여 두어라."

칠 일 후 천신이 나타나 그 종이에 쓰여 있는 답을 보고는 매우 기뻐했다. 가슴을 쓸어내린 왕은 안도의 한숨을 내쉬며 장자의 아들을 불러 물었다.

"어떻게 천신의 수수께끼를 풀 수 있었는가?"

"저희 아버님께서 가르쳐 주셨습니다."

"그대 아버지는 지금 어디 계신가?"

"진실을 말하여도 처벌하지 않으신다면 사실대로 말씀드리겠습니다."

"걱정 말고 어서 말해 보거라."

"저의 아버님은 연로하셔서 국법대로라면 이미 생매장을 했어야 합니다. 그러나 부모의 은혜는 무겁기가 천지와 같습니다. 어머니는 자식을 태에 열 달이나 품고 있으며, 낳은 후에는 진자리 마른자리를 가려 가며 키우십니다. 또 사람답게 사는 법을 가르쳐 주셨으니, 오늘날 이 몸이 있게 된 것은 모두 부모님의 덕입니다. 해와 달을 바라보고 여러 가지 음식을 먹으며 이 세상을 살아갈 수 있는 것도 모두 부모님 덕분에 가능한 일입니다. 왼쪽 어깨에 아버지를 업고 오른쪽 어깨에 어머니를 업은 후 백 년 동안 걸어 다니면서 갖가지로 공양한다 하더라도 부모님이 베푸신 은혜는 정녕 갚을 길이 없습니다. 그런데 어찌 사람의 자식이 부모를 생매장할 수 있단 말입니까? 그래서 아버님을 땅 속에 숨겨서 모셔 왔습니다. 제 소원은 대왕께서 연로한 부모를 생매장하는 악법을 금하여 주시는 것이옵니다."

"옳다! 여봐라. 당장 온 나라에 방을 붙여 부모에게 불효하는 자는 엄중히 다스릴 것이라고 알려라."

잠보장경

출가의 공덕

어느 날 부처님은 제자 아난과 함께 비사리성毗舍離城에 들어가 손수 발우를 들고 여러 집들을 돌며 걸식했습니다. 비사리성에는 비라선나 왕자가 살았는데, 그는 그날 궁녀들과 높은 누각에서 음주가무를 즐기고 있었어요. 그 모습을 본 부처님이 아난에게 말했습니다.

"저 왕자는 칠 일 후 반드시 죽을 것이다. 그리고 만약 지금 출가하지 않는다면 지옥에 떨어질 것이다."

아난은 왕자에게 달려가 부처님의 예언을 전했습니다. 왕자는 비통한 표정을 짓다가 지옥에 떨어지고 싶지 않으니 출가하겠노라고 말했어요. 그로부터 엿새 동안 왕자는 인간이 즐길 수 있는 모든 쾌락을 마음껏 다 맛보았답니다. 그리고 이레째 되는 날 아침 부처님을 찾아가 출가하기를 청했지요.

출가한 비라선나 왕자는 하룻밤 하룻낮 동안 계율을 지키며 수행하다가 마침내 숨을 거둔 뒤 사천왕천四天王天에 태어났어요. 그리고 사천왕천에서의 수명이 끝나자 북천왕北天王 비사문毗沙門의 아들로 태어나 여러 천녀들과 함께 갖가지 쾌락을 즐겼는데, 그곳에서의 수명은 오백 세였습니다. 그 후 다시 제석천의 아들로 태어났는데, 그때의 수명은 일천 세였지요. 그리고 다시 염마천焰摩天의 왕자로 태어나서는 이천 세를 살았답니다. 이처럼 비라선나 왕자는 단 하루 출가한 공덕으로도 무려 이십 겁劫 동안이나 지옥에 떨어지지 않고 천상에 태어나 행복한 생활을 누릴 수 있었지요.

또 어떤 이는 집이 부유해서 갖추지 않은 것이 없었지만, 어느덧 장년을 거쳐 노년이 되자 세속을 싫어하게 돼 출가 수도를 했습니다. 그는 계속해서 열심히 수행한 탓에 비류제리毗流帝梨라는 이름을 가진 벽지불이 되어 천하의 중생을 구제하니 그 공덕의 무량함은 가히 끝을 알 수 없는 대해大海와도 같았답니다.

세상 사람들이 갖가지 향과 꽃으로 삼보三寶를 공양함으로써 쌓은 공덕은 열반을 구함에 있어 하룻밤 하룻낮 동안 계를 지키며 출가한 공덕과 다르지 않습니다. 따라서 출가를 하면 그 존귀함은 이루 말할 수 없습니다. 그러나 세상 사람들은 사소한 재물과 여색 등을 탐하여 사후에 육도를 윤회하며 갖은 고생을 다 하는 것입니다.

불설출가공덕경

354

향로 속의 마음

비숭선費崇先은 송나라 때 사람으로, 어릴 때부터 불교에 무척 흥미가 많았습니다. 그는 항상 어른들을 따라 절에 가서 설법을 듣고 각종 불사佛事에 참여했어요. 그는 비록 나이는 어렸지만 소란을 피우기는커녕 귀 기울여 설법을 듣곤 했지요. 그 모습을 본 어른들은 이 아이가 상당히 비범하다고 입을 모아 말했습니다.

비숭선은 십삼 세가 될 때까지 홀로 열심히 수행했어요. 그러다가 태시泰始 삼 년이 되자 보살계菩薩戒를 받았지요. 이십사 일의 재계齋戒를 함에 있어서 그는 조금도 게으름을 피우지 않고 자기 무릎 앞의 상 위에 향로를 두고 설법을 들었습니다.

삼 일째 되는 날 저녁 그는 비범하게 생긴 사람이 앞에 불쑥 나타나더니 한 마디도 하지 않고 향로를 들고 가버리는 모습을 보았어요. 비숭선이 놀라 다시 쳐다보니 무릎 앞에 있는 향로에는 전과 다름없이 연기가 계속 피어오르고 있었습니다. 비숭선은 가만히 그 사람을 생각해 보았는데, 그 사람이 향로를 들었던 것 또한 분명했던 것 같았어요. 순간 비숭선은 갑자기 깨닫는 바가 있었지요. 향로를 들었던 그 사람은 신인神人이 분명했습니다.

비숭선이 황급히 자신을 둘러보자 입고 있던 옷은 새로 빤 탓에 매우 깨끗했지만, 주위를 살펴보니 침을 뱉는 통이 더러운 것을 보고는 얼른 치웠습니다. 잠시 후 그는 그 신인이 향로를 제자리에 다시 갖다 놓는 모습을 보았습니다. 그것은 마치 두 개의 향로가 포개져서 하나의 향로가 되는 것처럼 보였어요. 비숭선은 속으로 생각했지요.

'그렇다면 그 신인이 들었던 것은 향로의 그림자였단 말인가?'

비숭선은 일찍이 다른 사람들에게서 복원사福遠寺에는 흠니欽尼라는 스님이 계신다는 이야기를 들은 적이 있었어요. 그 스님은 수행에 전념한 탓에 큰 깨달음을 얻었다고 했습니다. 비숭선은 오래전부터 그 스님을 만나 인사를 드리고 싶었지만 기회가 없었어요.

어느 날 밤 삼경三更쯤 되었을 때 또다시 그 신인이 불쑥 나타났습니다. 그 신인은 용모가 단정했는데 갈색 가사를 걸친 채 우뚝 서서 비숭선을 바라보는 것이었습니다. 비숭선이 재계를 마치자 그 사람은 다시는 보이지 않았어요.

나중에 비숭선은 복원사에 스님들을 만나러 갔을 때 비로소 그날 저녁 향로를 들었던 신인을 만날 수 있었습니다. 바로 그가 인사를 드리고 싶었던 흠니 대사였던 것입니다.

불설사자월불본생경

불 속에서
태어난 아이

옛날에 한 부유한 노인이 살았는데, 슬하에 자식이 없다가 뒤늦게 부인이 임신을 하게 되었답니다. 그는 무척 기뻐하며 육사외도에게 달려가 태어날 아기에 대해 물었어요. 그러자 그들은 이렇게 대답했어요.

"당신의 처가 잉태하고 있는 아이는 딸인데, 태어나면 얼마 지나지 않아 요절할 것이오."

이 말을 듣고 걱정이 태산 같아진 노인은 이번에는 부처님에게 달려가 물었습니다. 부처님은 이렇게 말했습니다.

"당신의 부인은 아들을 낳을 것이오. 그 아이는 복도 많고 장수할 운명을 가지고 있소."

부처님의 예언을 전해 들은 육사외도는 임산부를 죽여 부처님의 예언이 엉터리라는 사실을 입증하려고 했습니다. 그래서 그들은 기회를 노리다가 임산부에게 독이 들어 있는 물을 마시게 해서 죽여 버렸어요.

노인은 부인이 죽은 것을 알고 망연자실해 있다가 예를 갖춰 화장하기로 했습니다. 화장 준비를 마치고 시신에 불을 붙이자 갑자기 부인의 배가 갈라지더니 한 남자아이가 울면서 튀어나왔어요. 그 모습은 마치 활짝 핀 연꽃 속에서 원앙새가 날아오르는 것과 같았답니다.

이때 그 사실을 천안으로 보게 된 부처님은 제자 기바耆波에게 말했습니다.

"네가 그 노인의 집에 가서 불 속에 있는 아이를 구출해 오너라."

기바는 곧 그 노인의 집으로 달려가 활활 타오르는 불 속으로 손을 뻗어 아이를 끌어안으려고 했습니다. 그때 육사외도가 기바에게 다가가 협박했어요.

"네가 만약 그 아이를 데려간다면 죽음을 면치 못하리라."

이에 기바가 말했습니다.

"나는 부처님의 명을 받고 이 아이를 구하러 왔다. 너희들이 나를 아비지옥의 맹렬한 불 속에 집어넣는다고 해도 나를 조금도 해칠 수 없거늘, 하물며 인간 세상의 불로 나를 위협하려 드느냐?"

기바는 마치 시원한 강물에 들어가는 것처럼 활활 타오르는 불길도 아랑곳하지 않고 불 속으로 들어가 아이를 구해 나왔어요. 그리고 아이를 노인의 품에 안겨 주었지요. 노인은 무척 기뻐 아이를 안은 채 부처님에게 찾아와 절을 하며 아이의 이름을 지어 달라고 부탁했습니다. 그러자 부처님이 웃으시면서 말했습니다.

"이 아이는 불 속에서 태어났고, 불은 수제樹提라고 부르니, 아이 이름을 수제가라 함이 좋겠구나."

대반열반경

4장

때를
기다려야 한다

어떤 일이 이루어지는 데 절대로 없어서는 안 될 요소 가운데 하나가 바로 시간입니다. 씨앗을 심었다고 해서 바로 열매를 얻을 수는 없는 법입니다. 씨앗이 물과 영양분을 흡수하여 싹이 트고 계절의 변화를 겪으면서 자라나야 마침내 열매를 맺게 되는 것입니다. 그러므로 어떤 일을 도모하여 합당한 성과를 보고자 한다면 시간을 가지고 차분히 기다릴 줄 알아야 합니다. 빨리 성과를 보고자 하는 욕심에 너무 성급히 서두르다가는 일 자체를 망치고 마는 법입니다. 밥을 짓는다면서 물이 끓기도 전에 자꾸 솥뚜껑을 열어 본다면 씹어서 삼키기 힘든 설익은 밥이 되고 마는 것과 같습니다.

❖

몽상 속의 누각

옛날에 어리석기 그지없지만 재물이 한량없이 많은 한 부자가 살았습니다. 그는 어느 날 다른 동네에 갔다가 삼 층 누각을 보고는 부러워하며 속으로 생각했답니다.

'내가 저 집 주인보다 재물이 적을 리 없다. 그런데도 나는 지금껏 저렇게 좋은 누각에 살지 못했구나.'

부자는 곧 목수 한 사람을 불러 물었습니다.

"저 삼 층 누각처럼 멋있는 집을 지을 수 있는가?"

"물론이죠. 저 집도 제가 지은 것입니다."

"그러면 서둘러 나를 위해 삼 층 누각을 짓도록 해라."

목수는 곧 땅을 고르는 작업부터 시작해서 벽돌을 쌓아 나가기 시

작했습니다. 그 모습을 본 부자가 이상하다는 듯이 고개를 갸우뚱거
리며 목수에게 물었지요.

"어떤 집을 지으려고 하느냐?"

"말씀하신 대로 삼 층 누각을 짓고자 합니다."

"나는 아래 두 층은 필요 없으니 먼저 삼 층부터 지어라."

"아니, 어찌 아래 이 층을 짓지 않고 처음부터 삼 층을 지을 수 있
단 말입니까?"

그러나 부자는 계속 고집을 피우며 말했답니다.

"나는 아래 이 층은 아무 필요도 없다. 반드시 맨 위층 집을 먼저
지어야 한다."

백유경

떡

내기를 좋아하는 부부가 있었습니다. 어느 날 부부는 맛좋은 떡 세 덩어리를 얻게 되었습니다. 그들은 떡 한 덩어리씩을 나누어 먹고 나서, 나머지 한 덩어리를 놓고 내기를 했습니다.

"먼저 말하는 사람이 지는 것으로 하는 게 어떻소?"

"좋아요."

부부는 서로 떡을 차지하려고 아무런 말도 하지 않고 떡만 지켜보고 있었습니다. 그때 도둑이 담을 넘어 들어와 돈이 될 만한 것은 모두 챙겼지요. 그러나 부부는 내기에 지지 않으려고 도둑을 눈앞에 두고서도 노려보기만 할 뿐 소리를 지르지 않고 있었습니다.

도둑은 부부가 아무 소리 못하고 있는 모습을 보고는 배짱이 생겨 남편의 면전에서 아내를 겁탈하려고 했습니다. 남편은 그 모습을 보고도 묵묵부답 아무런 말도 하지 않았어요. 그러자 다급해진 아내가 먼저 말을 하고 말았습니다.

"이 어리석은 사람 같으니라고! 한 덩어리 떡 때문에 도둑이 나를 겁탈하려 하는데도 가만히 있다니?"

그러자 남편은 도리어 박수를 치고 웃으면서 말했어요.

"멍청이, 네가 졌지? 이 떡은 이제 내 거야."

나중에 이 이야기를 들은 주위 사람들 중에는 웃지 않는 이가 없었습니다.

백유경

눈병

옛날에 한 여자가 심한 눈병을 앓고 있었는데 고생이 이만저만이 아니었습니다. 그 모습을 본 이웃집 여자가 중얼거렸지요.

"눈이 있으면 반드시 눈병에 걸리고 마는 법이다. 나중에 눈병에 걸려 저렇게 고생하기는 싫다. 그러니 아직 눈병에 걸리지 않았지만 미리 눈을 뽑아내는 게 좋겠다."

곁에 있던 사람이 이 말을 듣고는 비웃었습니다.

"눈이 있다고 해서 다 눈병에 걸리는 것은 아니다. 그러나 눈이 없으면 죽을 때까지 고생을 하게 될 것이다."

어리석은 범부들 역시 마찬가지입니다. '부귀는 모든 걱정의 근본이니 보시하지 않으면 훗날 그 죄보가 두렵다'라는 말을 듣고 재물에 관해 지나치게 근심해 거듭 고통을 받습니다. 그것은 어리석은 여자가 미리 아플 것을 걱정하여 눈을 뽑아 평생 고통을 당하는 것과 같지요.

백유경

귀한 아들

옛날에 아들 하나를 둔 부인이 있었습니다. 그 부인은 또 아들을 낳고 싶어 주위 사람들에게 좋은 방법을 물었지요.

한 할머니가 말했습니다.

"하늘에 정성껏 제사를 올리면 아들을 낳을 수 있네."

"그렇다면 제물로는 뭘 바쳐야 하죠?"

"자네 아들을 죽여 그 피를 희생물로 바치면 반드시 더 많은 아들을 낳을 수 있을 것이네."

할머니의 말을 들은 그 부인은 집으로 돌아와 외아들을 죽이려 들었습니다. 그때 곁에 있던 한 지혜로운 사람이 비웃으며 꾸짖었어요.

"어찌 이다지도 어리석을 수 있단 말인가? 아직 낳지도 않은 아들을 얻으려고 지금 살아 숨 쉬고 있는 외아들을 죽이려 하다니!"

백유경

어떤 해프닝

옛날에 돈이 무척 많은 한 장자가 있었어요. 그를 따라다니던 자들은 어떻게 해서든지 장자의 마음에 들려고 노력했습니다. 장자가 침을 땅에 뱉기라도 하면 주위에 있던 자들은 서로 먼저 달려들어 발로 문질러 대면서 아첨을 했지요.

　그때 그 무리 중에서 한 어리석은 이가 이렇게 생각했어요.

　'장자가 침만 뱉으면 저렇게 사람들이 달려들어 발로 문질러 대니 다음번에는 내가 먼저 그렇게 해 보리라.'

　그러다가 장자가 막 침을 뱉으려 하는 모습을 본 그 어리석은 이는 발을 들어 장자의 입을 짓이겨서 이빨을 부러뜨리고 말았습니다. 장자는 너무나도 기가 막혀 그 어리석은 이에게 물었어요.

"너는 무슨 까닭으로 내 입을 짓뭉갠 거냐?"

"어르신께서 침만 뱉으면 땅에 떨어지기 무섭게 주위에 있는 사람들이 달려들어 발로 문질러 댑니다. 저도 그렇게 하고 싶었지만 항상 기회를 놓쳤지요. 그래서 이제 막 침을 뱉으시려는 것 같기에 발로 문질러 어르신의 마음에 들려고 한 것입니다요."

백유경

본말전도

옛날에 한 사람이 죄를 지어서 왕에게 끌려가 매를 맞았습니다. 심하게 맞고 풀려난 그는 상처를 빨리 고치고자 말똥을 발랐어요.

그 모습을 본 한 어리석은 이는 매우 기뻐하며 생각했습니다.

'나는 이제 좋은 치료법을 얻었다.'

그는 집에 돌아오자마자 아들을 불러 말했어요.

"어서 내 등을 채찍으로 쳐라. 아주 대단한 치료법을 얻었으니 지금 시험해 보려 한다."

그는 아들이 채찍을 휘두른 등에 말똥을 바르고는 이제 곧 낫겠지 하며 희희낙락했습니다.

세상 사람들도 이와 같아서 부정관不淨觀을 닦으면 애욕에서 벗어

날 수 있다는 말을 듣고 이렇게 다짐합니다.

　'나는 여색과 오욕을 관觀해서 넘어서리라.'

　그러나 그 본질을 직시하지 못하고 도리어 여색에 홀려 생사를 전전하다 지옥에 떨어지고 맙니다.

백유경

착각

옛날에 두 농부가 사탕수수를 심으면서 서로 약속을 했습니다.

"좋은 사탕수수를 수확한 사람에게 상을 주기로 하자."

그때 한 농부는 속으로 이렇게 생각했어요.

'사탕수수는 아주 다니까 그 즙을 짜서 종자에 뿌리면 더 다디단 사탕수수를 얻을 수 있을 것이다.'

그는 곧 사탕수수를 눌러 즙을 내서는 종자에 뿌렸습니다. 그랬더니 종자만 못쓰게 되어 사탕수수를 하나도 수확할 수 없게 되었지요.

세상 사람들 역시 그와 같아 복을 구한답시고 자기 권세를 믿고 힘 약한 백성들에게서 재물을 빼앗아 남에게 베풀고는 선행을 했다고 생각합니다.

그러나 그렇게 하면 복을 얻기는커녕 사탕수수를 짜서 종자에 뿌림으로써 이것저것 모두를 잃고 마는 것과 같지요.

백유경

앞뒤가 맞지 않는
칭찬

옛날에 한 사내가 친구들 앞에서 자기 아버지의 덕을 칭송하며 이렇게 말했습니다.

"우리 아버지는 인자하여 남을 해치지 않고 도둑질을 한 적도 없으며 늘 진실만을 말씀하셨고, 또 남들보다 보시도 많이 하셨다."

그때 한 어리석은 사람이 말했습니다.

"우리 아버지의 덕행은 네 아버지보다 훨씬 낫다."

"그게 무슨 소린가?"

"우리 아버지는 어릴 때부터 음행을 하지 않아 더러움이 조금도 없으시다."

"그렇다면 너를 어떻게 낳았는가?"

이에 어리석은 사람은 말문이 막혔고 뭇사람들의 손가락질을 받았지요.

세상의 무지한 사람들이 사실을 정확히 알지 못한 채 무턱대고 남의 덕을 칭찬하려다가 도리어 비방하게 되는 일이 있음을 비유한 것입니다.

백유경

쌀을 몰래
훔쳐 먹다

옛날에 어떤 사람이 처가에 놀러 갔다가 쌀 찧는 모습을 보고 쌀 한 줌을 몰래 훔쳐 입에 넣었습니다. 그때 오랜만에 만난 아내가 달려와 인사를 했어요.

그러나 남편은 입 안 가득 쌀이 들었으므로 입을 열 수가 없었습니다. 차마 아내 앞에서 훔친 쌀을 보일 수 없었기 때문이었어요.

아내는 그가 입을 꼭 다물고 있자 얼굴을 더듬어 보고는 입 안에 종기가 난 것이라 생각하고 아버지에게 말했습니다.

"아버님, 지아비가 우리 집에 오자마자 갑자기 입 안에 종기가 생겼는지 입을 열지 못하고 있습니다."

걱정이 태산처럼 커진 장인은 곧 의사를 불렀지요. 의사는 남편을 이모저모 살펴보다가 말했습니다.

"아무래도 중한 병 같습니다. 칼로 입을 찢어 종기를 짜내야 합니다."

그러고는 곧 칼로 입을 찢었어요. 그 바람에 남편이 머금고 있던 쌀이 입 안에서 쏟아져 나와 훔쳐 먹은 사실이 탄로 나고 말았답니다.

세상 사람들 역시 그와 같습니다. 갖가지 악행을 저지르고도 숨겨 두려 하다가 마침내 지옥이나 축생계 또는 아귀계에 떨어지고 맙니다. 마치 어리석은 남편이 조그만 창피 때문에 쌀을 내뱉지 않아 결국 입이 찢어지는 고통을 당하는 것과 같이.

백유경

코

용모가 아름다운 부인을 둔 사람이 있었습니다. 그런데 그는 유독 부인의 코가 마음에 들지 않았습니다. 그러던 어느 날, 그는 길을 가다가 아름다운 코를 가진 여인을 만나자 이렇게 생각했어요.

'저 여자의 코를 베어 내 아내에게 달아 주면 금상첨화가 아닐까?'

그래서 남편은 칼로 그 여자의 코를 베어 집으로 달려와 아내를 불렀습니다.

"어서 나와 보시오. 내가 당신을 위해 보기 좋은 코를 가지고 왔으니 어서 이것을 달아 보시오."

아내가 나오자 남편은 칼로 아내의 코를 자르고 그 위에 자기가 가져 온 보기 좋은 코를 붙이려고 했어요. 그러나 코가 붙을 리 있겠

어요? 아내는 도리어 본래의 코를 잃고 심한 아픔을 겪어야만 했답

니다.

백유경

보물 상자 속의
거울

옛날에 어떤 사람이 가난하여 남에게 많은 빚을 졌으나 도저히 갚을 방법이 없었답니다. 그래서 그는 기회를 엿보다가 야반도주하여 광야로 나갔습니다.

그곳에서 이리저리 길을 헤매던 중 그는 보물 상자를 발견했어요. 가난한 이는 좋아하며 그 상자를 열었습니다. 그랬더니 그 보물 상자 속에 있던 거울에 자신의 모습이 비쳤습니다. 그는 깜짝 놀라 거울 속의 사람을 향해 합장한 채 말했어요.

"나는 그대가 여기 있는 줄 모르고 상자를 열었으니 부디 화내지 마시오."

범부들도 이와 같습니다. 한없는 번뇌의 시달림을 받으면서 나고 죽는 사람들은 마왕魔王이라는 빚쟁이에게 핍박을 받고는 생사를 피해 불법佛法 안에 들어와 선을 닦고 갖가지 공덕을 지으려 합니다. 그러나 거울 속의 제 얼굴을 보고 놀라는 저 가난한 이처럼 '나'가 있다는 망령된 생각에 집착하여 그 허깨비를 진실이라 생각하지요.

백유경

두 가지를
모두 잃다

옛날에 한 스승이 두 제자를 가르치고 있었습니다. 두 제자는 서로 미워하고 질투하는 사이였는데, 스승은 두 제자에게 아픈 다리를 수시로 안마하게 했지요. 어느 날 한 제자가 스승의 한쪽 다리를 안마하고 있는데, 다른 제자가 와서 안마를 받던 스승의 한쪽 다리를 돌로 찍어 버렸습니다. 그러자 안마하고 있던 제자는 몹시 분한 생각이 들어 그 제자가 안마할 다리를 돌로 때려 부러뜨렸지요.

부처님의 가르침을 배우는 사람들 역시 조심해야 합니다. 대승을 배우는 이는 소승을 배척하고, 소승을 배우는 이는 대승을 비방하다 자칫하면 두 길을 모두 잃어버릴 수 있기 때문입니다.

백유경

헛수고

옛날에 어떤 사람이 한밤중에 아들에게 말했습니다.

"내일 아침 일찍 건너편 마을에 가서 물건을 가져오도록 하자."

그 말을 들은 아들은 아침이 되자 아버지에게 말하지도 않고 혼자 그 마을로 갔습니다. 먼 길을 가느라 피곤하고 밥을 얻어먹지 못해 배도 고프고 목이 말라 거의 죽을 지경이었어요. 겨우 마을에 도착한 아들은 그제야 무슨 물건을 가져와야 할지 모른다는 사실을 깨달았습니다. 간신히 다시 집으로 돌아온 아들을 보고 아버지가 크게 꾸짖었어요.

"이 미련한 놈아, 왜 내게 말하지 않고 무작정 떠나 헛고생만 하고 세상 사람들의 비웃음을 사느냐?"

범부 역시 그와 같지요. 출가하여 스님이 되더라도 훌륭한 스승을 찾아 가르침을 배우지는 않으므로 온갖 선정과 공덕을 잃어버리고 맙니다. 어리석은 아들이 헛되이 마을을 왕복하면서 고생만 한 것처럼, 비록 겉모습은 스님과 같다 하더라도 사실 아무 소득이 없는 것과 같아요.

백유경

다섯 사람과
한 계집종

다섯 사람이 돈을 합해 계집종 한 명을 샀습니다. 그중 한 사람이 종에게 말했습니다.

"내 옷을 빨아라."

그러자 다른 한 사람이 말했습니다.

"내 옷을 빨아라."

이에 계집종이 대꾸했습니다.

"저분의 옷을 먼저 빨아야 합니다."

"그게 무슨 소리냐? 나도 함께 돈을 보태서 너를 샀는데, 왜 저 사람 것만 먼저 빨겠다는 것이냐?"

그 사람은 화를 내며 계집종을 열 대 때렸어요. 그렇게 하다 보니

다섯 사람이 모두 계집종을 열 대씩 때리게 되었지요.

오음五陰 또한 그와 같습니다. 번뇌의 인연이 모여 이 몸을 이루었는데, 그 오음이 늘 생로병사의 끝없는 고뇌로 중생을 매질합니다.

백유경

꼽추를 고치려던
의사

옛날에 한 사람이 꼽추병을 앓게 되자 의사를 찾아가 치료해 달라고 했습니다. 의사는 그 사람의 등에 우유를 바른 후 배와 등에 널빤지를 대고 있는 힘을 다해 눌렀어요. 그러나 그러는 사이 환자의 눈이 튀어나오는 것을 미처 깨닫지 못했습니다. 그 바람에 환자는 꼽추병을 고치기는커녕 죽고 말았습니다.

세상의 어리석은 범부들도 이와 같아 먹고살기 위해 옳지 못한 온갖 일을 합니다. 그렇게 해서 성취하는 바가 있더라도 그 이익은 손해를 대신하지 못하는 법이지요. 그리하여 미래세에 지옥에 떨어지는 것이 마치 두 눈알이 빠지는 것과 같습니다.

백유경

때를
기다려야 한다

옛날에 아주 가난한 사람이 있었습니다. 그는 큰 부자를 보고는 그처럼 많은 재물을 모으려고 노력했습니다. 그러나 뜻대로 되지 않자 화를 내며 이미 갖고 있던 조그만 재물마저 물속에 버리려고 했지요.

그 모습을 본 어떤 이가 말했습니다.

"당신이 가진 재물은 비록 많다고는 할 수 없지만 늘릴 수 있는 방법이 없는 게 아니다. 그대는 아직 살날이 많이 남아 있는데, 왜 재물을 물속에 던져 버리려고 하는가?"

세상의 어리석은 이들 역시 마찬가지입니다. 비록 출가를 하긴 했지만 아직 바라는 것이 많아 늘 부족함을 느끼지요. 그는 출가한 지 오래되고 덕이 높으며 지혜가 출중한 비구들이 공양을 받는 것을 보고 저도 저렇게 되고 싶다고 생각합니다. 하지만 하루아침에 그렇게 될 수는 없기 때문에 번민하다가 그만 출가를 포기하려고 하지요.

백유경

완전무결

한 목동이 이백오십 마리의 소를 치고 있었답니다. 그는 늘 신선한 풀과 물이 있는 곳으로 소 떼를 몰고 가서 먹였어요. 그러던 어느 날, 어디선가 호랑이가 나타나 소 한 마리를 물고 가 버렸답니다. 그러자 목동은 생각했습니다.

'이미 한 마리를 잃어버렸으니, 소 떼는 완전한 것이 못 된다. 완전하지 못한 소 떼를 어디에다 쓰랴?'

목동은 곧 높은 언덕으로 소 떼를 끌고 가서 모두 떨어져 죽게 만들었습니다.

어리석은 범부들도 이와 같아요. 부처님이 주신 계율을 받아 지니다가 혹 한 가지를 범하면 즉시 참회하지는 않고 이렇게 말합니다.

"이미 한 가지 계율을 어겼으니 계율을 완전히 갖추기는 글렀다. 이제 계율을 지켜서 무엇하겠는가?"

백유경

큰 뜻을 품어라

한 신하가 전쟁터에서 목숨을 돌보지 않고 홀로 왕을 지켰습니다. 이윽고 무사히 본국으로 돌아온 왕은 그를 칭찬하며 소원을 물었어요.

"원하는 것이 있으면 무엇이든지 말해 보라."

그러자 신하가 대답했습니다.

"왕께서 면도하실 때 저를 시켜 깎도록 해 주소서."

"그 일을 하고 싶다면 그렇게 하라."

그 이야기를 전해 들은 사람들은 비웃으며 말했지요.

"세상에 저런 바보가 다 있나? 말만 잘하면 재상이나 장군이 될 수도 있었는데, 하찮은 면도사가 되겠다고 하다니."

어리석은 사람들도 그와 같습니다. 중요한 일보다는 사소한 욕구에 곧잘 끌리지요. 부처님은 한량없는 세월 동안 큰 뜻을 세우고 스스로 노력한 결과 성불하신 것입니다.

부처님을 만나거나 그 가르침을 듣기도 어렵고 사람의 몸으로 태어나는 것 역시 어렵습니다. 헛된 망상에서 벗어나 인생에서 가장 본질적인 것이 무엇인지 깨달아야 합니다.

어렵게 사람으로 태어나 부처님 법을 만났건만, 그 품은 뜻이 작아 조그만 계율을 지키는 일에 만족하고 더 나아가 열반을 구하려 들지 않는다면 안타까운 노릇이겠지요.

백유경

공주를 사모한 농부

옛날에 한 농부가 성안에 들어갔다가 그 나라의 공주를 보고 홀딱 반했습니다. 그날 이후 농부는 공주 생각에 식음을 전폐하고 드러누워 끙끙거렸어요.

그는 어떻게 해서든지 공주와 정을 통하고 싶었으나 방법이 없자 그만 병이 들고 말았지요. 그 모습을 본 친척들이 걱정하며 말했어요.

"도대체 무슨 일로 그러는가?"

"저는 공주의 아름다운 얼굴을 보고 정을 주고자 하였으나 그 소원을 이룰 수 없어 이렇게 병이 들고 말았습니다. 그 뜻을 정녕 이루지 못한다면 오래지 않아 죽고 말 것입니다."

"네가 죽는 꼴을 어떻게 보겠는가? 우리들이 좋은 방법을 생각해

네 소원을 이루게 하겠다."

얼마 후 친척들이 다시 찾아와 말했어요.

"우리가 가서 말해 보았으나 공주가 원하지 않는다."

그러자 농부는 활짝 웃으면서 말했습니다.

"여러분이 내 뜻을 전했으면 틀림없이 이루어질 것입니다."

세상의 어리석은 이들도 이와 같습니다. 때를 분별하지 않고 한겨울에 씨를 뿌려 열매를 얻고자 하면 힘만 들 뿐 아무 소득이 없지요. 어리석은 이들은 조그마한 선업을 쌓고는 모든 것을 갖추기라도 한 것처럼 생각하며, 또 이미 깨달음을 얻었다고 생각하기도 합니다. 그것은 마치 농부가 공주를 원하는 것과 같지요.

백유경

독이 든 빵

옛날에 매우 음탕한 부인이 있었습니다. 그녀는 음욕이 왕성해지자 외간남자와 정을 통했지요. 그러다 보니 자연스럽게 남편이 미워져 그를 살해할 생각을 품었답니다. 그러나 좀처럼 기회를 잡을 수 없었어요.

어느 날 남편이 사신으로 임명되어 외국에 나가게 되었습니다. 부인은 이때다 싶어 독이 든 빵 오백 개를 만들어 주며 말했어요.

"여보, 여기 빵을 준비했으니 배가 고플 때는 아끼지 마시고 실컷 드십시오."

남편은 고마워하며 빵을 챙긴 후 길을 떠났습니다. 한참 길을 가다가 숲에 이르자 어느덧 해가 졌어요. 남편은 들짐승들이 무서워

나무 위에 올라가 잠을 청하려고 했습니다. 그런데 깜빡 잊고 빵이 든 자루를 나무 밑에 남겨 두었지요.

그날 밤 오백 명의 도적이 그 나라 왕의 말 오백 마리와 갖가지 보물을 훔쳐서 도망가다가 그 나무 밑에서 한숨을 돌렸어요. 그들은 먼 길을 도망쳐 오느라 목도 말랐고 배도 무척 고팠습니다.

그때 빵이 든 자루를 발견한 도적들은 기뻐하며 허겁지겁 빵을 마구 집어 먹었어요. 빵에 든 독은 맹독이라 한입을 베어 문 도적들은 그 자리에서 즉사하고 말았습니다.

해가 떠오르자 남편은 나무에서 내려와 죽어 있는 도적들의 몸에 칼과 화살로 상처를 내고는 말 오백 마리와 갖가지 보물을 싣고 다시 길을 떠났습니다.

그때 말과 보물을 도둑맞은 왕은 병사들을 거느리고 도적들의 뒤를 추적해 오다가 그 남편을 만났어요. 왕이 물었습니다.

"당신은 누구요? 어디서 그 말을 얻었소?"

그러자 남편이 대답했어요.

"저는 이웃 나라에서 온 사신입니다. 오는 길에 도적 무리를 만나 칼과 활로 모두 쓰러뜨리고 그들이 훔친 말과 보물을 가지고서 대왕을 뵈러 가는 길입니다. 만일 믿지 못 하시겠으면 사람을 보내 저 숲 속에 있는 커다란 나무 밑을 살펴보게 하십시오."

잠시 후 왕이 보낸 병사가 돌아와 사신의 말이 모두 사실이라고 전하자 왕은 매우 기뻐하며 사신에게 많은 보물과 마을을 하나 떼 주었습니다. 그러자 조정의 대신들이 모두 시기하여 왕에게 말했지요.

"저자는 다른 나라의 신하로 믿을 수 없는데, 어찌 그렇게 후하게 대접하시는 것입니까? 대왕께서 내린 상은 지나치게 과분합니다. 저희들도 지금까지 그런 상을 받아 본 적이 없습니다."

이 말을 들은 사신은 대신들에게 당당하게 외쳤습니다.

"나의 용맹과 힘을 믿지 못하겠다면, 누구든지 나와 저 넓은 들판에 가서 기량을 겨뤄 보자."

대신들은 모두 두려워하여 감히 나서는 자가 없었어요.

얼마 후 그 나라의 광야에 흉포한 사자가 나타나 행인을 잡아먹는 바람에 길이 막혀 궁궐에 물자가 공급되지 않았습니다. 이에 대신들이 모여 의논을 했습니다.

"저 사신은 스스로 용맹하고 힘이 세어 대적할 자가 없다고 했다. 이제 그가 저 흉포한 사자를 죽여 화근을 없앤다면 정말 장한 일이라고 하지 않을 수 없다."

그들은 왕에게 가서 자기들끼리 의논한 결과를 알렸어요. 그러자 왕은 곧 사신에게 보검을 건네며 사자를 죽이라고 명했습니다. 사신은 내심 두려웠지만 이미 명령이 떨어진 후라 어쩔 수 없이 광야로 나갔답니다.

홀로 걸어오는 사람을 본 사자는 으르렁거리며 번개같이 달려들었어요. 사신은 깜짝 놀라 도망가다가 나무 위로 올라갔습니다. 사자는 나무 아래까지 쫓아와 입을 벌리고 으르렁거리며 위를 쳐다보고 있었지요. 사신은 너무 두려워 덜덜 떨다가 그만 보검을 떨어뜨리고 말았습니다. 그런데 보검이 사자의 벌린 입 속으로 떨어지는 바람에 사자는 목이 찔려 이내 죽었습니다.

사신은 사자의 목을 베어 짊어지고 왕성으로 돌아가 왕에게 바쳤습니다. 왕은 그를 더욱 존경하고 사랑하여 그 나라에 영원히 머물게 했고, 그를 시기하던 대신들도 생각을 바꿔 찬탄해 마지않았지요.

이 이야기에서 부인이 준 오백 개의 빵은 깨끗하지 못한 보시에 비유한 것이고, 사신으로 임명된 것은 선지식이 된 것을 비유한 것이며, 외국은 천상을 비유한 것입니다. 도적 떼를 죽이는 것은 수다원이 되어 오욕과 갖가지 번뇌를 끊은 것을 비유한 것이고, 다른 나라의 왕을 만나는 것은 성인과의 만남을 뜻합니다.

부인은 엉뚱한 생각을 품고 깨끗하지 못한 보시를 했지만, 그 보시가 선지식을 만나서는 훌륭한 결과로 탈바꿈했습니다. 깨끗하지 못한 보시도 이러하거늘, 하물며 착한 마음으로 기뻐하면서 행한 보시는 더 말할 것도 없겠지요. 그러므로 복 밭을 만날 때마다 정성껏 보시해야 하는 법입니다.

백유경

소금만 먹다

옛날에 한 어리석은 이가 친구 집에 가서 음식을 먹다가 맛이 없다고 불평을 했습니다. 그러자 그 집 주인은 소금을 넣어 간을 맞춰 주었어요. 어리석은 이는 음식을 맛있게 먹은 다음 속으로 생각했습니다.

'이 음식이 맛있는 것은 다 소금 때문이다. 조금만 뿌려도 이렇게 맛이 있는데, 많이 넣으면 얼마나 맛있을까?'

그는 그 후로 소금만 퍼먹다가 그만 병이 들고 말았답니다.

이 이야기는 음식을 절제해야 도를 얻을 수 있다는 말을 들은 외도外道들이 칠 일 혹은 보름 동안 단식한 결과 배만 고플 뿐 아무런 도도 얻을 수 없는 것과 같습니다.

백유경

들개와 사자

옛날 옛적, 먹을 것에 유난히 욕심이 많은 들개가 있었어요. 그 들개
는 항상 마을 이곳저곳을 돌아다니며 먹을 것을 찾았습니다.

그러던 어느 날 들개가 염색 공장에 들어갔다가 그만 남색藍色 물
감통에 빠지고 말았습니다. 들개를 발견한 염색 공장 주인이 화가
나 들개를 끄집어내 밖으로 집어던져 버렸지요. 땅바닥에 패대기쳐
진 들개의 몸에는 온통 흙먼지가 묻었습니다. 들개는 더럽혀진 몸을
씻기 위해 강으로 가 목욕을 한 후 둑으로 올라왔습니다. 그런데 들
개의 털은 여전히 남색을 띤 채 빛났습니다.

다른 들개들이 그 모습을 보고 매우 이상하게 여겨 다가와 물었
지요.

"너는 누구냐?"

"나는 제석천왕이 보낸 사자다. 천왕께서는 나를 백수의 왕으로 임명하셨다."

남색을 띤 들개는 술술 거짓말을 하기 시작했어요. 이에 여러 들개들은 생각했습니다.

'모습은 들개가 분명한데, 털은 우리와 다르단 말이야.'

들개들은 사자에게 가서 자기들이 들은 이야기를 보고했습니다. 사자는 또 사자왕을 찾아가서 그 이야기를 전했고요. 그러자 사자왕은 부하를 보내 사실 여부를 알아보게 했습니다.

사자왕의 부하가 가서 보니 남색 들개가 커다란 흰 코끼리 위에 앉아 있고 뭇짐승들이 주위를 둘러싸고 있는데, 그 모습은 마치 백수의 왕을 시봉하는 것 같았답니다. 부하는 사자왕이 있는 곳으로 돌아가서 자신이 본 광경을 자세히 설명했어요.

보고를 들은 사자왕은 여러 부하들을 이끌고 뭇짐승들이 모여 있는 곳으로 갔습니다. 그랬더니 소위 들개왕이 흰 코끼리를 타고 있고, 그 주위를 여러 들개들이 둘러싸고 있었지요. 게다가 호랑이, 표범 같은 맹수들도 그 근처에서 보초를 서고 있는 모습이 보였어요. 새끼 들개들은 멀리 한쪽 편에 물러서 있었습니다.

사자왕은 몹시 기분이 나빠 이 들개의 진상을 파악해야겠다고 생각했지요. 사자왕은 들개 무리 중에서 한 마리를 뽑아 들개왕의 어머니를 만나고 오게 했습니다. 들개왕의 어머니가 물었어요.

"내 아들이 그곳에서 어떤 동물들과 함께 있느냐?"

"아드님 주변에는 사자와 호랑이, 코끼리 등이 있습니다. 저는 멀리 서서 바라만 볼 뿐입니다."

"네가 가면 분명히 내 아들을 해치고 말겠구나."

들개왕의 어머니는 이렇게 말하고 나서 노래를 불렀습니다.

나는 산속에 사는 것이 너무 즐겁다네

마음대로 물도 마시고 쉬기도 한다네

네가 들개 울음소리를 내지 않는다면

내 아들은 코끼리 등 위에 있는 한 아무 일 없으리

들개왕의 어머니를 만나고 온 들개는 다른 동료들에게 말했습니다.

"저 녀석은 백수의 왕이 아니라 바로 들개란다. 나는 내 눈으로 산속에 있는 저 녀석의 어머니를 직접 봤단 말이야."

그러자 동료들이 말했어요.

"그러면 우리들이 시험해 보자."

그들은 백수의 왕을 자칭하는 들개의 근처로 다가갔어요. 그런데 들개에게는 그들만의 특이한 전설이 있었습니다. 만일 한 들개가 울었는데 다른 들개가 따라 울지 않으면 그 들개의 털이 모두 빠지고 만다는 것이었지요.

들개왕을 시험해 보고자 들개 한 마리가 울기 시작했고, 뒤이어

나머지 들개들도 따라 울기 시작했어요. 이에 들개왕은 고민에 빠졌습니다.

'내가 따라 울지 않는다면 털이 몽땅 빠지고 말 텐데……. 그렇다고 코끼리 등에서 내려가 운다면 내가 들개인 줄 알고 분명히 다른 짐승들이 나를 죽이고 말 거야. 차라리 여기 코끼리 등 위에서 우는 게 낫겠다.'

그래서 들개왕은 코끼리 등 위에서 울기 시작했어요. 그러자 코끼리는 등 위에 있는 녀석이 평범한 들개임을 알아채고 곧장 코로 들개를 붙잡아 땅바닥에 패대기친 후 밟아 죽여 버렸답니다.

근본설일체유부비나야파승사

거짓말로
만든 아이

부처님이 대중에게 설법하고 계실 때였습니다. 부처님의 정법을 믿지 않고 외도外道를 따르는 한 여인이 있었는데, 그녀의 이름은 전차녀戰遮女였어요. 그녀는 자기 스승보다 부처님이 수많은 사람들의 존경을 받는 걸 시샘하여 모종의 계략을 꾸며 부처님을 욕보이려고 했답니다. 그녀는 옷 속에 나무로 된 발우를 숨겨 배가 불룩하게 튀어나오게 했어요. 그러고는 부처님이 설법하고 있는 곳으로 가 사람들 앞에서 외쳤습니다.

"지금 설법하고 있는 이 사람은 위선자입니다. 이 사람은 이미 나와 정을 통한 적이 있단 말이에요. 제 배를 보세요. 이 배 속에는 바로 저 사람의 아이가 들어 있답니다."

전차녀의 폭탄선언에 설법장은 이내 아수라장이 되고 말았지요. 그럴 리가 없다고 굳게 믿는 사람도 많았지만, 금방 신심이 무너져 부처님을 비방하며 수군거리는 자도 있었답니다.

그때 그 자리에서 설법을 듣고 있던 제석천이 생쥐로 변신하여 전차녀의 옷 속으로 들어가 발우를 붙들어 매고 있던 끈을 갉아서 끊어 버렸어요. 그러자 탁 하는 소리와 함께 발우가 땅에 떨어졌습니다. 곁에 있던 사람이 그 발우를 집어 들고 전차녀에게 말했어요.

"이게 바로 당신이 말한 그 아이요?"

전차녀는 자신의 계략이 탄로 나자 얼굴이 벌게진 채 아무 말도 하지 못하고 우두커니 서 있었습니다. 그 순간 갑자기 땅이 갈라지더니 전차녀를 삼켜 버렸습니다.

대당서역기

410

선악의 갈림길

비로택가毗盧擇迦는 사위성의 국왕이 된 후 석가족族을 치기 위해 군사를 일으켰습니다. 한 불제자가 길을 가다가 비로택가왕의 군사를 만나 사정을 알게 되자 급히 부처님께 달려가 알렸습니다. 이에 부처님은 말라 죽은 나무 아래 앉아서 왕의 군사들을 기다렸습니다.

이윽고 비로택가왕이 군사를 이끌고 지나가다가 부처님을 보자 코끼리에서 내려 말했습니다.

"부처님, 왜 나뭇잎이 무성한 나무 아래 앉아 계시지 않고 하필이면 말라 죽은 나무 아래 앉아 계시는 것입니까?"

"내 종족이 곧 이 나무와 같은 처지가 될 것을 생각하고 있었소."

비로택가왕은 부처님이 자신의 종족의 안위를 걱정하고 계심을 알아차리고 군사를 돌렸습니다.

그 후 왕은 오백 명의 여자들을 골라 궁녀로 삼았지요. 궁녀가 된 여자들은 왕을 몹시 원망하며 그를 '종의 자식'이라고 욕했습니다. 그 사실을 알게 된 왕은 크게 화를 내며 그 궁녀들을 모두 죽이라고 명을 내렸어요. 병사들은 궁녀들의 손발을 자른 후 구덩이 속에 던져 버렸지요. 그때 궁녀들은 구덩이 속에서 고통을 참으며 부처님을 생각했습니다.

이에 부처님은 제자를 보내 궁녀들을 위한 마지막 설법을 전했습니다. 궁녀들은 부처님의 가르침을 전해 듣고 모두 죽은 후 천상에 태어났습니다. 제석천은 바라문으로 변신하여 궁녀들의 시신을 수습해서 화장했습니다.

그 일이 있은 후 부처님은 제자들에게 말했습니다.

"비로택가왕은 끔찍한 일을 저질렀기에 칠 일 후 불에 타 죽을 것이다."

이 말을 전해 들은 왕은 너무나 두려웠어요. 마침내 칠 일째가 되자 그는 불을 피하고자 궁녀들과 함께 호숫가에 가서 술을 마시면서 즐겼습니다. 그러다가 배를 탔는데 갑자기 돌풍이 불더니 조명등의 불이 배에 옮겨붙어 맹렬한 기세로 번지기 시작했어요. 비로택가왕은 미처 호수로 뛰어들기 전에 배 위에서 불에 타 죽고 말았답니다.

대당서역기

깊은 참회

사위성에 지식이 풍부한 한 바라문이 오백 명의 제자를 거느리고 있었습니다. 그중 수제자 앙굴마는 성품이 어질고 지혜가 뛰어났으며, 외모마저 무척 수려하여 뭇사람들의 사랑을 받았답니다.

바라문의 아내는 평소 수제자 앙굴마를 연모하고 있었는데, 어느 날 바라문이 외출하자 살며시 앙굴마에게 다가가 유혹했습니다. 그러자 앙굴마는 무릎을 꿇고 바라문의 아내에게 말했어요.

"스승이 아버지라면 부인은 바로 제 어머니이십니다. 그런데 어찌 사람으로서 도리가 아닌 일을 할 수 있단 말입니까?"

그러자 바라문의 아내가 말했지요.

"굶주린 사람에게 양식을 주고 목마른 이에게 물을 주는 것이 왜 도리가 아니라고 하는가?"

"스승의 부인과 정을 통하는 것은 마치 독사를 몸에 두르는 것과
같습니다."

바라문의 아내는 앙굴마가 끝까지 말을 들어주지 않자 앙심을 품
었습니다. 그녀는 바라문이 집으로 돌아오자 이렇게 말했어요.

"오늘 당신의 수제자 앙굴마가 당신이 외출한 틈을 타서 저를 겁
탈하려고 했어요."

이에 머리끝까지 화가 난 바라문은 앙굴마에게 복수하고자 마음
먹었습니다.

'저 녀석에게 잘못된 가르침을 내려 살인을 저지르게 해서 이승
에서는 국법에 따라 처형을 받고 내생에서는 지옥에 떨어지게 하리
라.'

생각을 마친 바라문은 앙굴마를 불러 말했어요.

"너의 지혜는 이미 높은 경지에 이르렀으나 마지막으로 해야 할
일이 하나 있다. 이 칼을 네게 주리니 사거리에 가서 지나가는 사람
백 명을 죽이거라. 그리고 손가락 하나씩을 베어 백 개의 손가락으
로 된 목걸이를 만들면 마침내 도를 완성하게 될 것이다."

앙굴마는 스승의 말에 당황했습니다.

'아, 스승님은 왜 그렇게 어렵고도 무서운 가르침을 내리시는 것
일까? 그렇다고 스승의 가르침을 어기는 것 역시 제자의 도리가 아
니지 않는가?'

앙굴마는 괴로워하면서 길을 걷다가 어느새 사거리에 이르렀습니다. 한순간 그는 그만 이성을 잃고 미치광이처럼 닥치는 대로 지나가는 사람들을 칼로 찔러 죽이고 손가락을 베어 목걸이를 만들었어요. 사거리에는 곧 시체가 산더미같이 쌓이고 피가 강물처럼 흘렀으며, 온 시내에 비명과 통곡 소리가 가득했습니다.

이 소식을 전해 들은 부처님은 직접 앙굴마를 제도하고자 사거리 쪽으로 갔습니다. 도중에 만난 사람들이 부처님을 말리며 말했어요.

"부처님, 이 길로 가시면 안 됩니다. 그곳에는 살인마가 있어 사람을 마구 죽인답니다."

"세상의 모든 이들이 내게 덤빈다 해도 두렵지 않거늘, 일개 범부 때문에 발걸음을 돌릴 수는 없느니라."

부처님은 말씀을 마치고 걸음을 옮겼습니다. 앙굴마는 아흔아홉 개의 손가락으로 목걸이를 만들고는 마지막 한 개를 채우려고 지나가는 사람이 없나 두리번거리고 있었어요. 그때 앙굴마의 어머니가 저쪽에서 점심을 가지고 사거리로 오고 있었지요. 실성한 앙굴마는 자기 어머니마저 몰라보고 어머니를 죽여 손가락 백 개를 채우려 했습니다.

부처님이 앙굴마를 제지하자 그는 부처님을 향해 칼을 휘둘렀어요. 그러나 아무리 칼을 휘둘러도 부처님의 그림자에도 미치지 못했습니다. 앙굴마는 소리쳤습니다.

"출가자여, 거기 서라!"

"나는 이미 여기 멈춰선 지 오래인데, 미쳐 날뛰고 있는 것은 도리어 그대가 아닌가?"

부처님의 이 말씀에 앙굴마는 제정신을 차리기 시작했습니다. 앙굴마는 곧 칼을 버리고 털썩 무릎을 꿇곤 부처님에게 절을 하며 말했지요.

"제가 미혹하여 이루 말할 수 없는 큰 죄를 저질렀습니다. 부디 부처님께서는 이러한 저를 제도해 주십시오."

부처님은 앙굴마를 데리고 기수급고독원으로 돌아왔습니다. 부처님께 제도를 받은 앙굴마는 얼마 후에 아라한과를 얻게 되었답니다.

그 무렵 살인마가 사거리에 나타나 백성을 마구 죽이고 있다는 소식을 접한 바사닉왕은 직접 군대를 이끌고 앙굴마를 잡으러 왔습니다. 그러나 이미 불문佛門에 귀의해 스님이 된 앙굴마를 보고는 가만히 생각했어요.

'저런 극악무도한 자마저 당장 교화할 수 있는 부처님의 능력은 정말 크고도 높은 것이로구나.'

바사닉왕은 도리어 앙굴마에게 예를 갖추고 돌아갔습니다. 한편 스님이 된 앙굴마는 시내에 걸식을 하러 나갔어요. 그 모습을 본 사람들은 앙굴마를 그냥 두지 않았답니다. 부모, 형제와 친구를 잃은 사람들이 몰려들어 앙굴마를 순식간에 피투성이로 만들어 놓고 말았어요. 그러나 자신의 앙굴마는 죄를 참회하며 조금도 억울하다는 생각을 갖지 않았습니다. 도리어 자기가 저지른 악행의 과보라고 생각하면서 그 고통을 의연하게 받아들였답니다.

불설앙굴마경

5장

늘 좋은
마음으로

일체유심조一切唯心造라는 말이 있습니다. 세상만사 오로지 마음이 만들어 낸다는 뜻으로, 다시 말하자면 세상만사 오로지 마음먹기에 달려 있다고도 풀이할 수 있습니다. 늘 좋은 마음을 먹고 있으면 늘 좋은 일이 생기고 늘 나쁜 마음을 먹고 있으면 늘 나쁜 일이 생기는 것은 콩 심은 데 콩 나고 팥 심은 데 팥 나는 것처럼 자연의 순리이자 우주의 대법大法입니다. 늘 좋은 마음을 먹고 살아가면 늘 좋은 인연을 맺는 덕분에 복이 넘쳐 나서 만사여의萬事如意하게 되어 늘 기쁜 삶을 누리게 될 것입니다. 그렇지 않고 늘 나쁜 마음을 먹고 살아가면 늘 나쁜 인연을 맺는 까닭에 불운이 들끓어 하는 일마다 뒤틀리게 되어 늘 생지옥 속에 있게 될 것입니다.

❖

부자와 악사

아름다운 곡만을 능숙하게 연주하는 한 악사가 있었습니다. 한번은 그가 어느 부잣집에 가서 연주를 하게 되었어요. 그 부자는 악사의 재능을 인정하여 칭찬을 아끼지 않았답니다.

악사는 좋은 기회라고 생각하여 자신에게 소 한 마리를 선물로 달라고 했습니다. 부자는 악사의 연주는 높이 샀지만 소를 주려니 아까운 생각이 들어 이렇게 말했어요.

"네가 밤낮을 가리지 않고 일 년간 음악을 연주한다면 소를 주마."

"그렇게 할 수 있습니다. 그런데 계속해서 음악을 들으실 수 있겠습니까?"

"당연하지!"

악사는 신이 나서 정성을 다해 사흘 밤낮을 쉬지 않고 음악을 연주했습니다. 부자는 밤낮없이 들려오는 음악 소리에 그만 머리가 돌아 버릴 지경이었어요. 결국 부자는 하인에게 소를 끌어 오라고 해서 악사에게 줘 버렸답니다.

잡비유경

엉겁결에
무공을 세우다

옛날 옛적 아주 풍요롭고 잘 사는 나라가 있었습니다. 이웃 나라 왕
은 그 나라를 호시탐탐 노리다가 급기야 전쟁을 일으켰어요. 그러자
부자 나라의 국왕은 전국에 방을 내걸어 십오 세부터 육십 세까지의
남자들을 징집했습니다.

그때 그 나라에 베 짜는 일을 하는 한 노인이 있었어요. 그 노인의
아내는 무척 젊고 아름다웠는데 숨겨 둔 정부가 있었지요. 남편을
귀찮게 여긴 그녀는 때때로 정부와 함께 남편을 죽일 모의를 했습니
다. 징집이 좋은 기회라 여긴 그녀의 정부는 부인에게 이렇게 말했
어요.

"지금 나라에서 남자들을 징집하는데, 각 개인이 병기와 먹을 양

식을 챙겨 전쟁터로 간다 하오. 그러니 무슨 일이 있어도 당신의 남편을 참전하게 만드시오."

아내는 궁리 끝에 쌀이 담긴 항아리와 베 한 필을 남편에게 주면서 말했답니다.

"이것들을 챙겨서 전쟁터로 가세요. 만일 항아리를 깨뜨리거나 베를 잃어버리면 다시는 당신과 살지 않을 거예요."

그렇게 해서 노인은 전쟁터로 나갔어요. 전쟁터에서 노인은 적들을 물리칠 생각은 전혀 하지 않고 아내를 잃을까 봐 두 가지 물건을 지키는 데에만 급급했습니다.

한번은 노인이 속한 부대가 적을 맞아 싸우다가 중과부적이라 급히 후퇴를 하게 되었어요. 노인은 두 가지 물건을 지키는 데 전전긍긍하다가 그만 뒤에 홀로 남게 되었답니다. 적군은 노인만 후퇴하지 않고 홀로 남아 있는 모습을 보자 이상한 생각이 들었어요. 게다가 멀리서 보니 그 노인이 이상한 병기를 가지고 있는 것 같았습니다. 적군은 분명 계략이라 생각하여 후퇴했지요. 이때 먼저 후퇴했던 아군이 구원군과 함께 다시 진격해서 결국 큰 승리를 거두었답니다.

부자 나라의 국왕은 승리를 자축하며 매우 기분이 좋아 무공을 세운 사람들에게 상을 주려고 했습니다. 그러자 뭇사람들이 이렇게 말하는 것이었어요.

"저 베 짜는 노인이 가장 큰 공을 세웠습니다."

이에 국왕은 그 노인을 불러 당시 상황을 물었습니다.

"어떻게 혼자 적군을 맞으려고 생각했는가?"

"대왕이시여, 사실은 그게 아닙니다. 아내가 전쟁터에 가기 전에 항아리와 베를 주면서 만약 그것들을 잃어버리고 오면 다시는 같이 살지 않겠다고 했습니다. 그래서 다른 사람들은 모두 급히 퇴각하는데 저는 그 물건들을 지키느라 그만 때를 놓쳐 부득불 혼자 적군을 맞이하게 되었습니다. 적군은 홀로 있는 저를 보고 계략이 아닌가 생각해서 물러서다가 아군에게 참패한 것입니다. 그러니 결코 저의 용기 때문에 그렇게 된 것이 아닙니다."

"하하하, 사실은 마누라가 무서워서 그랬단 말이오? 어쨌든 노인장 덕분에 승리를 거두게 되었으니, 노인장이 가장 큰 공을 세운 것만은 틀림없소."

국왕은 그 노인에게 관직과 수많은 재보를 하사했습니다.

잡비유경

귀신을 사려는 사람

옛날에 파리불국波利佛國은 다른 나라에 비해 물자가 풍부하여 번성했는데, 위로는 진인眞人과 신인神人부터 아래로는 백성에 이르기까지 모두 도덕을 존중했습니다. 또 선경仙經과 속서俗書를 불문하고 모두 갖추어져 있었으며, 시장에는 없는 물건이 없었답니다. 부처님께서도 물자가 풍부한 나라라고 칭찬해 마지않았습니다.

그때 구십육 파의 외도들이 모여 의논했어요.

"사문 고타마는 파리불국에 없는 것이 없다고 말한다. 그러니 우리가 그 나라에 가서 없는 것이 무엇인지 찾아보도록 하자. 그래서 그것을 찾으면 그들은 기세가 꺾이고 사람들 역시 우리를 따를 것이다."

그러자 한 외도가 말했습니다.

"그 나라에 나찰귀신이 있다는 소리를 들은 적이 없다. 우리가 그 나라 시장에 가서 나찰귀신을 달라고 하면 반드시 내놓지 못할 것이다. 그러면 고타마의 말은 거짓말이 될 것이다."

그들은 곧 무리를 지어 파리불국의 모든 시장을 돌아다니며 귀신을 사려 했으나 아무도 내놓지 못했습니다. 그들은 기뻐하며 본국으로 돌아갈 준비를 했지요. 그때 천제(天帝)가 외도들의 속셈을 알고 장사꾼으로 둔갑해서 그 앞에 나타나 물건을 파는 시늉을 했습니다. 그러자 외도들이 물었어요.

"귀신을 파는가?"

"그럼, 팔고말고요. 그런데 몇 마리나 사려고 합니까?"

외도들은 깜짝 놀라 저희들끼리 말했습니다.

"이자가 하는 말은 거짓말이다. 도대체 어디서 귀신을 얻는단 말인가?"

그러다가 짐짓 시험해 보려는 듯 입을 열었어요.

"두어 마리 사고자 한다."

천제가 상자 하나를 열자 갑자기 수십 마리의 귀신들이 쏟아져 나왔어요. 외도들은 그 모습을 보고 두려워하면서 부처님 말씀이 사실임을 알고 부처님께 귀의하며 말했습니다.

"부처님, 파리불국에는 온갖 물건이 다 있지만 빈손으로 가는 사람은 어떠한 물건도 얻을 수 없습니다. 그러나 돈만 가지고 가면 못

얻을 것이 없습니다."

파리불국에 없는 것이 없다는 것은 사등심四等心과 육바라밀六波羅蜜 그리고 삼십칠도품三十七道品이 있지만, 성문 벽지불에서 위로는 부처님에 이르기까지 그 누구라도 덕행을 닦지 않으면 돈이 없는 것과 같아 아무것도 얻지 못함을 비유한 것입니다. 그러나 거룩한 가르침을 받들어 몸과 입과 뜻을 잘 단속한다는 것은 마치 돈이 많아 어떤 소원이라도 이룰 수 있음을 비유한 것입니다.

잡비유경

겉과 속

부처님이 처음으로 성도하여 교화하실 때 천하가 믿고 따랐으나 오직 사위성의 바사닉왕만은 믿지 않았습니다. 부처님이 머무시는 절과 왕의 동산은 담 하나를 사이에 두고 있었는데 그 주변에는 강이 흐르고 있었어요. 그 절에는 삼백 명의 사미가 있었습니다.

어느 날 유나 스님은 그들에게 각자 병을 가지고 강에 가서 물을 길어 오게 했습니다. 사미들은 강가에 이르자 모두 가사를 벗고 물놀이를 하며 즐거워했지요.

그때 동산의 누각 위에서 왕비와 함께 사미들이 노는 모습을 본바사닉왕이 말했습니다.

"내가 고타마를 믿고 따르지 않은 것은 정말 잘한 일이다. 그 무리

428

들은 스스로 청정하여 번뇌가 없다고 말하지만, 저 사미들이 노는 모습이 속세의 우리들과 다를 게 무엇이란 말이냐? 그리고도 어찌 저들의 말을 참되다고 하겠느냐?"

그러자 왕비가 대꾸했습니다.

"비유하자면 바다 가운데는 용과 뱀이 있는 것처럼, 대승의 법 또한 그와 같아 그중에는 도를 얻은 이도 있고 아직 도를 얻지 못한 이도 있습니다. 그러므로 그들 모두를 비난할 수는 없을 것입니다."

부인이 말을 채 끝내기도 전에 사미들은 모두 가사를 걸치더니 신통력을 써서 각자 물병 하나씩을 들고 절로 날아갔습니다. 왕비는 그 모습을 가리키며 말했습니다.

"대왕이시여, 저 사미들의 신통력을 보십시오. 어떻습니까?"

"사미들의 신통력이 저 정도인데, 하물며 대스승인 부처님은 어떻겠는가?"

바사닉왕은 매우 기뻐하며 누각에서 내려와 여러 신하들을 거느리고 부처님께 나아가 귀의하고는 과거의 잘못을 참회했습니다.

잡비유경

욕정은 어디에

옛날에 매우 아름다운 여자가 출가하여 수도한 끝에 아라한이 되었답니다. 한번은 그녀가 성 밖 숲 속을 홀로 거닐다가 한 남자를 만났지요. 남자는 비구니의 얼굴이 매우 아름다운 것을 보고는 곧 길을 막고 말했습니다.

"내 말대로 하지 않는다면 네 목숨을 빼앗아 버리겠다."

비구니는 조금도 두려워하지 않고 말했지요.

"내 몸의 어디가 그렇게 탐스러운가?"

"나는 너의 그 아름다운 눈을 사랑한다."

비구니는 곧 한쪽 눈을 뽑아 그 남자에게 보여 주었습니다. 그 바람에 비구니의 얼굴은 온통 피범벅이 되었습니다. 그 모습을 본 남자는 금세 욕정이 사라지고 두려운 생각이 들어 달아났답니다.

잡비유경

선정에 들면

옛날에 한 비구가 풀밭에 앉아 선정禪定에 들었습니다. 그때 마침 불이 일어났으나 비구는 조금도 다치지 않았어요. 그 모습을 본 사람들이 그를 귀신이라 여기고 칼로 내리쳤습니다. 하지만 칼만 부러질 뿐 조금도 다치지 않았어요. 그것은 마음을 집중한 까닭에 칼이 들어가지 않은 것이고, 몸이 부드럽고 연한 탓에 불에 타지 않은 것이었지요.

또한 한 비구가 선정에 들어 있는데, 그 제자가 밥을 먹으라고 불렀으나 그는 요지부동이었습니다. 그래서 제자가 그 비구의 팔을 끌어당기자 한 자가 넘게 늘어나 버렸답니다. 겁이 벌컥 난 제자는 노끈으로 늘어난 팔을 잡아 묶었어요.

잠시 후 선정에서 깨어난 비구는 팔이 몹시 아프자 제자에게 그 까닭을 물었습니다. 그래서 제자는 조금 전에 있었던 일을 설명했습니다. 그러자 비구가 말했습니다.

"이 녀석아, 다른 방법으로 깨울 생각을 했어야지. 이렇게 팔을 부러뜨리면 어떡하느냐?"

사람이 선정에 들면 그 몸이 마치 솜털처럼 부드럽고 연하게 되는데, 어머니 배 속에 있을 때도 그러하다고 합니다.

잡비유경

물 한 방울

옛날에 어떤 용은 물 한 방울로 한 나라 혹은 두 나라, 심지어 이 세상 전체를 적실 수 있었답니다. 어느 날 용은 조용히 생각했어요.

'이 물 한 방울을 잘 간직해서 결코 마르지 않게 하고 싶은데 무슨 방법이 없을까?'

곰곰이 생각하던 용은 마침내 입을 열었지요.

"그렇다. 다른 곳은 안 되고 오직 바닷속에 간직해 둬야 영원히 마르지 않을 것이다."

이것은 '조그만 보시로 무궁한 과보를 얻으려면 오직 부처님의 도안에 간직해 두어야 한다'라는 것을 비유한 것입니다. 물 한 방울이 용의 지혜로 바닷속에 간직되어 결코 마르지 않는 것처럼, 보시도 지혜와 합해져야만 그 과보가 쉽게 다하지 않는 법입니다.

잡비유경

사미의 용기

부처님이 열반에 든 지 백 년 후 아육왕阿育王은 불교를 숭상하여 늘 이만 명의 비구를 공양했습니다. 그러자 이것을 질투한 구십육 파의 외도들은 어떻게 해서든지 불교를 무너뜨리고자 머리를 맞대고 의논했습니다. 그때 요술을 잘 부리는 한 외도가 말했습니다.

"내가 악귀로 둔갑해 저 비구들을 찾아가면 모두 두려워하며 도망갈 것이다. 그리고 마침내 우리의 추종자가 될 게 분명하다."

외도들이 섬기는 귀신 중에서 가장 흉측한 것은 마이수라摩夷首羅였는데, 그 귀신은 얼굴이 넷이고 눈과 팔은 모두 합해 여덟 개였어요. 외도는 곧 마이수라로 둔갑해서 귀졸 이백 명을 거느리고 왕궁에 이르렀습니다. 그 모습을 본 신민들은 모두 두려움에 떨었어요.

이에 아육왕 역시 두려움을 금치 못했지만 앞으로 나가 머리를 조아리고 물었습니다.

"대신大神께서는 분부할 일이라도 있습니까?"

그러자 마이수라가 대답했지요.

"나는 배가 고파 사람을 잡아먹고 싶다."

"그런 일은 있을 수 없습니다."

"왕이 그렇게 백성들을 아낀다면 이 나라에서 놀고먹는 쓸데없는 자들을 우리들의 먹을거리로 달라."

"그런 이가 어디 있습니까?"

"저 비구들은 농사도 짓지 않고 전쟁터에도 나가지 않는다. 그렇다고 그들은 왕의 신하도 아니다. 그러니 아무 쓸데없는 자들이 분명하다. 어서 우리들에게 내어 달라."

왕은 화를 꾹 누르고 신하 한 사람을 기원정사祇園精舍로 보내 그 사실을 알렸습니다.

그때 이만 비구들 중에서 열세 살의 가장 어린 사미가 여러 비구들에게 말했습니다.

"제가 한번 가 보겠습니다."

"그렇게 하도록 해라."

사미는 유나 스님에게 말했습니다.

"앞으로 기원정사에 떨어지는 외도는 모두 머리를 깎고 빠져나가지 못하게 하십시오."

사미는 곧 왕궁으로 달려가 마이수라에게 말했습니다.

"네가 스님들을 잡아먹고자 하는 사실을 알고 이렇게 왔다. 내가 스님들 중에서 가장 어리니 첫 번째가 된 것이며 곧 다른 스님들도 차례대로 올 것이다. 그런데 나는 아침부터 지금까지 아무것도 먹지 못해 배가 고프다. 우선 내 배를 가득 채운 후에 잡아먹어도 늦지 않을 것이다."

마이수라는 사미에게 밥을 주었지요. 그때 귀신을 따르는 외도가 이만이 있었는데, 아육왕은 그들에게도 밥을 차려 주었어요. 그러자 사미는 이만 인분의 밥을 모두 한입에 넣고는 신통력을 써서 기원정사로 날아갔으나 여전히 배가 부르지 않자 다시 돌아와 이만 외도를 입에 머금고는 허공으로 치솟았습니다.

그 모습을 본 요술사 외도는 두려운 생각이 들어 곧 본래의 모습으로 돌아와 머리를 조아리고 사과하면서 사미의 제자가 되기를 청했습니다. 사미는 입에 머금은 이만 외도를 기원정사에 쏟아부었지요. 비구들이 곧 그들의 머리를 모두 삭발하고 부처님의 가르침을 전하자 그들은 모두 아라한이 되었습니다. 그 소식을 전해 들은 아육왕이 말했지요.

"한 어린 사미가 저 정도인데, 대승의 바다에 그 무엇이 없겠는가?"

잡비유경

삼악도

옛날에 한 형제가 동시에 출가하여 수도를 했습니다. 형은 늘 선정을 행할 것을 생각하면서 열심히 도를 닦아 아라한이 되어 여러 가지 신통력을 얻었습니다. 그런데 아우는 널리 배우고 많이 듣기를 좋아했지만 동시에 명예욕에 사로잡혀 있었어요. 형은 그런 아우를 타일렀지요.

"사람의 몸은 얻기 어렵고, 부처님 법을 만나는 것은 더욱 어려운 일이다. 금생에 사람의 몸을 얻었으니 마땅히 정진해야 할 것이다."

그러자 아우가 대꾸했어요.

"널리 배워 삼장三藏을 섭렵하고 남의 스승이 된 후에 선정을 닦겠습니다."

형은 아우에게 무상의 도리를 설명했습니다.

"한번 내쉰 숨을 들이마시지 못하면 곧 죽는 것이다."

그러나 아우는 형의 충고를 듣지 않고 제 고집대로 했어요. 얼마 후 아우는 중병에 걸려 용하다는 의원들의 진맥을 받았습니다. 의원들은 그 병이 불치병임을 알고 서둘러 자리를 떴지요. 아우는 이제 목숨이 얼마 남지 않았음을 깨닫고 두려워하며 형에게 말했지요.

"전에는 어리석어 형님의 충고를 받아들이지 못했습니다. 이제 죽으면 저는 어떻게 될까요?"

"누가 알리."

아우는 눈물을 흘리며 형 앞에서 참회하다 곧 목숨을 마쳤습니다.

형은 선정에 들어 아우의 혼이 어디로 갔는지 살펴보았어요. 아우의 혼은 어떤 부인의 배로 들어갔는데, 그 부인의 집은 마침 절 근처에 있었습니다. 형은 아우를 제도하고자 그 집에 자주 들러 설법을 했어요.

이윽고 아이가 태어나 세 살이 되자 형은 그 아이를 제자로 삼았답니다. 아이가 네 살 때 유모가 아이를 안고 스승이 살고 있는 절로 왔어요. 산 위에 있는 절로 가는 길은 돌로 포장되어 있었습니다. 그런데 유모가 아차 하는 순간에 아이를 떨어뜨리고 말았어요. 결국 아이는 돌에 머리를 부딪혀 그 자리에서 죽고 말았답니다. 아이는 죽기 직전에 유모가 자기를 꼭 안고 있지 않아 이런 일을 당했다고 원망했지요. 그 때문에 그는 곧 큰 지옥에 떨어졌습니다. 형은 다시 선정에 들어 그가 이미 지옥에 떨어진 모습을 보고는 한탄했습니다.

"이제 정말 큰일 났다. 지옥에서 건져 내기란 보통 어려운 일이 아니다. 부처님도 어쩔 수 없을 정도인데 나는 말해서 무엇하랴?"

이 비유는 명예만 추구하고 선정을 닦지 않으면 죽은 뒤 반드시 지옥에 떨어지는데, 그렇게 되면 비록 아버지와 형처럼 천한 사람이라 할지라도 구제할 수 없다는 것을 빗대고 있습니다.

잡비유경

남을 비방하면
제 입이 더러워진다

옛날에 어떤 절에 여러 대중이 함께 살고 있었는데, 그중 한 스님은 늘 일찍 일어나 절 마당을 깨끗이 쓸었습니다.

그런데 하루는 질투 많은 승려가 그 스님이 쓸어 놓은 마당을 혀로 핥으면서 여러 사람들 앞에서 비아냥거렸습니다.

"이렇게 깨끗하니 혀로 핥아도 되겠구먼!"

그 승려는 남의 허물을 들추고 싶어서 그렇게 한 것이겠지만, 먼저 자기 입이 더러워진다는 사실을 몰랐던 것이죠.

사람들은 대부분 남의 허물을 들춰내기 좋아하지만, 그렇게 함으로써 스스로 자신의 덕을 허물어뜨린다는 사실을 모릅니다.

잡비유경

코끼리의 단식

옛날에 가섭불이 이 세상에 계실 때 어떤 형제가 함께 출가하여 사문이 되었습니다. 형은 계율을 철저히 준수하며 좌선하기를 좋아하여 일심으로 도를 구했으나 다만 보시하기를 좋아하지 않았습니다. 반면 아우는 즐겨 보시를 했으나 자주 계율을 깨뜨렸지요.

한량없는 세월이 흐른 뒤 석가모니 부처님이 이 세상에 출현하시자, 그 형은 부처님을 만나 수행한 끝에 아라한이 되었습니다. 그러나 속세의 복이 엷은 탓인지 유독 혼자만 의식衣食이 항상 모자랐어요. 여러 비구들과 함께 걸식을 나가면 다른 비구들은 모두 배불리 얻어먹는데, 형만은 음식을 조금밖에 받지 못했습니다.

아우는 아주 힘센 코끼리로 태어나 적을 잘 물리쳤기 때문에 국왕의 총애를 받았습니다. 그 몸은 항상 칠보로 장식되었고 먹을 것도 풍족하여 남부러울 일이 없었지요.

한번은 세상에 큰 흉년이 들자 형은 칠 일이나 돌아다니면서 걸식을 청했으나 밥 한 톨 얻어먹지 못했습니다. 그러다가 거의 굶어 죽을 무렵 상한 음식을 조금 얻어 겨우 목숨을 유지할 수 있었지요. 형은 계속해서 길을 가다가 기름기가 번들번들한 살진 코끼리를 보자 곧 천안天眼으로 살펴보았습니다. 그는 그 코끼리가 전생의 동생임을 알고 다가가 코끼리의 귀에 대고 조용히 소곤거렸어요.

"너는 나와 함께 전생에 죄를 진 일이 있다."

코끼리는 그 말을 듣고 자신의 전생을 곰곰이 생각하다가 문득 그 일을 생각해 내고는 근심에 잠겨 음식에 일절 손을 대지 않았습니다. 그러자 코끼리 사육사는 나중에 문책당할 일이 두려워 왕에게 달려가 보고했어요.

"코끼리가 도통 음식을 먹으려 들지 않습니다."

"혹 코끼리를 건드린 사람이 있었느냐?"

"별일은 없습니다만, 어떤 스님 한 분이 잠시 코끼리 곁에 있다가 가는 것을 보았습니다."

"어서 가서 그 사문을 데리고 오라."

잠시 후 사육사가 사문을 데리고 오자 왕이 물었습니다.

"그대는 내 코끼리에게 무슨 짓을 했는가?"

"아무 짓도 하지 않고 그저 한마디 했을 뿐입니다."

"도대체 뭐라고 했기에 코끼리가 음식을 먹지 않는가?"

"너는 나와 함께 전생에 죄를 진 일이 있다고 말했을 뿐입니다."

계속해서 사문은 왕에게 전생의 일을 자세히 들려주었습니다. 그러자 왕은 탄식하며 고개를 끄덕이더니 사문에게 음식을 대접한 뒤 아무 일 없이 돌아가게 했습니다.

잡비유경

돼지가 된 딸

옛날 부처님께서 제자들을 거느리고 사위성에 걸식을 하시러 들어가다가, 온갖 오물이 쌓여 있는 구덩이 안에 늙은 암돼지가 여러 마리 새끼들과 함께 누워 있는 모습을 보았습니다. 부처님이 미소를 짓자 커다란 광명이 온 세상을 비추더니 부처님의 몸을 세 번 돌고는 가슴 속으로 사라졌습니다.

그 광경을 본 아난은 이상한 생각이 들었어요. 보통 부처님이 지옥의 일을 말씀하시려 할 때는 광명이 발밑으로 들어가고, 축생의 경우에는 장딴지로 들어가며, 아귀의 경우엔 허벅지로 들어가고, 인간일 경우에는 엉덩이로 들어갔습니다. 그리고 천신의 이야기를 하실 때는 가슴으로 들어가고, 벽지불의 경우에는 양미간으로 들어가며, 부처와 보살에 관해 말씀하실 때는 정수리 속으로 들어갔기 때문이었지요. 부처님이 암퇘지를 보고 웃으셨는데 광명이 가슴 속으로 들어가자 무슨 연유가 있다고 생각한 아난은 무릎을 꿇고 말씀드렸습니다.

"부처님, 그 뜻을 알고자 하나이다."

부처님은 다음과 같은 이야기를 들려주었습니다.

한량없는 먼 옛날에 한 장자가 있었다. 그에겐 무남독녀가 있었는데, 얼굴은 천녀와 같이 아름답고 총명하기 그지없어 부모의 사랑이 지극하기 이를 데 없었다. 딸은 자라나자 어느 날 부모 앞에서 게송을 읊으면서 물었다.

흡사 급히 흐르는 강물과 같은

이 세상의 즐겁고 괴로운 모든 일은

본래 어디에서 시작된 것이며

또 언제나 그 끝에 도달하는 것입니까

부모는 딸이 읊은 게송을 듣자 역시 영특하다는 생각이 들어 기뻤지만 마땅히 대답할 말이 없었다. 딸은 대답을 듣지 못하자 매우 실망한 끝에 자리에 누워 아무것도 입에 대지 않았다. 금지옥엽 같은 딸이 죽을까 봐 걱정이 태산 같아진 부모는 큰 모임을 열어 바라문과 지혜가 많기로 유명한 장로들을 초대했다.

이윽고 모인 대중이 공양을 마치자 딸은 대중 한가운데 마련한 자리에 앉아 앞의 게송을 다시 읊었다. 그러나 좌중은 쥐 죽은 듯 조용하고 대답하겠다고 나서는 사람은 그 누구도 없었다. 그러자 장자는 칠보를 쟁반에 가득 담은 채 선언했다.

"누구든지 대답하는 자에게는 이 보물을 드리겠소."

그때 보물이 탐난 한 바라문이 일어나서 자기가 대답하겠다며 입을 열었다.

"그저 아무것도 없을 따름이다."

그 바라문은 그저 되는 대로 내뱉었을 뿐이었지만, 딸은 그 말을 곰곰이 되새긴 끝에 '아무것도 없음'의 경계를 깨닫게 되었다. 그러고는 기쁜 듯이 외쳤다.

"이 바라문은 정말 큰 스승으로 내 의문을 해결해 커다란 이익을 주셨다."

세월이 흘러 딸이 목숨을 마치자 '아무것도 없는' 경계의 하늘에 태어나서 사십 겁을 보내고 그 수명이 다하자 이 세상에 돼지로 환생하게 된 것입니다. 그리고 복이 다하자 전생의 죄를 받기에 이르렀습니다. 딸이 게송을 읊었을 때 지혜가 출중한 올바른 스승을 만났더라면 바른 깨달음을 얻을 수 있었을 것입니다. 딸은 비록 선정禪定을 닦기는 했지만 지혜가 모자랐던 까닭으로 그 복이 다하자 다시 악도惡道에 떨어진 것입니다.

잡비유경

보물을 얻는 어려움

세상 사람들이 바다에 들어가 보물을 얻는 데는 일곱 가지 어려움이 있답니다. 첫째는 폭풍을 만나 큰 파도가 배를 덮치는 것이요, 둘째는 배가 부서져 물이 새어 들어오는 것이며, 셋째는 사람이 바다에 빠져 죽게 되었다가 겨우 뭍에 오르는 것입니다. 넷째는 두 마리 용이 간신히 뭍에 오른 사람을 잡아먹으려고 덤비는 것이고, 다섯째는 해안을 벗어나 평지에 나왔으나 세 마리 독사가 해치려고 덤비는 것이며, 여섯째는 뜨거운 모래밭에 발을 데이는 것이고, 일곱째는 동서남북을 쉽게 구별할 수 없어서 겪는 어려움입니다.

부처님은 제자들에게 말했습니다.

"폭풍을 만난다는 것은 생로병사를 이름이요, 물이 샌다는 것은 육정六情을 받아들임에 한량이 없는 것을 말함이며, 물에 빠져 죽게 되는 것은 악마에게 잡히는 것을 뜻한다. 또 두 마리 용은 해와 달, 즉 시간이 인간의 목숨을 좀먹는 것을 비유한 것이고, 세 마리 독사는 사람의 몸속에 있는 삼독三毒을 이름이요, 뜨거운 모래사장은 지옥의 불을 가리키고, 동서남북을 구별하지 못한다는 것은 어둡고 아득하여 언제 빠져나올 수 있을지 기약이 없다는 뜻이니라."

잠비유경

용을 싫어한 사람

한 외진 나라에 용을 무척 싫어하는 사람이 살고 있었습니다. 어느 날 그는 항아리에 물을 가득 담아 용이 살고 있는 연못가로 가서 밤새도록 주문을 외워 댔어요. 그러자 연못에 큰불이 일어나 온 못이 부글부글 끓어오르기 시작했습니다.

용은 몹시 당황해서 머리를 연못 밖으로 조금 내밀고는 근처에 있는 산을 바라보았습니다. 그런데 갑자기 그곳에도 불이 일더니 산 전체가 활활 타오르는 것이 아니겠어요? 다시 하늘을 쳐다보았으나 텅 빈 허공에 머물 수는 없는 노릇이었어요.

도망갈 곳이라고는 전혀 없었습니다. 있다면 오직 한 곳 시원한 물이 가득 차 있는 조그마한 항아리뿐이었답니다. 용은 곧 몸을 조그맣게 만들어서 그 항아리 속으로 뛰어들어갔어요.

여기서 용이 사는 연못은 우리가 사는 욕심 세계를 이름이요, 산은 형상이 있는 세계, 하늘은 형상이 없는 세계를 빗댄 말입니다.

또 용을 싫어하는 사람은 보살을 가리키고, 시원한 물이 가득 차 있는 항아리는 열반을 이르지요. 그리고 주문은 방편을 말하는 것이고, 큰불이 일어남은 이 세상이 무상함을 가리킵니다. 용의 커다란 몸은 교만한 마음을 이름이요, 조그마한 몸으로 변신하는 것은 겸손을 가리킨답니다.

이 이야기는 무상이라는 큰불을 두려워하는 중생들로 하여금 모든 교만한 마음을 버리고 겸손한 마음가짐으로 열반을 추구해야 한다는 것을 보여 주고 있습니다.

잡비유경

453

마갈

옛날에 오백 명의 상인이 보물을 얻기 위해 배를 타고 바다에 들어 갔습니다. 마침 마갈摩竭이라는 거대한 물고기가 수면 위로 고개를 내밀고 큰 입을 벌린 채 식사를 하려고 했어요. 그때 바람은 거의 불지 않았지만, 상인들이 탄 배가 쏜살같이 움직이기 시작했답니다. 깜짝 놀란 선장이 외쳤습니다.

"배가 너무 빨리 달린다. 어서 돛을 내려라!"

선원들은 다급히 돛을 내렸으나 배는 더욱 빨리 앞으로 나아갔어요. 선장은 망루 위에 있는 선원에게 외쳤습니다.

"앞에 무엇이 보이는가?"

"위로는 해가 두 개나 떠 있고, 아래로는 거대한 흰 산이 있으며,

454

중간에도 검은 산이 솟아 있습니다."

그러자 선장의 얼굴은 백지장처럼 변했어요. 그는 이내 주위를 둘러보며 외쳤습니다.

"그것은 마갈이라는 거대한 물고기임에 틀림없다. 이제 우리는 모두 커다란 곤경에 빠졌다. 저 마갈의 배 속에 들어가면 도저히 살아날 방법이 없다. 너희들은 각자 믿는 신에게 기도하라."

배에 탄 사람들은 저마다의 수호신들에게 살려 달라고 손이 닳도록 빌며 아우성을 치기 시작했지요. 그러나 배는 조금도 멈출 기미를 보이지 않았어요. 그때 다시 선장이 외쳤습니다.

"나는 부처님을 따르는 불제자다. 너희들은 이제부터 모두 일심으로 부처님의 명호를 불러라."

이에 모든 이가 입을 모아 큰 소리로 외쳤습니다.

"거룩하신 부처님께 귀의하나이다."

그때 한없이 바닷물을 들이켜고 있던 마갈이 깜짝 놀라며 속으로 생각했어요.

'지금 이 세상에는 부처님이 계신다. 내가 그 사실을 깜빡 잊고 중생을 해쳐 죄업을 저지를 뻔했다.'

생각을 마친 마갈은 곧 입을 다물었습니다. 그제야 배는 제자리에 멈추었고, 오백 명의 상인들은 목숨을 구하게 되었답니다.

마갈은 전생에 도인이었으나 죄를 짓고 그런 고약한 몸으로 환생하였습니다. 그때 일찍이 부처님의 명호를 들은 적이 있었기 때문에

사람들이 외치는 소리를 듣고 전생 일을 상기하여 착한 마음을 일으

켰던 것이지요.

잡비유경

들통 난 거짓말

한 사람이 맛있는 음식을 장만하여 육사외도와 여러 사문들을 초청해 공양했습니다. 육사외도는 자리에 앉자마자 픽 하고 웃었어요. 그러자 궁금함을 참지 못한 그가 물었답니다.

"갑자기 왜 웃으십니까?"

"오만 리 밖에 살고 있는 원숭이가 재주를 부리다 호수에 떨어지는 모습이 보여서 웃은 것이오."

그는 속으로 대단한 분들이라고 감탄했지만, 그의 아들은 순전히 거짓말임을 알고 육사외도의 발우에 먼저 국물을 담고 그 위에 밥을 덮어 갖다 주었습니다. 그리고 다른 사문들의 발우에는 밥을 먼저 담고 그 위에 국물을 부어 주었어요. 이윽고 모든 사람들이 공양을 마쳤으나 육사외도는 먹지 않고 화를 내고 있었답니다. 그래서 그가 물었지요.

"왜 음식을 들지 않으십니까?"

"국이 없는데 어찌 먹겠소?"

그러자 아버지 곁에 있던 아들이 쏘아붙였습니다.

"당신들은 오만 리 밖에 있는 원숭이가 물에 떨어지는 것을 볼 수 있으면서 어찌 밥 아래 있는 국은 보지 못합니까?"

육사외도는 얼굴이 빨개져서 말문을 열지 못하고 슬그머니 그 자리를 빠져나갔습니다.

잡비유경

인연

어떤 나무에 커다란 호박만 한 과일이 두 개 달려 있었습니다. 그 과일이 막 익어 떨어지려고 할 때 한 까마귀가 그 밑에 있는 가지에 앉았다가 과일이 떨어지는 바람에 깔려 죽고 말았어요. 그 모습을 지켜본 수신樹神이 게송을 읊었습니다.

까마귀가 일부러 죽으려 한 것도 아니고
까마귀를 죽이고자 과일이 떨어진 것도 아니네
과일은 그저 익어 떨어질 뿐이나 까마귀는 죽고 말았으니
이 모든 것은 인연이 모여 그렇게 된 것뿐이노라

잠비유경

발원

아수라阿修羅는 전생에 가난한 사람으로, 늘 강을 건너가 나무를 해서 돌아왔습니다. 한번은 큰비가 와서 강물이 깊어지고 물살 또한 매우 빨라졌어요. 그는 나무를 지고 강을 건너다가 그만 급류에 휘말렸습니다. 나무도 몽땅 잃어버렸고 목숨까지 위험할 정도로 이리저리 휩쓸려 다니다가 간신히 빠져나왔어요.

　얼마 후 한 벽지불이 그의 집에 찾아와 음식을 청했습니다. 그는 매우 기뻐하며 벽지불의 발우에 밥을 담아 주었답니다. 벽지불은 그 자리에서 공양을 마치고 손을 씻더니 발우를 허공에 던져두고는 순식간에 날아가 버렸어요.

　가난한 이는 허공에 홀로 떠 있는 발우를 보고 환희심이 생겨 곧 발원을 했습니다.

"부디 후생에는 커다란 몸을 얻어 그 어떤 물도 무릎을 넘지 않게 해 주소서."

이 인연으로 그는 아주 거대한 몸을 얻어 사해의 바닷물도 그 무릎을 넘지 못했습니다.

그래서 그가 바다 한가운데 서면 몸은 수미산須彌山보다 커서 손으로는 산의 정상을 어루만지고 아래로는 도리천을 내려다볼 정도였답니다.

잡비유경

후덕한 코끼리

설산雪山에 여섯 개의 상아를 가지고 이만의 코끼리를 거느린 코끼리왕이 있었습니다. 그 코끼리왕에게는 늙은 암코끼리와 젊은 암코끼리가 부인으로 있었어요. 그는 놀러 나갈 때면 늘 두 부인을 대동했지요.

한번은 코끼리왕이 소풍을 나갔다가 아름다운 꽃을 보자 두 부인을 꾸며 주려고 코로 꽃을 땄습니다. 그런데 갑자기 바람이 불어 꽃은 큰 부인의 몸에만 떨어지고 작은 부인은 꽃을 얻지 못했어요. 그러자 작은 부인은 왕이 큰 부인만 사랑한다고 생각해 속으로 독한 마음을 품었답니다.

462

얼마 후 왕의 늪에 황금빛 연꽃이 피자 작은 부인은 그것을 따다가 왕에게 바쳤습니다. 왕은 그 연꽃을 큰 부인의 머리에 꽂아 주었어요. 그러자 작은 부인은 이를 갈며 왕을 해치려는 생각을 품게 되었답니다.

그때 설산에는 도사들이 많았는데, 작은 부인은 맛있는 과일들을 따서 그들을 공양하고 언덕 위에 올라가 맹세했습니다.

'이 공덕으로 세력 있는 인간으로 태어나 반드시 코끼리왕을 해치고 말리라.'

그녀는 맹세를 마치고 언덕 아래로 몸을 던졌어요. 얼마 후 작은 부인은 어떤 이의 딸로 태어났는데, 아름답기로는 세상에서 그녀를 따를 자가 없을 정도였습니다. 그 덕분에 그녀는 처녀로 자라나 왕의 눈에 들어 왕비가 되었지요. 왕은 그녀를 애지중지했어요. 그녀는 속으로 이를 갈았습니다.

'이제야말로 묵은 원수를 갚을 수 있겠구나.'

그녀는 곧 중병에 걸린 척하고 자리에 누웠어요. 걱정이 태산같이 커진 국왕은 그녀에게 왜 그러냐고 물었습니다. 그러자 그녀가 대답했어요.

"어젯밤 꿈에 여섯 개의 상아를 가진 코끼리를 보았습니다. 전 그 상아로 비녀를 만들고 싶습니다. 만약 그 비녀를 얻지 못하면 병은 더욱 위독해질 것입니다."

그녀를 총애하던 왕은 전전긍긍하다가 곧 방을 붙여 전국의 사냥꾼들을 소집해서 말했습니다.

"너희들 중에 혹 육아백상六牙白象을 본 사람이 있느냐?"

사냥꾼들은 입을 모아 말했습니다.

"전혀 본 일이 없습니다."

왕은 그 사정을 왕비에게 알렸어요. 그러자 왕비는 단념하지 않고 직접 사냥꾼들 앞에 나서서 말했습니다.

"너희들 중에 담이 가장 큰 자가 누구냐?"

그러자 한 사냥꾼이 큰 소리로 대답했어요.

"제가 바로 그런 사람입니다."

왕비는 그 사냥꾼에게 금 일만 냥과 함께 쇠갈고리와 정, 도끼와 법의法衣를 주면서 말했습니다.

"설산에 가면 몹시 큰 나무가 있는데, 그 앞에는 몸길이가 수백 발에 이르는 커다란 구렁이가 있을 것이다. 그러면 겁먹지 말고 도끼와 정으로 나무에 살며시 구멍을 뚫고 앞으로 나아가라. 그러면 커다란 호수가 나올 것이다. 그 호수에는 나무가 물 위로 늘어져 있을 테니 그때는 쇠갈고리를 사용해서 건너면 되리라. 호수를 다 건너면 그곳이 바로 육아백상이 사는 곳이다. 그곳에 이르면 참호를 파고 때를 노려 활을 쏘도록 하라. 육아백상은 삼보를 믿고 있으니 네가 법의를 걸치고 있으면 결코 해치지 않으리라."

왕비의 명령을 받은 사냥꾼은 칠 년 칠 개월 칠 일 만에 육아백상이 사는 곳에 이르러 참호를 파고 그 안에 숨어 주위를 살폈습니다. 이윽고 육아백상이 다가오자 사냥꾼은 곧 독화살을 쏘았어요. 육아백상은 화살을 맞고 괴로워하며 휘청거리다가 그 사냥꾼에게 물었습니다.

"이곳은 인간이 오기 어려운 곳이다. 그런데 너는 누구냐?"

사냥꾼은 코끼리가 최후의 힘을 다해 자기를 죽일지도 모른다는 생각에 두려워하며 말했습니다.

"저는 그저 심부름을 하는 사람일 뿐입니다."

사냥꾼은 왕비가 내린 명령을 자세히 설명해 주었어요. 그러자 육아백상은 당장 상아를 빼 주면서 말했지요.

"이것을 가지고 빨리 돌아가라. 다른 코끼리들의 눈에 띄면 살아남기 어려울 것이다. 설령 내가 말리더라도 그들은 가만있지 않을 것이다."

육아백상은 마지막 남은 힘을 다해 사냥꾼을 보호하여 칠 일 만에 그 땅을 벗어나게 해 주었습니다. 본국으로 돌아온 사냥꾼이 왕비에게 상아를 바치자 왕비는 그것을 쓰다듬으며 기뻐하기도 하고 슬퍼하기도 하다가 잠시 후 피를 토하더니 거의 죽을 지경에 이르렀답니다.

부처님이 이 세상에 계실 때 한번은 여러 제자들에게 설법을 하시는데, 그중 한 비구니가 부처님을 뚫어지게 바라보고는 큰 소리로 웃더니 이내 대성통곡을 했습니다. 그 모습을 본 대중들은 모두 괴상한 일이라고 생각했지요. 이에 아난이 부처님께 여쭈었습니다.

"저 비구니는 이미 아라한이 되었으면서도 어찌 슬픔과 기쁨을 스스로 이기지 못하는 것입니까?"

"그 옛날 육아백상은 바로 이내 몸이요, 왕비가 되었던 작은 부인은 저 비구니이니라. 그녀는 신통을 얻어 전생의 일을 살펴보고는 그렇게 행동한 것이다. 곧 슬퍼하는 것은 독한 마음을 품고 남을 해치려 했기 때문이며, 기뻐한 것은 모든 허물을 뉘우치고 도를 얻었기 때문이니라."

부처님이 설명해 주자 대중들은 입을 모아 말했습니다.

"부처님과 악연을 맺고도 오히려 구제를 받았거늘 하물며 좋은 인연이야 어떻겠는가?"

잡비유경

오래 사는 복

바가波伽라는 이름을 가진 대범천왕大梵天王이 있었습니다. 그는 전생에 장수하는 인연을 심은 적이 있었기 때문에 그의 수명은 범천인梵天人 칠십이 명의 수명을 합한 것보다 길었지요.

긴 수명 때문에 자신은 영원히 산다고 하는 삿된 소견을 품고 있었던 대범천왕은 어느 날 이렇게 생각했습니다.

'나는 자유로움을 얻었다. 이제 나를 함부로 대할 자는 아무도 없다. 내 허락이 있어야만 나를 만날 수 있고, 내 허락 없이는 어느 누구도 나를 만날 수 없다.'

신통력으로 대범천왕의 삿된 소견을 읽으신 부처님께서는 사리불과 목련을 비롯한 4대 제자를 거느리고 허공을 날아 대범천왕의 정수리에 앉았습니다. 중앙에는 부처님이 모셔졌고, 오른쪽에는 사리불, 왼쪽에는 목련 존자, 앞쪽에는 대가섭, 뒤쪽에는 가전연이 앉았습니다. 부처님께서 대범천왕에게 말했습니다.

"너는 스스로를 영원히 살고 자유로운 자라고 생각하는데, 내가 지금 네 정수리 위에 앉을 수 있는 까닭은 무엇 때문으로 보는가?"

당황한 대범천왕은 아무 말도 할 수 없었지요.

'이 세상에 나의 허락도 없이 내 정수리 위에 앉을 수 있는 자가 있다니…….'

부처님이 다시 물었습니다.

"네가 영원히 살고 자유로움을 얻었다고 생각하게 된 이유는 무엇인가?"

"저는 범천인 칠십이 명이 차례로 목숨을 마치는 것을 지켜보아 왔습니다만 아직까지 제 수명은 조금도 줄지 않았고, 또 세 가지 커다란 복덕이 있어 수많은 천인天人들이 목숨을 다한다 해도 저는 여전히 살아 있을 것입니다. 그래서 영원히 산다고 생각하게 된 것입니다."

"나는 일체의 지혜를 갖춘 사람이다. 따라서 네가 처음 태어난 때와 죽을 때를 알 수 있다. 비단 너뿐만 아니라 이 세상 모든 존재 역시 마찬가지니라. 너는 어리석고 미혹한 자니 스스로를 영원히 사는 존재로 여기지 마라."

대범천왕은 머리를 조아리며 부처님께 말씀드렸습니다.

"그렇다면 제가 장수하게 된 인연을 말씀해 주옵소서."

"너는 본래 오신통을 얻은 신선이었다. 한번은 여러 사람들이 배를 타고 바다에 들어갔는데 극심한 폭풍우를 만나 목숨이 경각에 달렸다. 그때 너는 신통력으로 배를 기슭으로 끌어올려 수많은 사람들의 목숨을 구해 준 적이 있었다. 이것이 첫 번째 인연이다. 또 너는 커다란 나라의 대신인 적이 있었다. 그 당시 한 마을이 왕법을 어기자, 불같이 화가 난 왕이 그 마을 사람들을 모조리 죽이려 하였다. 그 사람들을 가엾게 여긴 너는 전 재산을 모두 털어 왕에게 바쳤는데 그로써 마을 사람들은 죄를 용서받고 목숨을 구하게 되었다. 이것이 두 번째 인연이다. 이 두 가지 인연으로 너는 장수를 누리게 된 것이다. 하지만 지금부터 삼십육 겁이 지나면 네 수명 역시 다할 것이다."

부처님 말씀을 듣고 곰곰이 생각하던 대범천왕은 곧 믿는 마음이 생겨 일념으로 사유한 결과 아나함阿那含의 도를 얻게 되었답니다.

잡비유경

아무도 빼앗을 수
없는 보물

옛날에 한 국왕이 신하를 보내 친구를 초대했습니다. 그런데 그 친구는 이렇게 말했어요.

"국왕에게 죄송하다고 전해 주시오. 나는 지금 구덩이를 파서 보물을 숨기느라 바쁘오."

그 말을 전해 듣고 놀란 왕은 다시 신하를 보내 그를 불렀답니다. 그러자 친구가 말했어요.

"나는 지금 보물을 구덩이 속에 내려놓고 있는 중이오."

왕이 또 신하를 보내자 친구가 다시 말했지요.

"나는 지금 보물을 파묻고 땅을 고르고 있는 중이오."

이윽고 왕궁을 방문한 친구에게 왕이 물었습니다.

"자네는 왜 그렇게 어리석은가? 보물을 파묻으면서 왜 비밀스럽게 하지 않는가?"

"대왕이시여, 여러 가지 맛있는 음식을 만들어 부처님과 그 제자들을 공양하는 것은 땅을 파고 구덩이를 만드는 것과 같습니다. 또 국과 밥을 차려 놓은 것은 보물을 구덩이 속에 내려놓는 것과 같으며, 공양이 끝나면 물을 돌리고 청소하고 설법을 듣는 것은 땅을 고르는 것과 같습니다. 이 보물은 설사 왕이라도 빼앗을 수 없는 것입니다."

"훌륭하오. 그대는 그 말을 다른 사람에게 하지 마시오. 나도 빼앗길 수 없는 보물을 파묻어야겠소."

왕은 보물 창고를 열어 가난한 백성들에게 보시하고, 부처님과 제자들을 청해 공양을 베풀었습니다.

구잡비유경

471

굴레

옛날에 한 국왕이 나라를 버리고 출가하여 사문이 된 후, 산중에서 움막을 짓고 풀로 된 옷을 걸친 채 도를 닦다가 스스로 깨우쳤다 하여 크게 웃으면서 말했습니다.

"아, 시원하다. 세상에 이렇게 시원할 수가……."

그러자 그 근처에서 수도하고 있던 도인이 영문을 몰라 하며 물었어요.

"그게 무슨 소린가? 이 적막한 산중에서 도를 닦는 일이 즐겁단 말인가?"

"내가 왕의 자리에 있었을 때는 골치 아픈 일이 한두 가지가 아니었다. 이웃 나라가 침범하지 않을까 노심초사했고, 자객이 나를 해

472

치지 않을까 해서 두려웠고, 또 신하들이 반역을 꾀하지 않을까 해서 전전긍긍했다. 그러나 이젠 이익을 탐해 나를 해치려는 자가 있으래야 있을 수 없으니 시원하기 그지없다. 그래서 시원하다고 말한 것이다."

구잡비유경

우연인가 필연인가

옛날에 다섯 명의 대신이 있었습니다. 그중 한 대신이 공양을 하고자 부처님을 초청했으나 부처님은 응하지 않았답니다. 대신은 집에 돌아가서 궁리한 끝에 왕의 이름으로 부처님을 청하자 부처님이 말씀하셨어요.

"저 대신은 틀림없이 오늘 죽을 것인데, 내일 어찌 복을 지을 수 있으랴?"

대신은 언젠가 관상쟁이에게 이런 말을 들은 것이 생각났습니다.

"장차 흉기에 죽을 운명이니 흉기로써 스스로를 보호하시오."

두려워진 대신은 칼을 빼들고 있다가 밤이 깊어지자 피곤해서 자리에 눕고 싶어졌어요. 그는 칼을 아내에게 주고는 대신 들고 있게 했습니다. 그런데 아내가 깜빡 졸다가 그만 칼을 떨어뜨리고 말았어요.

그 바람에 칼이 남편의 목을 찔러 버렸죠. 남편의 비명을 들은 아내는 놀라서 울부짖었어요.

"남편이 죽었다!"

왕은 곧 나머지 네 명의 대신을 불러 문책했습니다.

"너희들이 호위한다는 핑계로 그 아내와 짜고 이 일을 꾸민 게 분명하다. 그렇지 않고서야 어찌 방 안에서 칼에 찔려 죽는단 말이냐?"

왕은 네 명의 대신의 오른손을 잘랐어요.

그 이야기를 전해 들은 아난이 부처님께 여쭈었습니다.

"부처님, 이것은 무슨 인연입니까?"

"죽은 대신은 전생에 양을 치는 목동이었다. 그 아내는 어미 양이었는데, 그때 도적이었던 네 대신은 목동을 불러 오른손을 들어 위협하며 어미 양을 죽이게 했다. 그러고는 목동에게 어미 양으로 요리를 만들게 해 먹었던 것이니라. 그렇게 해서 생사를 유전하다 금생에 모두 한자리에 모여 그 전생의 죄보를 모두 마친 것이니라."

475

저마다 다른 이유로
칭찬하다

옛날에 한 처녀가 시집을 가게 되자 친구들이 몰려와 누각 위에서 음식을 먹으며 놀았답니다. 그때 귤 하나가 땅에 떨어졌어요. 그러자 여자들이 누각 위에서 떠들어 댔습니다.

"누가 저 귤을 집어 오지?"

그때 한 총각이 누각 밑을 지나다가 귤을 집어 들고 가려 했습니다. 시집가게 될 처녀가 그 모습을 보고 말했어요.

"그 귤을 이리 주세요."

"네가 시집갈 때 먼저 내게 온다고 약속하면 이 귤을 주겠다. 그렇지 않으면 가져가서 내가 먹으리라."

"꼭 그렇게 하겠습니다."

총각은 약속을 받고 누각 위로 올라가서 귤을 건넸어요.

여자들은 그 귤을 나누어 먹은 후 처녀를 약혼자 집으로 보냈지요. 남편 될 사람을 만난 처녀가 말했습니다.

"저는 약속을 지켜야 합니다. 먼저 그 총각에게 갔다가 돌아와 당신의 아내가 되겠습니다."

그러자 약혼자는 그렇게 하라고 했어요.

그 처녀는 길을 가다가 도적을 만났답니다. 도적이 겁탈하려 들자 처녀가 말했어요.

"저는 약속을 지키러 가는 길이니 놓아 주십시오."

도적은 순순히 처녀를 보내 주었습니다. 또 길을 가는데 이번에는 식인귀를 만났어요. 처녀는 머리를 조아리며 사정을 말했습니다. 그러자 귀신도 그녀를 잡아먹지 않고 보내 주었어요.

이윽고 그녀가 총각의 집에 이르자 총각은 그녀를 앉으라고 한 다음, 여러 가지 맛있는 음식을 차려 대접했어요. 잠시 후 총각은 몇 가지 선물을 주더니 그녀를 그냥 돌려보냈습니다.

부처님은 제자들에게 말했습니다.

"이 이야기를 들으면 사람들은 남편과 도적과 귀신과 총각 모두를 착하다고 칭찬할 것이다. 그러나 칭찬하는 이유는 다 다르다. 남편을 착하다고 하는 사람은 누구나 아내를 취하기에 급급하다는 생각에서 칭찬하는 것이고, 도적을 착하다고 하는 사람은 누구나 재물을 탐하게 마련이라고 생각하기 때문이며, 식인귀를 착하다고 하는 사람은 먹는 일을 중히 여기기 때문이며, 총각을 착하다고 하는 사람은 무릇 겸손하고 도덕을 알아야 한다고 생각하기 때문이니라."

구잡비유경

부처님의 배려

부처님이 한번은 여러 제자에게 설법하고 계시는데, 한 사냥꾼이 죽은 새 여러 마리를 지고 가다가 부처님을 뵙고는 설법을 듣고자 했습니다. 그런데 부처님은 곧 말씀을 마치시고 잠자코 계시는 것이었어요.

영문을 모른 사냥꾼은 그 자리를 물러가면서 말했습니다.

"만일 내가 부처가 되면 늘 남을 위해 설법하되 결코 거절하지 않겠다."

사냥꾼이 떠난 후 아난이 부처님께 여쭈자 말했습니다.

"그 사냥꾼은 큰 보살로서 전생에 매우 큰 서원을 세웠느니라. 먼 옛날 그가 국왕이었을 때 궁녀들에게 고루 신경을 쓰지 않았기 때문에 질투하던 이들이 모의해 그를 독살하고 말았다. 그 왕은 사냥꾼으로 다시 태어나고 왕을 독살했던 이들은 새로 태어나 사냥꾼에게 죽임을 당한 것이다. 그는 이제 죄업을 마쳤으니 훗날 도를 이룰 것이다. 만일 내가 그를 위해 설법한다면 그의 뜻이 아라한에 멈출 것이 두려워 설법하지 않았을 따름이니라."

구잡비유경

늘 좋은 마음으로

옛날에 외국의 한 스님이 으슥한 산길을 홀로 걷고 있었습니다. 그 모습을 본 장난꾸러기 귀신이 그를 깜짝 놀라게 하고 싶은 생각이 들었어요. 귀신은 머리 없는 사람으로 변해 갑자기 스님 앞에 나타 났답니다. 그러나 스님은 별일 아니라는 듯 말했어요.

"너는 참 좋겠다. 머리가 없으면 골치 아플 일이 없으니 이 얼마나 부러운 일인가?"

머쓱해진 장난꾸러기 귀신은 이번에는 몸은 없고 팔다리만 있는 사람으로 변했습니다. 그러나 이번에도 역시 스님은 전혀 놀라는 기 색이 없었어요.

"몸이 없으면 오장육부가 없으니 큰 병이 날 까닭이 없겠구나. 너는 정말 좋겠다."

그러자 귀신은 또 손발이 없는 사람으로 변했지요. 그래도 스님은 유유자적하게 말했습니다.

"손과 발이 없으면 도둑질을 하려고 해도 할 수 없으니, 관가에 잡혀 갈 일은 없겠구나."

스님을 놀래 주려다 도리어 자신이 당한 귀신은 곧 잘생긴 남자로 변해 스님의 발에 입을 맞추며 말했습니다.

"스님은 정말 대담하고 흔들리지 않는 마음을 가지셨습니다. 스님은 오래지 않아 반드시 깨달음을 얻게 되실 것입니다."

구잡비유경

백정의 업보

이미 아나함의 도를 얻은 한 사문이 어떤 산 위에서 풀을 삶아 가사에 물을 들이고 있었습니다. 그때 소를 잃어버린 한 목동이 소를 찾아 이곳저곳 헤매다가 산 위에서 연기가 나는 모습을 보고 달려왔습니다. 그런데 목동이 솥뚜껑을 열자, 그때까지 솥 안에 있던 풀은 온데간데없고 소머리와 소뼈가 가득 들어 있었어요. 그 광경에 화가 잔뜩 난 목동이 사문에게 욕을 했습니다.

"네가 소를 잡아먹은 도둑놈이로구나."

목동은 소뼈를 건져 내서 사문의 몸에 걸치게 하고는 온 동네를 돌아다니면서 욕을 보였어요. 사람들은 사문이 도둑질을 했다는 사실에 경악하며 손가락질을 했지요.

그때 그 사문의 제자인 한 사미는 점심이 되어 종을 쳤는데도 스승이 오지 않자, 곧 선정에 들어 스승이 어디 계신지 알아보았답니다. 그러자 스승이 뭇사람들에게 욕을 먹고 있는 모습이 보이지 않겠어요? 사미는 당장 그곳으로 달려가 스승에게 예배하고 여쭈었습니다.

"도대체 어찌된 일입니까?"

"전세의 죄업 때문이니라."

"얼른 돌아가서 점심 공양을 하십시오."

스승과 제자는 신통력을 써서 돌아가고자 했습니다. 하지만 사미는 아직 높은 깨달음을 얻지 못한 탓에 화를 참지 못했지요. 그래서 그 동네 사람들을 돌아보고는 이를 갈며 생각했습니다.

'우리 스승님을 욕보인 이 사람들을 용서할 수 없다. 용을 불러 폭풍우를 일으켜 놀래 주도록 하자.'

이렇게 생각하자마자 마른하늘에 날벼락이 치더니 삽시간에 마을이 물에 쓸려 사라져 버렸어요. 이에 스승이 말했습니다.

"나는 전세의 어느 한 세월 동안 백정을 생업으로 삼았기 때문에 오늘날 이런 치욕을 당한 것이다. 그런데 너는 어찌 경솔하게 이런 큰 죄를 짓느냐? 다시는 내 앞에 나타날 생각을 하지 마라."

죄와 복은 이와 같으니, 삼가지 않으면 안 되는 법입니다.

구잡비유경

484

욕정

옛날 아나율阿那律이 이미 아라한이 되었을 때의 일입니다. 여러 비구 중에 용모가 매우 단정하여 마치 여자처럼 예쁜 이가 있었습니다. 어느 날 그 비구가 홀로 숲 속으로 들어가자 한 사내가 그 모습을 보고 여자라 생각하여 엉뚱한 생각을 품고는 따라 들어가 겁탈하려 했습니다. 그러다가 남자인 것을 알고 기겁하여 물러서려는데, 그만 자기 몸이 여자로 변하고 말았어요. 그는 부끄럽고도 창피하여 오도 가도 못하고 산중을 헤매면서 몇 년을 지냈답니다.

한편 그 사내의 집에서는 큰 소동이 일어났습니다. 가장이 집을 나가 돌아오지 않으니 처자들은 이미 어디선가 죽은 것이 틀림없다 하여 날마다 대성통곡을 했지요.

하루는 아나율이 걸식을 하다가 그 집 앞에 이르렀습니다. 그 집 안주인은 아나율을 보자 집안 사정을 늘어놓더니 복의 힘으로나마 살아갈 수 있게 해 달라고 빌었답니다. 아나율은 잠자코 있다가 문득 가엾다는 생각이 들어 산중으로 들어가 그 사람을 찾아 이리저리 돌아다녔어요. 그러다가 아나율은 여자가 된 그를 만났습니다. 그는 아나율 존자를 만나자 잘못을 참회하면서 한때 욕정에 눈멀었던 자기 몸을 꾸짖었습니다. 그러자 금방 다시 남자의 몸으로 돌아왔습니다. 그 사내는 크게 좋아하면서 존자에게 인사한 후 집으로 돌아가 처자를 만났답니다.

도를 얻고자 하는 이는 악한 마음으로 남을 대해서는 안 될 것이니, 악한 마음은 재앙을 불러오기 때문입니다.

구잡비유경

스승의 말씀

두 사람이 한 스승 밑에서 공부를 하고 함께 다른 나라로 떠났답니다. 가는 길에 코끼리 발자국을 보고 한 사람이 말했어요.

"이 발자국은 오른쪽 눈이 먼 암코끼리의 것으로 임신을 한 게 분명하다. 또 이 길을 어떤 여자가 지나갔는데, 그녀의 배에는 틀림없이 여자아이가 들었다."

"어떻게 그걸 알 수 있는가?"

"다 아는 수가 있다. 믿지 못하겠거든 빨리 앞으로 달려가 알아보면 되지 않겠는가?"

잠시 후 그들은 코끼리가 길옆 풀밭에서 새끼를 낳은 모습을 보았답니다. 또 한 여자가 계집아이를 낳았다는 소리도 들었어요. 그러자 물어보았던 사람이 생각했습니다.

'나와 저이는 한 스승 밑에서 공부를 했는데, 어찌 내가 모르는 것을 그는 알 수 있는 것일까?'

그는 스승에게 돌아와 물었어요.

"스승님, 저는 그와 같이 동문수학했습니다만, 그는 코끼리 발자국만 보고서도 여러 가지를 알아맞혔지만 저는 그렇게 할 수 없었습니다. 혹시 스승님께서 저이에게만 비전을 가르치신 게 아닙니까?"

"그런 일은 없다."

스승은 곧 그 제자를 불러 물었습니다.

"너는 어떻게 그러한 사실을 알 수 있었느냐?"

"다만 스승님께 배운 것일 따름입니다. 저는 코끼리가 오줌을 눈 자리를 보고 암놈인 줄 알았고, 오른쪽 발자국이 더 깊은 것을 보고 임신했다는 사실을 눈치챘습니다. 또 길가의 오른쪽 풀이 쓰러지지 않은 것을 보고 오른쪽 눈이 멀었다는 것을 알았습니다. 그리고 코끼리 발자국이 멈춘 곳에 소변이 있는 것을 보고 여자가 눈 것임을 알았고, 왼쪽 발자국이 깊은 것을 보고 임신한 사실을 미루어 짐작했습니다."

그러자 스승이 말했습니다.

"공부는 마음으로 깊이 생각해야 통달하는 법이다. 조금이나마 소홀히 하면 이르지 못하는 것이니 그것은 스승의 잘못이 아니니라."

구잡비유경

한마음으로

옛날에 한 국왕은 매일 불탑을 일백 번 도는 것으로 수양을 삼았답니다. 그러던 어느 날 여느 때와 마찬가지로 탑돌이를 하고 있는데, 이웃 나라 군대가 쳐들어왔습니다. 겁에 질린 조정 대신들은 국왕에게 달려가 상황을 알리며, 당장 탑돌이를 멈추고 적군을 물리칠 방법을 강구해야 한다고 주장했습니다.

그러나 국왕은 결코 발걸음을 멈추지 않았어요. 도리어 그는 불안에 떨고 있는 대신들에게 태연하게 말했답니다.

"두려워할 게 뭐 있소? 짐은 아직 일백 번을 다 돌지 못했소이다."

이웃 나라 군대는 멀리서 아무 일 없다는 듯 계속 탑돌이를 하고 있는 국왕의 모습을 보고 아무래도 계책이 있겠다 싶어 곧 돌아가 버렸어요.

무슨 일을 하던 일심으로 전념해야 하는 법이지요. 그렇게 하면
어떤 난관도 두렵지 않을 것입니다.

구잡비유경

솥이 내 스승이다

옛날에 어느 절에 황금으로 된 솥이 있었습니다. 어느 날 그 절에 들른 한 속인이 그 솥을 보고 탐이 나 훔치려고 했으나 도저히 기회를 얻을 수 없었지요.

그래서 그는 거짓으로 출가하여 사문이 된 후 호시탐탐 솥을 훔칠 기회만 기다렸습니다.

하루는 상좌 스님이 절의 모든 대중을 모아 놓고 설법을 했어요.

"모든 죄와 복과 생사와 도를 깨닫는 데 있어서 선악의 과보는 그림자나 메아리와 같아 결코 떨어질 수 없는 법이다."

거짓으로 사문이 된 자는 그 설법을 듣고 마음이 열려 곧 참회하고 열심히 정진한 끝에 깨달음을 얻었답니다.

그는 자신이 깨달음을 얻게 된 인연을 생각하다가 "솥이 곧 내 스승이다."라고 말하면서 솥에 예배하고 세 번 돈 후 여러 사람들을 위하여 그 이야기를 들려주었습니다.

깨달음에는 인연이 있는 법이니, 마음을 오로지 하나에만 쓰면 진지眞智를 보지 못하는 일이 없습니다.

구잡비유경

용과 사미

한 아라한이 사미를 데리고 산속에서 도를 닦고 있었어요. 사미는 매일 인가에 내려가 밥을 얻어 왔습니다. 그런데 험한 언덕길을 오를 때면 늘 넘어져 밥을 땅바닥에 쏟곤 했어요.

사미는 흙이 묻지 않은 밥은 스님의 발우에 담고, 흙이 묻은 밥은 물에 씻어서 자기가 먹었습니다. 그렇게 하기를 계속하자 보다 못한 스승이 물었답니다.

"왜 너는 밥을 씻어서 먹느냐?"

"밥을 얻으러 갈 때는 날이 맑은데, 돌아올 때는 꼭 비가 옵니다. 그래서 미끄러지는 바람에 밥을 땅바닥에 쏟습니다."

그 말을 들은 스승은 선정禪定에 들어 살펴본 결과, 용이 사미를 희롱한 사실을 알아냈습니다. 스승은 자리에서 일어나 험한 언덕 위로 오르더니 지팡이로 언덕을 마구 내리쳤어요.

그러자 용이 노인으로 둔갑해서 스승 앞에 나타나더니 이내 무릎을 꿇었답니다. 스승이 물었어요.

"너는 왜 내 제자를 못살게 구느냐?"

"사실은 저 사미의 얼굴이 매우 잘생겨서 좋아하기 때문에 그렇게 한 것입니다. 그런데 사미는 왜 날마다 이 길을 지나는 것입니까?"

"밥을 얻으러 다니는 것이다."

"오늘부터 제 목숨이 다할 때까지 부디 날마다 제 방에서 공양을 하십시오."

스승은 잠자코 그 청을 받아들였습니다. 그리고 처소로 돌아와서 사미에게 말했지요.

"너는 인가에 가면 그곳에서 걸식을 끝내고 다시는 밥을 이곳으로 가지고 오지 마라."

그래서 사미는 매일 인가에서 걸식을 마치고 돌아왔습니다. 그러던 어느 날 사미는 스승의 발우 안에 남아 있는 밥알 몇 개를 보고 입에 넣어 보았어요. 그랬더니 그 맛은 이 세상에서 볼 수 없는 것이라 여겨 스승에게 물었습니다.

"스승님께서는 천상에 올라가 공양하시는 겁니까?"

스승은 아무 대꾸도 하지 않았어요. 사미는 궁금한 나머지 스승의 평상 밑에 숨어 엎드려 있었습니다.

식사 때가 되자 스승은 선정에 들어 평상에 앉은 채로 용왕의 궁전으로 날아갔습니다. 그러자 용왕과 부인은 여러 궁녀들을 거느리고 나와 스승에게 예배하고 사미에게도 인사를 했습니다. 그때서야 제자가 따라온 사실을 알게 된 스승이 말했어요.

"너는 마음을 굳게 지켜 흔들리지 마라. 용궁의 미녀들을 보고 마음을 더럽혀서는 안 되느니라."

공양을 마치자 스승은 다시 제자에게 말했습니다.

"용왕은 칠보로 된 궁전에서 여러 미녀들을 거느리고 살지만 일개 축생에 불과하다. 너는 사미로서 아직 도를 얻지 못했으나 반드시 도리천에 태어나 용왕보다 수백 배 훌륭한 삶을 살게 될 것이다. 그러니 겉모습에 현혹되어서는 안 된다."

그러나 사미가 계속 용궁의 이곳저곳을 기웃거리자 스승이 다시 말했습니다.

"용은 이 산해진미를 입에 넣으면 곧바로 두꺼비로 변한다. 그래서 토해 내려고 해도 뜻대로 되지 않아 결국 산해진미를 즐기지 못한다. 그리고 궁녀들이 아름답기 그지없지만 관계를 가지려 하면 뱀의 모습으로 변하고 만다. 또 용의 등에 나 있는 커다란 비늘에는 모래가 생겨 그 고통은 가슴까지 파고든다. 잘 알아 두어라. 용에게는 이러한 세 가지 고통이 있느니라. 그러니 쓸데없는 생각은 품지 마라."

그러나 사미는 스승의 말을 귓전으로 흘려 버리고 매일 용으로 태어나기를 빌다가 병에 걸려 목숨을 마치고 말았답니다.

그는 곧 용의 아들로 태어났는데, 성질이 흉포하기 그지없었어요. 그런데 용왕은 도리어 목숨을 마치고 사람으로 태어났습니다.

부처님은 이렇게 말했습니다.

"도를 얻지 못한 이에게 도의 비밀을 보여 주어서는 안 되는 법이다."

구잡비유경

공양을 남기는 이유

한 스님이 나무 밑에 앉아 수도를 하고 있었어요. 그 나무 위에는 원숭이 한 마리가 살고 있었는데, 스님이 밥을 먹을 때면 내려와 그 곁에서 서성거렸습니다. 스님은 먹다 남은 밥을 원숭이에게 주었어요. 밥을 얻어먹은 원숭이는 곧 물을 길어 와서 스님이 손을 씻을 수 있게 했습니다. 스님과 원숭이는 여러 달을 그렇게 보냈어요.

한번은 스님이 원숭이를 잊고 그만 밥을 남기지 않았습니다. 밥을 얻어먹지 못한 원숭이는 매우 화를 내다가 스님의 가사를 훔쳐 나무 위로 도망가더니 모두 찢어 버렸지요. 스님도 역시 화가 나서 외쳤습니다.

"이 짐승이 못하는 짓이 없구나."

스님은 홧김에 지팡이를 던졌는데, 원숭이가 그만 지팡이에 맞아 그 자리에서 죽고 말았습니다. 그러자 여러 원숭이들이 몰려와 울며 불며 시끄럽게 떠들더니 죽은 원숭이를 둘러메고 절로 갔습니다.

절에 있던 스님들은 분명 무슨 이유가 있을 것이라고 생각해 이리 저리 알아보았어요. 그때 원숭이를 죽인 스님은 그간의 사정을 자세히 설명했습니다. 이 일 때문에 스님들은 새로운 규칙을 정했답니다.

"오늘부터 비구들이 밥을 먹을 때는 다 먹지 말고 조금 남겨 두었다가 다른 짐승들에게 주도록 하자."

구잡비유경

498

여우가 비웃다

옛날에 돈을 아주 많이 가진 여자가 있었습니다. 어느 날 그녀는 한 사내를 알게 되어 가지고 있던 금은보화를 모조리 챙겨 그 사내를 따라나섰어요. 한참 길을 가다가 급류를 만나자 사내가 여자에게 말했습니다.

"몸에 지니고 있는 금은보화를 모두 내게 주면 그것들을 저 건너편에 내려놓고 다시 헤엄쳐 와서 당신을 건너게 해 주겠소."

사내의 말을 믿은 그녀는 가지고 있던 금은보화를 몽땅 넘겨주었어요. 사내는 그 물건들을 가지고 저쪽 강가에 도착하자마자 뒤도 돌아보지 않고 줄행랑을 쳤습니다.

그녀는 넋을 잃은 채 멍하니 강가에 홀로 앉아 있었어요. 그때 여우 한 마리가 매를 노리고 있는 모습이 보였지요. 막 매를 잡으려던 여우는 갑자기 강 속에서 헤엄치고 있는 물고기에 주의를 돌렸습니다. 그러고는 매를 쫓다 말고 물고기를 잡으러 갔어요. 그사이 매는 날아가 버리고, 물고기도 숨어 버렸습니다. 그 모습을 본 여자는 박장대소하며 여우에게 말했어요.

"넌 참 어리석구나. 한꺼번에 두 먹이를 쫓다가 둘 다 놓쳤으니 말짱 헛일이야."

그러자 여우가 그녀를 비웃으며 대꾸했지요.

"남 이야기 하지 마시오. 자기 재물을 몽땅 남에게 준 당신보다 멍청한 사람이 또 있을까?"

구잡비유경

금가락지

옛날에 한 부인이 늘 다른 사람들에게 이렇게 말하곤 했어요.

"나는 절대로 물건을 잃어버리는 일이 없다."

평소에 그 부인의 말을 믿지 않는 그녀의 아들은 꾀를 생각해 내었답니다. 그 부인의 금가락지를 몰래 빼다가 강에 던져 버리고 돌아와 시치미를 뚝 떼고 말했어요.

"어머니, 금가락지를 어디 두셨습니까?"

그 부인은 여전히 이렇게 말했습니다.

"나는 절대로 물건을 잃어버리는 일이 없다."

며칠 후 부인은 부처님의 십 대 제자 중에서 목건련, 아나율 그리고 대가섭을 초청하여 공양을 드리고자 했습니다. 때는 물고기가 제

맛일 계절이라 부인은 사람을 장에 보내 물고기를 사오게 했지요. 그런데 사 온 물고기의 배를 가르자 아들이 몰래 강에 버린 금가락지가 휘황찬란하게 빛을 내뿜고 있었습니다. 부인은 금가락지를 집어 들고 아들에게 보여 주면서 말했습니다.

"나는 절대로 물건을 잃어버리는 일이 없다."

아들은 너무나도 신기해서 부처님이 계시는 곳으로 가서 물었어요.

"부처님, 제 어머니는 무슨 인연으로 절대 물건을 잃어버리지 않는 복을 타고난 것입니까?"

"옛날에 어떤 산의 북쪽에 사람들이 살고 있었다. 겨울이 되자 마을 사람들은 따뜻한 곳을 찾아 산의 남쪽으로 이사를 가게 되었다. 그러나 한 노부인은 집도 가난하고 몸 또한 허약해 다른 사람들을 따라 이사할 수 없었다. 홀로 산의 북쪽에 남은 노부인은 사람들이 미처 챙기지 못하고 간 물건들을 모아 잘 간수해 두었다. 봄이 와서 마을 사람들이 돌아오자 노부인은 챙겨 두었던 물건들을 원래 주인들에게 모두 돌려주었다. 새까맣게 잊고 있던 물건들을 돌려받은 사람들은 무척 기뻐하며 노부인의 착한 마음씨를 칭찬해 마지않았다. 그때의 노부인이 바로 지금의 네 어머니니라. 다른 사람들이 두고 간 물건을 보고도 탐심을 일으키지 않은 인연으로, 네 어머니는 절대로 물건을 잃어버리지 않는 복을 타고난 것이니라."

부처님의 말씀을 듣고 난 아들은 어머니를 공경하며 더욱 정성껏 모시게 되었답니다.

구잡비유경

일곱 번의 환생

옛날 한 남자와 두 명의 부인이 살았는데, 첫째 부인은 자식이 없었고 둘째 부인이 아들 하나를 낳았습니다. 둘째 부인이 낳은 아들은 얼굴이 무척 귀엽고 사랑스럽게 생겨 사내는 대단히 기뻐하며 애지중지했어요. 이를 본 첫째 부인은 시기심이 불같이 일었으나 겉으로는 마치 자기가 낳은 아들인 양 몹시 사랑하는 척했습니다.

아이가 자라 첫돌 무렵쯤 되었을 때, 첫째 부인이 그 아이를 제 자식처럼 사랑한다는 것을 아무도 의심하지 않았습니다. 그러던 어느 날, 아이 곁에 아무도 없는 것을 본 첫째 부인이 잠자는 아이에게 슬며시 다가가 정수리에 대바늘을 깊게 찔러 넣었어요. 그날 이후 큰 병이 생긴 아이는 울기만 할 뿐 젖까지 먹으려 하지 않았습니다. 온 집안사람들이 아이의 병을 고치려고 백방으로 노력했지만, 아무도 그 까닭을 모르는지라 아이는 결국 시름시름 앓다 칠 일 만에 죽고 말았어요. 아이를 잃은 둘째 부인은 식음을 전폐하고 울기만 하다 거의 죽을 지경에 이르렀습니다. 첫째 부인 역시 아이의 죽음을 슬퍼하며 땅을 치며 통곡하는 모습이 둘째 부인보다 더해 보는 사람마다 눈시울을 적시었답니다.

쇠약해진 둘째 부인은 우연하게 첫째 부인이 자기 아들을 죽였다는 사실을 알고 원수를 갚으려는 마음을 품고 비구들에게 물었어요.

"스님들이시여! 살아생전 저의 간절한 소원이 있사온데, 그것을 이루려면 어떤 공덕을 쌓아야 하는지요?"

이에 비구들이 대답했습니다.

"부인께서 소원을 이루고자 한다면 팔관재八關齋를 받들어 지키면 될 것입니다."

비구들로부터 팔관재를 지키는 방법을 듣고 집으로 돌아온 둘째 부인은 칠 일 동안 팔관재를 지키다 차츰 기력이 쇠잔해져 죽었답니다. 죽은 둘째 부인은 곧바로 첫째 부인의 딸로 환생하였는데 그 모습의 아름답기가 마치 천녀를 보는 듯했어요. 첫째 부인은 그 딸을 금지옥엽 다루듯 했으나 첫돌 무렵 죽고 말았는데, 딸이 죽자 실성하여 식음을 전폐하고 슬피 우는 것이 둘째 부인의 경우보다 더했습니다.

그 후 둘째 부인은 일곱 번을 되풀이하여 첫째 부인의 딸로 환생했는데, 매번 그 수명은 그리 길지 않았지만 외모는 태어날 때마다 그전보다 곱절이나 수려했습니다. 마지막 일곱 번째, 첫째 부인의 딸로 환생한 둘째 부인이 열네 살이 되었을 때 시집을 가게 되었는데, 대문을 나서다가 갑자기 쓰러지더니 그만 불귀의 객이 되고 말았어요. 이에 첫째 부인은 식음을 전폐하고는 생시보다도 훨씬 아름답게 보이는 죽은 딸아이의 얼굴만 하염없이 바라보고 또 바라보곤 했습니다.

이십 일쯤 지난 어느 날 한 아라한이 이 집에 찾아왔습니다. 첫째 부인은 걸식을 청하는 줄로만 알고 하인에게 밥 한 그릇을 갖다 주게 했습니다. 그러나 아라한은 밥을 받지 않고 이 말만을 할 뿐이었어요.

"네 주인을 만나고 싶다."

하인이 안채로 들어가 사문의 말을 전했지요.

"저 사문이 마님을 만나 뵙고자 합니다."

"내가 딸이 죽어 경황이 없는데, 어찌 사문을 만날 정신이 있겠느냐? 네가 적당히 돌려보내거라."

하인은 여러 가지 먹을 것을 챙겨 사문에게 건네주며 돌아가 달라고 했지만 아라한은 꿈쩍도 하지 않은 채 똑같은 말만 되풀이했습니다.

"네 주인을 만나고 싶다."

이에 하인이 첫째 부인에게 가서 전하고 또 돌아오기를 여러 차례 반복했지만 아라한은 전혀 돌아갈 생각이 없는 듯했어요. 마침내 부인이 하인에게 짜증을 내며 말했지요.

"도대체 그 사문이 왜 날 만나고자 한다더냐? 어쩔 수 없이 만나기는 하겠지만 정말 귀찮기 그지없구나!"

하인을 따라 안채로 들어간 아라한이 이 집에 무슨 큰일이 일어나지 않았느냐고 묻자 부인이 대답했어요.

"저는 지금까지 모두 총명하고 아름답기 그지없는 딸 일곱을 잃었습니다. 그중에서 이 딸이 제일 오래 살았는데, 시집가려고 대문을 나서다 갑자기 죽고 말았습니다. 그래서 이렇게 경황이 없습니다."

아라한은 눈물을 그치지 않는 첫째 부인에게 말했습니다.

"예전에 부인께서 둘째 부인의 아들을 죽였고, 그 일 때문에 둘째 부인이 근심과 고통 끝에 죽은 일이 있었을 겁니다. 그녀는 당신도 자신과 같이 근심과 고통 끝에 죽게 하려고 일부러 일곱 번이나 딸로 환생해 죽고 또 죽곤 했던 것입니다. 자! 다시 관 속의 딸을 보십시오. 아직도 그리 예쁘고 사랑스럽습니까?"

첫째 부인이 관으로 다가가자 생시보다도 예쁘던 딸의 모습은 없고 썩어 문드러져 악취를 풍기는 시신만이 있어 그 흉측한 모습에 잠시도 곁에 있을 수 없었어요.

이를 본 첫째 부인은 크게 느끼는 바가 있어 시체를 곧 땅에 묻게 하고 사문에게 용서를 구하며 계율을 받고자 했습니다. 아라한이 말했습니다.

"뒷날 절로 찾아오십시오."

한편 둘째 부인은 이번에는 독사로 환생하여 절로 가는 길 한가운데에 똬리를 틀고 앉아 첫째 부인이 나타나기만 하면 물어 죽이고자 기다리고 있었습니다. 독사 한 마리가 길 한가운데 있는 것을 본 첫째 부인은 무서워서 감히 앞으로 나가지 못했어요.

이 사실을 알게 된 사문은 곧 부인이 있는 곳으로 와서 독사에게 조용한 목소리로 꾸짖었습니다.

"금생에 첫째 부인이 네 아들을 죽였다 해서, 너는 무려 일곱 번이나 그녀의 딸로 태어나 크나큰 고통을 안겼다. 그래도 지금까지 네가 지은 죄는 다 용서받을 수 있으나 자신의 죄를 뉘우쳐 계율을 받으러 가는 길조차 막는다면, 너는 태어나는 세상마다 지옥에 떨어져 끝없이 고통을 당하게 될 것이다. 지금 네가 받아 가진 독사의 몸을 이 부인의 몸과 비교해 보라. 어떤 생각이 드는가?"

독사는 전생의 일을 기억해 내고는 부끄러운 생각이 들자 조금 전의 흉흉하던 기세는 온데간데없이 숨을 죽인 채 조용히 사문의 말에 귀를 기울였어요. 이를 본 사문이 축원했습니다.

"너희 둘은 금생에서는 서로를 괴롭힌 사이였지만, 이제 그 죄는 끝났으니 앞으로 태어나는 세상에서는 악의를 품고 서로를 대하지 마라."

첫째 부인과 독사는 사문의 말을 듣고 눈물을 흘리며 참회했어요. 그 후 독사는 목숨을 마치고 인간으로 태어나게 되었으며, 깊이 참회한 첫째 부인은 마음의 맺힌 바가 다 풀려 수다원과를 얻게 되었고 사문을 따라가 계율을 받아 우바이優婆夷가 되었답니다.

중경찬잡비유경

삼악도의 고통

옛날 한 무리의 상인들이 배를 타고 바다를 지나가고 있을 때, 커다란 용이 갑자기 나타나 그들이 탄 배를 전복시키려 했습니다. 너무나 두려워 어쩔 줄을 몰라 하던 상인들 앞에 용이 나타나 말했습니다.

"너희들은 모某나라에 가본 적이 있느냐?"

상인들은 벌벌 떨면서 간신히 대답했습니다.

"예, 언젠가 한번 지나친 적이 있습니다."

그러자 용은 커다란 알 하나를 건네주면서 말했어요.

"너희들을 살려 줄 테니 이 알을 가지고 가서 그 나라 시장 한복판에 있는 큰 나무 밑에 묻어 두도록 하라. 만일 내 말대로 하지 않는다면 훗날 너희들을 반드시 죽이고 말 것이다."

그렇게 하겠다고 약속한 상인들은 집으로 돌아가는 길에 그 나라를 지나가게 되자 용이 일러 준 시장 한복판의 커다란 나무 밑에 알을 묻어 두었어요. 그로부터 그 나라에서는 역병이 도는 등 이루 말할 수 없는 재앙이 생기기 시작했답니다. 그러자 왕은 점쟁이를 불러 점을 치게 했어요. 점쟁이는 점괘를 뽑아서 입을 열었습니다.

"지금 이 나라에는 커다란 뱀의 알이 있기 때문에 이렇게 흉한 일들이 생기는 것입니다."

왕은 곧 군사들을 소집하여 나라 전체를 샅샅이 뒤진 끝에 뱀 알을 찾아내 태워 버렸어요. 그 후 상인들이 다시 바다에 들어갔다가 용을 만나게 되자 용이 경과를 물었습니다.

"전에 시키신 대로 알을 그 나라의 시장에 묻었더니 삽시간에 역병이 창궐하고 재앙이 일어났습니다. 그런데 그 나라 왕이 점쟁이를 통해 알을 찾아내 불사르고 말았답니다."

그러자 용은 이를 갈며 울부짖었어요.

"그 종놈의 자식들을 모두 죽이지 못한 것이 한스럽구나. 너희들은 일찍이 모나라에 살았던 장사 아무개의 이름을 들은 적이 있는가?"

"그럼요, 들은 적이 있습니다. 하지만 그 장사는 이미 죽은 것으로 알고 있습니다."

"그가 바로 전생의 나였다. 생전에 나는 사람들을 해치기를 즐겼는데, 그 나라 사람들은 나를 꾸짖거나 가르치지 않고 도리어 칭찬을 해 댔다. 덕분에 나는 악행만 일삼다가 이렇게 뱀의 무리 속에 떨어져 흉악한 모습으로 살게 된 것이다. 그래서 나는 그 나라 사람들을 모두 죽이려고 한 것이다."

사람은 반드시 서로 충고하여 선을 좇도록 해야 하는 것이고, 자기 힘을 믿고 남을 해치다가 앉아서 그 화를 당하지 않도록 해야 하는 법입니다. 삼악도三惡道의 고통은 말로만 들어도 두렵기 그지없는데, 실제로 그곳에 태어나기라도 하면 어떻겠어요?

중경찬잡비유경

도통한 장님들

옛날 바라나국波羅奈國에 오백 명의 장님이 있었는데, 그들은 이곳저곳을 돌아다니며 구걸해서 먹고살았답니다. 그러다 어느 해 흉년을 만나 목숨마저 부지하기 어려울 지경에 처하자 모여 의논했습니다.

"부처님이 계신 사위성의 백성들은 부처님의 가르침을 좇아 보시하기를 좋아한다. 그러니까 그곳에 가면 목숨을 구제받을 수 있으리라."

이에 장님 한 사람이 말했습니다.

"길을 인도해 줄 눈이 성한 사람을 하나 사서 그 나라로 가자."

의견을 모은 장님들은 곧 은전 한 푼씩을 갹출해서 한 사내를 구하여 사위성을 향해 출발했어요. 그런데 얼마쯤 가다가 길 안내를 잘 하던 사내가 장님들에게 말했습니다.

"지금부터 지나가야 하는 길은 무척 험합니다. 도적도 자주 나타 난다고 하고요. 그러니까 가진 돈을 모두 제게 맡겨 두는 편이 안전 할 겁니다."

장님들은 옳거니 하고 고개를 끄덕이고는 가진 돈을 모두 사내에 게 내 주었어요. 그러나 길을 안내하던 사내는 장님들의 돈을 챙기 자마자 무리를 뒤로 한 채 쏜살같이 도망치고 말았답니다.

길잡이를 잃은 장님들은 며칠 동안 우왕좌왕하다 탈진하여 그 자 리에 그만 쓰러지고 말았지요. 그들은 눈물을 흘리며 허공을 향해 외쳤습니다.

"거룩하신 부처님이시여, 부디 저희들을 가엾게 여기사 이 고난 에서 구해 주옵소서."

그러자 부처님은 곧 신통력을 써서 그들 앞에 나타나 손으로 직접 장님들의 머리를 어루만졌습니다. 이에 장님들은 곧 눈이 밝아지고 배가 절로 불러왔지요.

"와! 앞이 보인다, 보여!"

그들은 기뻐하다 못해 덩실덩실 춤을 추다 모두 부처님 앞에 무릎 꿇고 제자 되기를 간청했습니다. 부처님이 허락하시자 장님들의 수 염과 머리칼이 떨어지고, 입고 있던 옷은 가사로 변하였고, 가지고 다니던 동냥 통은 발우로 변해 어느덧 비구의 모습을 취하게 되었답 니다. 곧이어 부처님이 그들을 위해 설법하시자 그들은 모두 그 자리에서 아라한이 되어 부처님을 따라 허공을 날아 기타 동산으로 돌아왔습니다.

이때 아난이 부처님께 여쭈었습니다.

"이 오백 인의 사람들이 전생에 지은 죄와 복은 어떠한 것입니까?"

부처님께서 대답했습니다.

"먼 옛날에 한 장자가 있었다. 한번은 그가 외국으로 장사를 가려고 오백 명의 일꾼을 모집한 적이 있었다. 그런데 일꾼들은 품삯을 먼저 받고는 모두 도망가 버렸다. 그 당시의 그 장자가 바로 오늘 돈을 가지고 도망간 사내이고, 그때 돈을 떼먹고 도망갔던 오백 명의 일꾼들이 바로 이 장님들이다. 그들은 오늘에서야 그 빚을 갚게 되었고, 나를 만나 마음이 열려 마침내 도를 얻게 된 것이니라."

중경찬잡비유경

명의의 조건

옛날에 부처님이 사위성에 계실 때 제자들에게 말했습니다.

"너희들은 알아야 한다. 무릇 병과 약을 잘 알아 다음의 네 가지를 완전히 갖추면 명의라는 말을 듣게 되는 법이다. 그 네 가지란, 첫째 이 병은 어떤 병이니 어떤 약을 써야 한다는 것을 아는 것이고, 둘째 는 병이 생긴 이유를 알아 그에 따라 약을 쓰는 것이다. 셋째는 이미 생긴 병을 다스려 그 병을 낫게 하는 것이요, 넷째는 병의 근본을 제 거하여 다시 발병하지 않게 하는 것이다. 이처럼 여래도 고苦, 집集, 멸滅, 도道의 사성제를 가르쳐 중생들로 하여금 괴로움의 근본을 끊 고 모든 고통을 여의게 하는 것이다."

불설의유경

516

전생과 윤회

나선郍先은 유명한 학승으로 당시 인도에 침입한 그리스계 미란왕에게 여러 가지 비유를 들어 불교의 지혜를 가르쳐 준 것으로 유명합니다.

그는 어느 날 미란왕과 윤회에 관한 이야기를 나누었습니다. 그러던 중 미란왕이 나선 비구에게 물었어요.

"존자여, 다시 태어난 자와 죽어 없어진 자는 동일한 것입니까, 아니면 다른 것입니까?"

나선 비구가 대답했습니다.

"동일한 것도, 다른 것도 아닙니다."

"비유를 들어 설명해 주십시오."

"어떤 사람이 남의 오이밭에 들어가 오이를 훔치려다가 주인에게 들켜 관아에 끌려왔습니다. 오이밭 주인은 이렇게 말했습니다. '이 자는 오이 도둑입니다. 오늘 내 오이를 훔치려다 붙들렸으니 처벌해 주시기 바랍니다.' 그러자 오이 도둑이 말했습니다. '나리, 저는 정말 억울합니다. 저는 저 사람의 오이를 훔친 것이 아닙니다. 저 사람은 오이씨를 심었던 것이지 오이를 심은 것은 아닙니다. 그러니 제가 저 사람의 오이를 훔쳤다고 말할 수는 없습니다. 나리, 잘 살펴주십시오. 저는 죄가 없습니다.' 자, 대왕이시여, 어느 쪽의 말이 옳다고 생각하십니까?"

미란왕이 대답했습니다.

"당연히 오이를 심은 사람의 말이 옳지요."

"왜 그렇게 생각하십니까?"

"오이 도둑이 말한 것처럼 오이밭 주인이 오이씨를 뿌렸습니다. 그런데 오이씨를 뿌리지 않았다면 어떻게 오이가 자랄 수 있었겠습니까? 도둑이 훔치려고 했던 오이는 오이씨가 자라난 결과물이므로 오이 도둑은 유죄입니다."

"그럼 이번에는 다른 비유를 하나 들겠습니다. 어떤 이가 밤에 불을 밝혀 벽에 걸어 두고 밥을 먹었습니다. 그런데 벽이 나무로 되어 있던 탓에 불이 옮겨 붙어 방을 모조리 태우고 옆집으로 번지더니 급기야 성안에 있는 모든 집을 태우고 말았습니다. 성안에 살고 있던 사람들은 처음 불을 밝혔던 사람에게 책임이 있다고 말했습니다.

'너는 왜 성안의 모든 집을 잿더미로 만들었느냐?' 그러자 그 사람이 대답했습니다. '웃기는 소리 마시오. 나는 그저 밥을 먹으려고 불을 밝혔을 뿐이오. 그런데 불이 저절로 번져서 그렇게 된 것이므로 나와는 상관이 없는 일이오.' 이렇게 해서 언쟁이 그치지 않자 그들은 관아에 가서 시비를 가리기로 했습니다. 대왕이시여, 어느 쪽이 옳다고 보십니까?"

"물을 필요도 없이 처음 불을 밝혔던 자가 유죄입니다. 그가 밥을 먹은 후 불을 껐더라면 성이 잿더미가 되지 않았을 것입니다. 큰 화재의 원인은 그 작은 불에 있었던 것이기 때문입니다."

"마지막으로 또 하나의 비유를 들겠습니다. 어떤 이가 목장에 가서 우유를 샀습니다. 그런데 그는 갑자기 급한 일이 생각나서 그 우유를 목장에 맡겨 두고 일을 보러 갔습니다. 그다음 날 그가 와서 맡긴 우유를 찾고 보니 우유는 이미 발효한 탓에 맛이 식초처럼 변해 버렸습니다. 그래서 그가 말했습니다. '나는 우유를 사서 맡겼는데 왜 내게 식초를 주는 것이오?' 목장 주인이 대답했습니다. '잘못된 게 아니오. 당신이 원래 샀던 우유가 저절로 발효해서 맛이 식초처럼 변한 것이오.' 그들은 서로 자기가 옳다고 주장하다 법의 심판을 받기로 했습니다. 대왕이시여, 과연 어느 쪽이 옳다고 보십니까?"

"목장 주인입니다. 우유를 샀던 사람이 우유를 맡긴 후 그다음 날 찾으러 간 사이 우유가 저절로 발효해서 맛이 식초처럼 변했기 때문입니다."

나선 비구는 이렇게 세 가지 비유로 전생과 윤회에 대한 미란왕의
질문에 대답했습니다.

나선비구경

어떤 번영

옛날 바라나국의 왕은 수많은 부인을 거느리고 있었어요. 그중 한 부인이 자기가 임신했다는 사실을 알고 매우 기뻐하며 당장 국왕에게 달려가 알렸습니다. 국왕도 몹시 기뻐하며 그 부인을 극진히 모시라고 신하들에게 명령했답니다.

이윽고 열 달이 지난 어느 날 부인은 산기를 느끼고 자리에 누웠습니다. 그러나 그녀가 낳은 것은 응애응애 하고 우는 갓난아이가 아니라 고깃덩어리였어요. 마치 빨간 꽃처럼 생긴 그것을 보고 부인은 속으로 생각했습니다.

'다른 부인들이 낳은 아이들은 모두 건강하고 잘생겼는데, 내가 낳은 것은 사지四肢마저 없는 고깃덩어리이니 국왕이 보면 실망하실

게 분명하다.'

그녀는 생각하면 생각할수록 걱정이 되어 견딜 수 없었어요. 그래서 나무로 된 상자 하나를 가져다가 그 고깃덩어리를 집어넣고는 겉에 '바라나국왕 부인의 소생'이라고 쓴 다음 봉인했답니다. 그러고는 사람을 시켜 그 상자를 강에 내다 버리게 했어요.

상자는 강을 따라 하류로 흘러갔어요. 여러 신명의 도움을 받은 탓인지 그 상자는 풍랑을 만나도 가라앉지 않은 채 계속 흘러가 한 도사와 여러 목동이 사는 마을의 강변에 도착했답니다.

그때 강변에 세수하러 왔던 도사가 그 상자를 발견하고는 집으로 가져갔어요. 도사가 그 상자를 자세히 살펴보니 상당히 고급스러운 것으로 조금도 부서진 곳이 없었지요. 게다가 그 위에는 '바라나국왕 부인의 소생'이라는 글이 적혀 있었어요. 봉인이 그대로인 것을 보면 아무도 그 상자를 열어 본 적이 없는 게 확실했습니다. 도사는 이 상자가 왕가의 물건이라고 생각하며 조심스럽게 열어 보았어요. 그랬더니 그 안에 신선한 고깃덩어리가 들어 있지 않겠어요? 도사는 생각했습니다.

'만약 죽은 고깃덩어리라면 강을 타고 흘러내려 오는 동안 썩고 말았으리라. 그런데 이 고깃덩어리는 아직도 신선하니 분명 무언가 비밀이 있을 것이다.'

그로부터 보름이 지나자 고깃덩어리는 여전히 신선했지만 어느새 두 덩이로 나뉘어 있었습니다. 또 한 달이 지나자 두 덩이의 고기는 각각 여자아이와 남자아이로 변했어요. 남자아이는 피부가 황금 빛을 띠고 있었고 귀가 커다란 게 틀림없는 복상福相이었습니다. 여자아이도 백옥 같은 피부에 달덩이같이 예쁜 얼굴을 하고 있었어요. 도사는 그 아이들을 보고 몹시 기뻐하며 마치 친자식처럼 애지중지 키웠습니다. 그는 남자아이에게 이차자離車子라는 이름을 지어 주었지요.

도사는 이른 아침부터 저녁까지 이 마을 저 마을 돌아다니며 탁발을 해서 어린아이들에게 먹을 것을 마련해 주기를 쉬지 않고 계속했습니다. 도사가 아이들을 기르느라고 고생하는 모습을 본 이웃 목동이 어느 날 그에게 말했습니다.

"당신은 행실이 바른 사람이오. 그런데 출가자가 당연히 해야 할 것은 수도인데, 두 아이를 기르자면 방해가 되지 않겠소? 그 아이들을 내게 맡기면 잘 길러 볼 참이오. 그러면 서로 좋은 것 아니오?"

"그게 좋겠소."

다음 날 목동은 아이들을 데리러 왔습니다. 도사는 매우 서운해하며 목동에게 당부했습니다.

"이 아이들은 복덕이 대단하오. 부디 좋은 우유와 신선한 과일 등을 먹이며 부족함이 없이 길러 주시오. 그리고 두 아이가 크면 서로 부부가 되게 하시오. 그 후 넓고 평탄한 곳을 찾아 집을 지어 주어 같이 살게 하시오. 그렇게 하면 남자아이는 대왕이 되고 여자아이는 왕비가 될 것이오."

말을 마친 도사는 눈물을 글썽이며 목동이 아이들을 데려가는 모습을 언제까지나 바라보고 있었습니다.

목동의 보호 아래 두 아이는 날로 커서 여자아이는 아름다운 처녀가 되었고, 남자아이는 영준한 청년이 되었어요. 그들이 십육 세가 되자 목동은 넓고 평탄한 곳을 골라 그 한가운데 집을 지어 주었지요. 그리고 두 사람을 결혼시켜 그곳에 살게 했습니다.

얼마의 시간이 흐르자 그들은 남녀 쌍둥이를 낳았답니다. 그 쌍둥이가 십육 세가 되자 역시 결혼을 시켰어요. 이러기를 몇 차례 하자 왕족의 수는 끊임없이 증가했지요. 그래서 목동은 집을 확장해서 삼십이 명은 족히 살 수 있게 했답니다. 나중에 그들이 자리 잡고 살던 곳은 번화해져 비사리毗舍離라는 이름을 얻었습니다.

선견율비바사

뒤얽힌 원한

옛날 어느 집안에 한 딸아이가 태어났어요. 그 아이는 열일곱이 되자 매우 화사한 용모를 가진 아리따운 처녀가 되었습니다. 노부부는 딸아이를 자신들의 목숨보다 귀중하게 여겼고, 딸아이 역시 부지런하고 성격도 쾌활해서 온 가족은 행복한 나날을 보냈습니다.

어느 봄날 그녀는 감기에 걸렸습니다. 노부부는 그저 지나가는 감기일 뿐이려니 하고 크게 걱정하지는 않았답니다. 왜냐하면 딸아이는 어렸을 적부터 웬만한 작은 병은 치료하지 않고도 나았기 때문입니다. 그런데 이번에는 사정이 달랐어요. 회복할 기미가 보이지 않을 뿐만 아니라 병세는 갈수록 심해졌답니다.

어느덧 낙엽 떨어지는 가을이 되자 노부부는 마음이 다급해졌어요. 그들은 딸아이가 지는 낙엽처럼 속절없이 세상을 떠나는 것이 아닐까 걱정이 태산 같았죠.

노부부는 의원을 불러 진맥을 하고, 딸아이에게 약도 먹여 보았지만 전혀 차도가 없었습니다. 용하다는 의원들을 모두 불렀지만 허사였어요. 딸아이의 병세는 날로 위중해져 몸이 마른 장작나무처럼 여위어 갔습니다. 노부부는 입술이 바싹 탈 정도로 다급해졌으나 탄식하며 눈물만 흘릴 뿐 다른 방법이 없었습니다.

온 집안사람들이 거의 포기하려고 했을 때였어요. 어느 날 한 무당이 찾아와 자기는 귀신과 통하므로 모든 병고와 액난을 소멸할 수 있다고 떠들어 댔습니다. 노부부는 지푸라기라도 잡고 싶은 심정으로 무당에게 제발 딸아이의 목숨을 구해 달라고 애원했지요. 그리고 무당을 후하게 대접했습니다.

무당은 노부부에게 딸아이가 누워 있는 침상으로 안내해 달라고 말했어요. 곧이어 그녀의 방으로 간 무당은 잠시 눈을 감고 정신을 집중했습니다. 노부부가 무당 대신 침상의 휘장을 걷으려 하자 무당이 손을 저으며 말했어요.

"소용없는 일이오. 당신의 딸은 귀신에게 홀린 것이오. 이제 곧 죽을 것 같소."

노부부는 무당의 말을 듣자 자리에 털썩 주저앉으며 눈물만 하염없이 흘렸습니다. 그리고 다시 불쌍한 딸아이를 살려 달라고 무당에게 간절히 부탁했지요. 이에 무당이 말했습니다.

"내가 귀신과 말을 해 보리다."

무당이 눈을 감고 잠시 주문을 외자 귀신의 모습이 천천히 떠올랐습니다. 무당은 그 귀신에게 물었어요.

"너는 무엇 때문에 이 여자에게 붙어 떠나지 않느냐?"

"이 여자는 전생의 오백 세 동안 나를 죽여 왔고, 나도 그 오백 세 동안 이 여자를 죽였소. 우리 둘이 원한을 원한으로 갚는 일은 아직도 끝나지 않았소. 만일 이 여자가 다시는 원한을 갚기 위해 나를 죽이지 않겠다고 한다면 나도 더 이상 이 여자를 죽일 마음이 없소. 당신이 내 말을 그녀에게 전해 주시오."

무당은 가쁜 숨을 몰아쉬고 있는 병든 처녀에게 귀신의 말을 전했습니다. 그러나 처녀는 숨찬 목소리로 대답했어요.

"다시는 앙심을 품지 않겠어요."

무당은 처녀의 말을 귀신에게 전했지만, 귀신은 쉽게 믿으려 들지 않았습니다. 귀신이 그 처녀의 마음속을 자세히 살펴보자, 깊은 내심에는 아직 앙심을 버리지 않았음을 알 수 있었죠. 그녀는 단지 지금 목숨을 잃을 것이 두려워 거짓말을 했던 것이에요. 처녀가 자신의 진심을 외면한 채 계속 거짓말을 하자 귀신은 조금도 거리낌 없이 그녀의 목숨을 끊어 놓고 훌쩍 떠났답니다.

아비달마대비바사론

꾀 많은 도둑

아주 먼 옛날에 한 삼촌과 영리한 조카가 함께 살고 있었습니다. 그들은 밤낮으로 아름다운 천을 짜서 국왕에게 바치는 일을 업으로 삼는 직공들이었죠. 그러나 아무리 열심히 일해도 그들의 생활이 나아질 기미는 보이지 않았습니다.

그러던 어느 날 두 사람은 국왕의 창고에 주단綢緞을 바치러 갔다가, 그곳에 온갖 보물이 산처럼 쌓인 것을 보았습니다. 집으로 돌아온 두 사람은 이야기를 나누었어요.

"국왕의 창고에는 저렇게 보물이 많구나. 우리가 목숨을 부지하려고 이렇게 애쓰느니, 차라리 보물을 훔쳐 사람답게 한번 살아 보자."

의기투합한 삼촌과 조카는 사람이 없는 틈을 노려 땅굴을 파 두었다가 국왕의 창고에 몰래 숨어들어 가 수많은 보물을 훔쳐 내는 데 성공했습니다.

다음 날 아침, 창고지기는 보물이 없어진 사실을 알고 황급히 국왕에게 보고했어요. 그러자 국왕은 이렇게 말했습니다.

"너는 도둑맞은 사실을 떠벌리고 다니지 마라. 그러면 도둑은 우리들이 공사다망해서 아직 그 사실을 모르는 줄 알고 반드시 다시 보물을 훔치러 올 게 분명하다. 너희들은 창고에 숨어서 그들이 다시 오기를 기다렸다가, 일망타진해서 한 놈도 놓쳐서는 안 될 것이다."

창고지기는 왕의 명령대로 했습니다.

며칠이 지나도 궁궐이 조용하자, 삼촌과 조카는 다시 도둑질할 기회를 노렸습니다. 그때 조카가 삼촌에게 말했죠.

"삼촌은 연세도 많고 몸도 허약하시니 만일 창고지기에게 들키기라도 하면 도망치기 어려울 것입니다. 하지만 안심하십시오. 만약 삼촌이 그들에게 잡히기라도 하면 젊고 힘센 제가 반드시 복수할 테니까요."

그렇게 해서 삼촌이 먼저 앞장서서 땅굴로 들어갔다가 매복해 있던 병사들에게 잡히고 말았습니다. 뒤에 있던 조카는 일이 잘못된 것을 눈치채고 '걸음아 나 살려라' 하며 도망쳤습니다. 병사들은 고함을 쳐서 창고지기를 불렀지만, 조카는 이미 흔적도 없이 도망가

버린 후였지요. 창고지기는 도둑 한 명이 달아난 사실을 국왕이 알면 벌을 받을까 두려워 삼촌 도둑을 죽여 입을 막기로 했어요.

그다음 날 아침, 창고지기는 삼촌 도둑의 머리를 국왕에게 바쳤습니다. 그러나 국왕은 일개 늙은이가 혼자서 그 많은 보물을 훔쳤을 리 없으므로 반드시 일당이 있을 것이라고 생각했습니다. 국왕은 삼촌 도둑의 시체를 사거리에 내놓고 뭇사람들에게 보이라고 명령했습니다.

"병사들을 보내 몰래 지키고 있다가, 울면서 시체를 수습하려는 자가 나타나면 같은 패가 분명하니 잡아 오도록 하라."

병사들은 하루 동안 사거리를 지켰지만, 아무런 낌새도 눈치챌 수 없었어요. 그런데 저녁 무렵이 되자 먼 곳에서 온 상인들이 마차에 화물을 가득 싣고 줄줄이 성안으로 들어오기 시작했습니다. 이때 반대 방향에서도 여러 대의 마차가 들이닥쳐 사거리는 그만 북새통을 이루었죠. 양쪽 상인들은 서로 양보하지 않으려고 소란을 피우다가 급기야 싸움이 벌어졌습니다. 그 와중에 볏짚을 가득 실은 두 대의 마차가 쓰러지자 도둑의 시체는 볏짚 속에 푹 파묻히게 되었답니다.

다음 날, 병사들은 전날의 사건을 국왕에게 보고했습니다. 이에 국왕은 시체를 지키던 병사들에게 모두 철수할 것을 명령하고, 유능한 정탐꾼을 보내 비밀리에 지키고 있다가 볏짚에 불을 놓으려고 하는 자가 나타나면 잡아 오도록 분부했어요.

이번에 조카 도둑은 다른 방법을 생각해 냈어요. 그는 몇몇의 사람들을 데리고 불춤을 추는 것처럼 위장하여 성안으로 들어갔습니다. 그들이 불춤을 추는 모습은 갈수록 흥겨워져 수많은 사람들이 그 모습을 보려고 몰려들었어요. 국왕이 보낸 정탐꾼마저 자기 임무를 잊어버린 채 불춤을 구경하느라 정신이 없었죠. 조카는 사람들이 불춤에 넋이 빠져 있는 동안 마치 실수인 것처럼 볏짚 위로 불을 던져 버렸답니다. 볏짚은 삽시간에 활활 타오르기 시작했고, 구경꾼들은 놀라서 일시에 흩어졌습니다. 정탐꾼이 정신을 차렸을 때에는 불춤을 추던 사람들은 이미 자취를 감춘 뒤였습니다.

정탐꾼이 황급히 국왕에게 달려가 이 사실을 보고하자, 국왕은 불같이 화를 내면서 더 많은 사람을 보냈습니다. 그리고 타고 남은 뼈를 수습하러 오는 자가 있는지 지키게 했어요. 국왕은 분하다는 듯이 덧붙였습니다.

"뼈를 수습하러 오는 자는 계책에 아주 능한 자가 분명하니 잡기만 하면 결코 용서하지 않으리라."

그날 저녁 조카 도둑은 좋은 술을 많이 챙겨 성안으로 들어갔어요. 뼈를 지키고 있던 사람들은 이미 며칠 동안 계속해서 근무를 했던 터라 피로해져 있었습니다. 그래서 좋은 술을 보자 군침이 돌아 그만 도둑을 잡아야 한다는 생각도 잊고 말았지요. 그들은 동서남북을 분간할 수 없을 정도로 모두 만취했습니다. 조카 도둑은 인사불성이 된 사람들을 모두 묶어 놓은 뒤 빈 술병에 삼촌의 뼈를 담아 유유히 성을 빠져 나왔습니다.

다음 날 보고를 받은 국왕은 화가 나서 길길이 날뛰었죠.

"그 도둑은 정말 교활한 놈이구나! 내가 그놈을 잡지 못하면 사람이 아니다!"

국왕은 마침내 기막힌 꾀를 생각해 냈어요. 그는 강변의 정원에 아름다운 신방을 꾸며 놓고 수많은 병사들로 하여금 그 주위에 매복하게 한 다음 절세미인이라고 소문이 자자한 자기의 딸을 곱게 단장시켜 신방에 머무르게 했죠. 그리고 공주에게 말했습니다.

"누구든지 신방에 들어오면 손을 잡고 놓지 마라. 그리고 비명을 지르도록 해라. 이번에는 틀림없이 그 도둑을 잡을 수 있을 게야."

국왕은 속으로 자신만만하게 생각했어요.

'내 딸이 절세미인이니, 그 도둑놈은 분명히 걸려들고 말리라.'

과연 며칠 후 한밤중에 조카 도둑이 그 부근에 나타났습니다. 먼저 그는 강 상류에서 커다란 통나무 하나를 물에 띄워 보냈어요. 파수를 보고 있던 병사들은 강에 이상한 물체가 보이자 불을 비추어 보았으나, 그저 통나무에 지나지 않자 별 신경을 쓰지 않았습니다. 이렇게 몇 차례 똑같은 일이 벌어지자 병사들은 그저 그러려니 하다가 잠이 들고 말았어요. 그제야 조카 도둑은 통나무 옆에 붙어 강을 내려와 신방에 잠입하는 데 성공했습니다.

공주가 자다가 깨어 보니 옆에 생면부지의 남자가 누워 있었지요. 공주는 황급히 그 남자의 옷을 잡고 비명을 질러 댔어요. 그러자 조카 도둑이 웃으면서 말했습니다.

"내 옷을 잡아 봐야 무슨 소용이 있겠소? 손목을 잡아야 도망가지 못할 것 아니오?"

그 말은 들은 공주는 일리가 있다고 생각해서 옷 대신 조카 도둑의 손목을 잡았습니다. 그러나 그는 이미 죽은 사람의 손목을 준비해 간 터라 공주는 그것을 잡고 있는 꼴이 되고 말았어요. 그는 공주가 죽은 사람의 손목을 꽉 잡고 놓지 않자 슬그머니 자신의 손을 뺀 다음 창문을 통해 밖으로 빠져나가 강 속으로 뛰어들었습니다. 파수를 보던 병사들이 공주의 비명을 듣고 달려왔으나, 이미 조카 도둑은 사라지고 난 뒤였지요.

날이 밝은 후, 공주와 병사들은 간밤에 있었던 일을 국왕에게 보고했습니다. 국왕은 고개를 저으며 한숨을 내쉬었어요.

"그놈은 정말 영리해서 세상에 대적할 자가 없구나! 온갖 방법을 다 동원해도 잡을 수가 없으니 이 일을 어쩐단 말인가?"

그 사건이 일어난 지 오래지 않아 공주는 자신이 임신했다는 사실을 알게 되었습니다. 그리고 열 달이 차자 희고 통통한 사내아이가 태어났어요. 이에 국왕은 또 계책을 꾸며 유모에게 아이를 안고 성안의 이곳저곳을 왔다 갔다 하라고 명령하면서 일렀습니다.

"이 아이에게 입을 맞추려는 자가 있으면 붙잡도록 하라."

유모는 국왕의 명령대로 아이를 안고 성안의 이곳저곳을 돌아다녔어요. 해가 저물었지만 아이에게 입을 맞추려는 자는 보이지 않았습니다. 하루 종일 먹을 것을 변변히 먹지 못한 아이가 큰 소리로 울면서 보채는데, 마침 근처에 우유 장수가 있었어요. 그는 다름 아닌 조카 도둑이었죠. 우유 장수는 아이에게 우유를 건네주면서 자연스럽게 아이의 볼에 입 맞추었습니다.

유모는 궁궐로 돌아와 국왕에게 말했습니다.

"어제 하루 종일 성안을 돌아다녔지만 아이에게 입 맞추는 사람은 없었습니다. 다만 우유를 살 때 우유 장수가 아이에게 입을 맞추었을 뿐입니다."

국왕이 물었지요.

"그 우유 장수를 잡아 오지 않고 뭘 했나?"

유모가 대답했습니다.

"아이가 배가 고파 울자 우유를 사러 갔던 것입니다. 우유 장수들은 우유를 팔 때 아이들에게 습관처럼 입을 맞추곤 합니다. 그런데 어떻게 무조건 잡을 수 있겠습니까?"

그러자 국왕도 대답할 말이 없었어요. 국왕은 유모에게 계속 성안을 돌아다니도록 하고 여러 사람들로 하여금 그 뒤를 따르게 했습니다.

"누구를 막론하고 아이에게 접근하는 자는 잡아 오도록 하라."

이번에 조카 도둑은 몇 병의 맛좋은 술을 가지고 갔습니다. 그는 유모와 그 뒤를 따르는 사람들에게 술을 권했어요. 유모와 그 일행들은 조카 도둑의 감언이설과 그윽한 술 향기에 혹해서 나 한 잔 너 한 잔 하면서 술을 마시다가 곧 흠뻑 취하고 말았답니다. 조카 도둑은 그 틈을 타서 아이를 안고 도망가 버렸지요. 깨어난 후 아이가 없어진 사실을 안 유모와 일행은 서로 멍하니 얼굴만 쳐다보다가 안색이 흙빛이 되어 황급히 국왕에게 달려가 알렸습니다. 국왕은 화가 나다 못해 말도 나오지 않았어요.

조카 도둑은 아들을 데리고 이웃 나라의 수도로 가서 그 나라 왕을 알현하기를 요청했습니다. 왕은 조카 도둑을 접견하고 나서 그가 천문, 지리를 비롯해 모르는 것이 없다는 사실을 알게 되었어요. 왕은 그의 박식함에 감탄하여 그를 대신으로 임명했습니다. 그러던 어느 날 왕이 말했어요.

"우리나라에 자네만큼 총명한 사람도 없는 듯하니, 자네에게 내 딸자식을 주려고 하네. 이 어찌 경사스러운 일이 아니겠는가!"

이에 조카 도둑은 급히 대답했습니다.

"대왕께서 이렇게 저를 아껴 주시니 무척 송구스럽습니다만, 저는 감당할 수 없나이다. 만일 대왕께서 저를 가련히 여기신다면 이웃 나라의 공주와 결혼할 수 있도록 도와주시기 바랍니다."

왕은 이를 허락하고 사신을 조카 도둑의 본국에 보냈어요. 그리고는 자신의 태자가 귀국의 아름다운 공주와 결혼하기를 바란다고 전하게 했습니다.

국왕은 이웃 나라의 사신을 맞이하여 전언을 듣고 곧 혼사를 승낙했습니다. 하지만 속셈은 달랐어요.

'이 도둑놈이 정말로 교활하구나. 이번에도 술책을 꾸며 내 딸아

이마저 빼돌리려고?'

국왕은 곧 사자를 이웃 나라에 급파해서 이렇게 요구했습니다.

"귀국의 태자가 내 딸아이를 아내로 맞고자 한다면, 반드시 직접 오셔야 합니다."

그리고 국왕은 병사들에게 만반의 준비를 갖추게 하고서는 구혼자가 오기만을 기다렸지요.

조카 도둑은 그 소식을 듣고 속으로 생각했습니다.

'내가 직접 간다면 국왕이 알아차리고 당장 잡으려 들 텐데, 이 일을 어찌하면 좋을까?'

그는 이 생각 저 생각 끝에 자신을 비호해 주는 왕에게 달려가 말했습니다.

"대왕께서 저를 직접 보내시려면, 부디 오백 명의 정예 기병을 대동하게 하셔서, 우리나라의 위풍당당함을 보이게 하소서. 그래야만 제가 갈 수 있나이다."

왕은 조카 도둑의 요구를 들어주기로 했어요.

결혼식 날이 되자, 조카 도둑은 근사한 예복을 차려입고 이백오십 명의 기병을 선두에 두고 나머지 이백오십 명의 기병은 후위에 배치한 채 위풍당당하게 본국으로 돌아왔습니다. 궁궐 앞에 이르자 그는 말을 세우고 꼼짝하지 않았어요. 공주의 아버지가 궁 밖으로 나와 조카 도둑을 자세히 살펴보니 비범한 재능이 엿보여 속으로 은근히 감탄하였습니다. 국왕은 직접 말 앞으로 다가와 그의 손을 잡고 물었어요.

"내게 사실을 말해 주게나. 내가 여러 가지 방법으로 잡으려고 했던 도둑이 바로 자네 맞지?"

조카 도둑은 말 위에서 웃으며 예를 표했어요.

"맞습니다. 바로 접니다!"

국왕은 한숨을 길게 내쉬며 말했습니다.

"천하에 자네의 총명함을 따를 자가 없네 그려. 좋네! 내 딸아이를 자네에게 주겠네."

이렇게 해서 조카 도둑과 공주는 결혼하여 행복하게 살았다고 합니다. 도둑도 도둑 나름이라고나 할까요. 꾀와 지혜를 남에게 해를 끼치는 데 사용하지 말고 자리이타自利利他하는 데 쓰도록 해야겠지요.

생경

나무 위의 여인

옛날에 한 바라문이 있었는데, 그에게는 연화라는 이름의 아내가 있었습니다. 그녀는 그림 같은 눈매에 복숭아꽃 같은 얼굴을 가진 천하절색이었습니다. 그뿐 아니라 또한 마음씨가 곱고 슬기로웠으며 예의를 알았지요.

그런데 남편인 바라문은 싫증을 잘 내는 사람이었어요. 그는 완벽한 미인인 연화보다는 조금은 천박해 보이는 계집종에게 마음을 두고 있었답니다. 그는 온종일 계집종과 더불어 희희낙락했으며, 계집종이 원하는 것은 무엇이든지 들어주었어요. 그러다가 결국 바라문은 계집종에게 눈이 먼 나머지 연화를 집에서 쫓아내기로 작정했답니다.

어느 날 바라문은 연화에게 소풍을 가자고 했어요. 연화는 남편의 마음이 돌아선 줄 알고 기뻐하며 남편과 함께 집을 나섰습니다. 그들은 동산에 올라 열매가 가득 열려 있는 나무를 보게 되었어요. 바라문은 나무 위로 올라가 잘 익은 열매를 따서 맛있게 먹기 시작했습니다. 그리고 덜 익은 열매를 연화에게 던져 주었어요. 그러자 연화가 말했지요.

"여보, 당신은 잘 익은 열매를 드시면서 왜 저에게는 덜 익은 열매를 주시는 거죠?"

"잘 익은 열매를 먹고 싶으면 직접 나무 위로 올라와 따구려."

"정 그러시다면 제가 직접 올라가겠어요."

바라문은 연화가 나무 위로 올라오자 기회가 왔다고 생각하여 얼른 나무 밑으로 뛰어내렸습니다. 그러고는 가시덩굴을 잔뜩 가져다가 나무 밑에 깔아 놓았어요. 당황한 연화는 남편에게 말했습니다.

"여보, 지금 무슨 일을 하시는 거죠? 그렇게 하면 제가 나무에서 내려갈 수 없잖아요?"

그러나 바라문은 들은 체도 하지 않고 가시덩굴로 나무 밑을 발디딜 틈도 없이 에워싸는 일을 계속했어요. 그리고 속으로 쾌재를 불렀지요.

'이렇게 하면 땅에 내려오지 못하고 결국 죽겠지? 이제야 눈엣가시를 뽑겠구나.'

연화는 나무 위에서 남편이 사라지는 모습을 그저 안타깝게 바라볼 수밖에 없었습니다. 그녀는 설마 남편이 자기를 이렇게까지 하리라고는 상상도 하지 못했어요. 그녀는 하염없이 흐르는 눈물을 닦으며 천지신명에게 기도를 했지만 헛일이었습니다.

그때 수많은 신하들을 거느리고 사냥을 나왔던 그 나라의 국왕이 우연히 그 나무 밑을 지나게 되었어요. 국왕은 나무 위에서 웬 여인이 울고 있는 것을 보고 의아하게 생각하며 발을 멈추었지요. 그런데 자세히 살펴보니 그 여인의 자태는 마치 하늘에서 금방 내려온 선녀와 같았습니다.

국왕은 말을 몰아 나무 근처로 다가가 연화에게 물었어요.

"그대는 도대체 누구인가? 무슨 일로 나무 위에서 울고 있는 것인가? 그리고 누가 이 나무 밑에 가시덩굴을 깔아 놓았는가?"

연화는 울먹이더니 이윽고 계집종에게 홀린 남편이 자기를 그렇게 만든 사정을 소상히 이야기했습니다. 이야기를 다 듣고 난 국왕은 속으로 생각했어요.

'이 여자는 정말 선녀와 같은데, 그 남편이라는 작자가 도리어 죽이려 들다니? 천하의 보배를 몰라보는 그자는 정녕 어리석은 녀석임에 틀림없다!'

국왕은 신하들을 시켜 가시덩굴을 치우고 연화를 나무에서 내려주었습니다. 연화는 궁지에서 구해 준 국왕과 신하들에게 예를 갖추어 감사를 표했어요. 국왕은 연화가 미모뿐만 아니라 예절까지 갖춘 것을 보고 궁궐로 데려가 후궁으로 삼았답니다.

연화가 온 이후 궁궐 내에는 연화의 지혜와 재치를 당할 자가 없었어요. 특히 그녀는 도박을 무척 잘했습니다. 그녀와 도박을 한 사람들은 감탄하지 않을 수 없었고, 급기야 연화의 미모와 신기한 도박 기술에 관한 소문이 궁 밖까지 나돌기 시작했습니다.

연화의 전 남편이었던 바라문 역시 그 소문을 접하게 되었어요.

'미모가 출중하고 도박 기술이 신기에 가깝다고? 그러면 그 후궁은 혹시 연화가 아닐까?'

그 바라문 역시 도박에 정통했으므로 후궁을 찾아가 한번 겨뤄 보고 소문에 대한 궁금증을 풀고자 집을 나섰습니다.

궁궐을 지키고 있던 병사는 후궁을 만나겠다고 찾아온 바라문을 살펴본 후 연화에게 가서 그의 생김새를 보고했습니다. 그녀는 얘기를 듣자마자 그가 곧 자신의 전남편임을 알 수 있었어요.

후궁과 도박을 겨루겠다고 기다리던 바라문은 후궁이 나오자 깜짝 놀라지 않을 수 없었겠지요. 그 후궁은 짐작한 대로 전처 연화였습니다. 바라문은 당황한 기색을 애써 감추며 침착하게 말했습니다.

"본 지도 한참 되었구려. 당신은 갈수록 아름다워지고, 도박 기술도 훨씬 나아졌다고 들었소. 나는 당신이 과거지사를 모두 잊지 않았으리라고 생각하오."

"과거의 일은 모두 잊어버렸지만, 나무 위에서 있었던 일은 영원히 잊지 못할 거예요. 이제 당신과의 인연이 이미 다했으니, 나는 나, 당신은 당신일 뿐이에요. 그리고 더 이상 나눌 만한 이야기도 없는 것 같군요."

　바라문은 부끄러워 얼굴을 들지 못한 채 궁궐을 나왔어요. 뒤늦게
후회한다고 해도 달라지는 것은 아무것도 없었지요.

생경

《고려 팔만대장경》해제

이 책에 인용된 이야기가 실린 경전들의 해제는 주로《북한판 팔만 대장경 해제》(사회과학출판사, 1992)와 동국대 역경원의 고려대장경 VOL.48《총목록總目錄·해제解題·색인索引》(1976. 6. 10)을 저본으로 삼아 축약한 것입니다. 각 장에 소개된 경전들을 순서대로 소개합니다.

1장

❖ 육도집경六度集經

3세기 중엽에 강거국 출신의 스님 강승회康僧會가 한역漢譯한 이 경전은 모두 8권 6장으로 구성되어 있습니다. 중생을 구제하기 위해 보살이 수행해야 하는 6바라밀波羅蜜을 설화와 더불어 재미있게 설명하고 있습니다.

❖ 사분율四分律

5세기 초 계빈국 출신의 스님 불타야사佛陀耶舍와 중국의 스님 축불념쓰佛念이 함께 한역한 경전으로, 모두 60권으로 구성되어 있습니다. 이 율은 비구가 지켜야 할 250조목의 계율과 비구니가 지켜야 할

348조목의 계율에 대해 그 유래와 계율 적용을 위한 세칙을 상세히 설명하고 있습니다.

❖ 중아함경中阿含經

4세기 말 계빈국 출신의 스님 구담승가제바瞿曇僧伽提婆가 한역한 경전으로, 모두 60권 18품 222개의 길지도 짧지도 않은 중간 길이의 경으로 구성되어 있습니다. 4제와 12인연 등의 주요 교리, 석가모니 부처님과 제자들의 갖가지 인연 이야기가 실려 있습니다.

❖ 잡아함경雜阿含經

5세기 중엽 인도 출신의 스님 구나발타라求那跋陀羅가 한역한 이 경전은 모두 50권 1,300여 개의 짧은 경으로 구성되어 있습니다. 불교의 가장 기초 교리인 고苦와 무상, 8정도 등을 주로 다루고 있습니다.

❖ 분별공덕론分別功德論

역자는 미상으로, 2~3세기경에 한역된 이 경전은 모두 5권으로 구성되어 있습니다.《증일아함경》의 몇몇 품을 해석하고 있습니다.

❖ 경률이상經律異相

6세기 초 중국의 스님 승민僧旻과 보창寶唱 등이 엮은 이 경전은 모두 50권 42부문으로 구성되어 있습니다. 여러 가지 경과 율에서 요점을 가려 뽑아 불교 학습에 편리를 도모한 일종의 불교사전이라고 할 수 있습니다.

❖ 법원주림法苑珠林

7세기 중엽 당나라의 스님 도세道世가 편찬한 이 경전은 모두 100권으로 구성되어 있습니다. 400여 종의 각종 경전과 문헌 자료를 바탕으로 완성한 불교의 백과사전과 같은 책입니다. 특히 중국 불교사 연구에 필요한 자료들을 많이 수록하고 있는 것으로 평가됩니다.

❖ 법구비유경法句譬喩經

4세기 초 중국의 스님 법거法炬와 법립法立이 함께 한역한 이 경전은 모두 4권 40품으로 구성되어 있습니다.《법구경》에 실려 있는 게송 가운데 3분의 2를 옮기고, 각각의 게송이 나오게 된 유래를 설화 형식을 빌려 덧붙여 놓았습니다.

❖ 묘법연화경妙法蓮華經

5세기 초 구자국 출신의 스님 구마라습鳩摩羅什이 한역한 이 경전은 모두 7권 27품으로 구성되어 있습니다. 연꽃과 같이 미묘한 부처님의 가르침은 하나밖에 없으며 누구나 이 가르침에 의거하여 불도를 닦으면 성불할 수 있다는 일불승一佛乘의 교설, 석가모니 부처님은 사실 아주 오래전에 이미 성불했다는 구원성불久遠成佛의 교설을 내

세우고 있는 것이 특징입니다.

❖ 불설용시녀경佛說龍施女經

3세기 중엽에 월지국 출신의 스님 지겸支謙이 한역한 이 경전은 1권
으로 되어 있습니다. 동쪽에 계시는 여덟 부처님을 예경하고 그 명호
를 외우면 크나큰 복을 받을 수 있다 등등의 내용이 들어 있습니다.

❖ 대장엄론경大莊嚴論經

인도의 논사論師 마명馬鳴이 지은 것을 5세기 초 구자국 출신의 스님
구마라습이 한역한 이 경전은 모두 15권으로 구성되어 있습니다. 산
문과 운문을 배합하여 쓴 70가지 이야기와 20가지 비유를 통해 주
로 부처님과 불탑을 숭배하고 대승보살의 길로 나아가면 큰 복을 누
리게 된다는 내용이 실려 있습니다.

2장

❖ 현우경賢愚經

5세기 중엽 중국의 스님 혜각慧覺 등이 여러 사람과 함께 한역한 이
경전은 모두 13권 62품으로 구성되어 있습니다. 주로 부처님과 제자
그리고 바라문, 부자, 미천한 사람들의 전생 이야기를 통해 인과응
보의 법칙을 설명하고 있습니다.

3장

❖ 잡보장경雜寶藏經

5세기 말 서역 출신의 스님 길가야吉迦夜와 담요曇曜가 함께 한역한 이 경전은 모두 10권으로 구성되어 있습니다. 여기에 실려 있는 121개의 설화는 주로 권선징악과 인과응보를 주제로 삼고 있습니다.

❖ 불설출가공덕경佛說出家功德經

역자는 미상으로, 4세기경 한역된 이 경전은 1권으로 되어 있습니다. 비라선나 왕자가 출가하여 비구가 되어 많은 복을 받은 이야기와 자신이 직접 비구가 되지 않더라도 남이 비구가 되는 것을 도와준 사람은 많은 복을 받을 수 있으나 이를 방해한 사람은 큰 죄를 짓게 된다는 이야기가 실려 있습니다.

❖ 불설사자월불본생경佛說師子月佛本生經

역자는 미상으로, 4세기경 한역된 이 경전은 1권으로 되어 있습니다. 부처님의 제자인 바수밀다에 대한 설법을 통해 빈바사라왕을 교화한 이야기가 실려 있습니다.

❖ 대반열반경大般涅槃經

5세기 중국의 혜엄慧嚴과 혜관慧觀 등이 36권으로 편역하여 특히 '남본南本 열반경'이라고 부르는 경전입니다. 부처님께서 열반에 드시

기 전에 마지막으로 설법하는 형식을 통해 불신佛身의 상주常住와 열
반의 상락아정常樂我淨 그리고 일체중생의 실유불성悉有佛性을 주장
하고 있습니다.

4장

❖ 백유경百喩經

5세기 말 인도 출신의 스님 구나비지求那毘地가 한역한 이 경전은 모
두 4권으로 구성되어 있습니다. 이름과 달리 실제로는 98가지의 재
미있고 쉬운 비유를 통해 부처님의 가르침을 설명해 주는 경전으로
유명합니다.

❖ 근본설일체유부비나야파승사根本說一切有部毘奈耶破僧事

8세기 초 당나라의 스님 의정義淨이 한역한 이 경전은 모두 20권으
로 구성되어 있습니다. 여기에서는《근본설일체유부비나야》가운데
비구들의 단합과 화목을 깨뜨리는 문제를 설명하고 있습니다.

❖ 대당서역기大唐西域記

7세기 중엽 당나라의 스님 현장玄奘이 짓고 변기辨機가 정리한 이 책
은 모두 12권으로 구성되어 있습니다. 현장이 17년에 걸쳐 인도와
서역의 70여 나라를 여행하면서 특히 불교를 중심으로 보고 듣고 느

긴 바를 적은 일종의 여행기입니다.

❖ 불설앙굴마경佛說鴦掘摩經

4세기 초 월지국 출신의 스님 축법호竺法護가 한역한 이 경전은 1권으로 되어 있습니다. 사람을 함부로 죽이던 앙굴마라는 악독한 자가 부처님의 설법을 듣고 자기 죄를 뉘우친 후 출가하여 비구가 된 이야기가 실려 있습니다.

5장

❖ 구잡비유경舊雜譬喩經

3세기 중엽 강승회가 한역한 이 경전은 모두 2권으로 구성되어 있습니다. 여기에는 부처님과 그 제자들의 전생 이야기를 포함하여 61편의 이야기가 실려 있습니다.

❖ 잡비유경雜譬喩經

고려 팔만대장경에는 잡비유경이라는 이름을 똑같이 사용하는 경전이 모두 세 개 있습니다. 첫째는 2세기 말 월지국 출신의 스님 지루가참支婁迦讖이 한역한 것으로, 1권으로 되어 있으며 12가지 비유가 실려 있습니다. 둘째는 3세기 초에 한역된 역자 미상의 것으로, 2권으로 구성되어 있으며 모두 32편의 이야기가 실려 있습니다. 셋

째는 4세기 초 중국의 스님 도략道略이 편집한 것으로, 2권으로 구성
되어 있으며 총 39편의 이야기가 실려 있습니다.

❖ 불설의유경佛說醫喩經

11세기 초 인도 출신의 스님 시호施護가 한역한 이 경전은 1권으로
되어 있습니다. 여기에서는 이 세상에서 생기는 고통과 원인 그리고
고통에서 벗어나 도달하는 열반의 경지와 그 경지에 도달하기 위한
방법을 밝힌 이른바 4제를 의사가 환자의 병을 치료하는 네 가지 순
서에 비유하여 설명하고 있습니다.

❖ 나선비구경那先比丘經

역자는 미상으로, 4세기경에 한역되었으며 모두 2권으로 구성되어
있습니다. 여기에는 나선 비구와 미란왕의 전생 이야기 그리고 나선
비구의 깨달음의 과정과 미란왕과 주고받은 문답이 실려 있습니다.

❖ 선견율비바사善見律毗婆沙

5세기 말 인도 출신의 스님 승가발타라僧伽跋陀羅가 한역한 이 경전
은 모두 18권으로 구성되어 있습니다. 여기에서는 3차에 걸친 불경
결집에 관한 이야기와 아소카왕의 아들 마힌다가 사자국, 즉 지금의
스리랑카에 불교를 전한 이야기를 서술한 다음 소승율 전반에 대한
주석을 달고 있습니다.

❖ 아비달마대비바사론阿毗達磨大毘婆沙論

인도의 아라한 500명이 편집하였고 7세기 중엽 현장이 한역한 이 경전은 모두 200권으로 구성되어 있습니다. 여기에서는 불교 교리의 여러 가지 문제에 대한 다른 부파들의 견해를 배격하고 설일체유부의 실유론實有論적인 견해와 입장의 정당성을 변론하고 있습니다.

❖ 생경生經

3세기 말 축법호가 한역한 이 경전은 모두 5권으로 구성되어 있으며 짧은 경 55개가 들어있습니다. 부처님의 전생 이야기와 삼세인과三世因果의 내용이 실려 있습니다.